银行营销实训系列

U0577518

票据融资

宋炳方 著

经济管理出版社
ECONOMY & MANAGEMENT PUBLISHING HOUSE

图书在版编目（CIP）数据

票据融资/宋炳方著. —北京：经济管理出版社，2014.4
ISBN 978 – 7 – 5096 – 3035 – 8

Ⅰ.①票… Ⅱ.①宋… Ⅲ.①融资—研究 Ⅳ.①F830.45

中国版本图书馆 CIP 数据核字（2014）第 066301 号

组稿编辑：谭　伟
责任编辑：魏晨红
责任印制：黄章平
责任校对：张　青

出版发行：经济管理出版社
　　　　　（北京市海淀区北蜂窝 8 号中雅大厦 A 座 11 层　100038）
网　　址：www. E – mp. com. cn
电　　话：（010）51915602
印　　刷：北京银祥印刷厂
经　　销：新华书店
开　　本：720mm×1000mm/16
印　　张：17.5
字　　数：255 千字
版　　次：2014 年 10 月第 1 版　2014 年 10 月第 1 次印刷
书　　号：ISBN 978 – 7 – 5096 – 3035 – 8
定　　价：48.00 元

关于本丛书几点说明

一、本丛书以银行营销人员为主要阅读对象，以可操作性和时间性为着力点，围绕"如何做营销"（营销方法）和"用什么做营销"（银行产品）两大主题组织内容，基本涵盖了银行营销人员开展业务所需的主要方面。

二、本丛书的部分内容以我曾公开出版过的著作为底本，纳入丛书时，做了相应的修改与完善。

三、本丛书参考了众多金融类和非金融类图书，并得到了众多金融同业人士的帮助与指点，在此深表谢意。不当之处，亦敬希谅解。

四、本丛书利用业余时间完成，时间较紧，加之水平有限，肯定仍有不甚完善之处，今后如有机会将再加以认真修订。

五、为广大银行营销人员提供更多、更有价值的帮助，是作者多年以来的心愿，希望本丛书的出版能达到该目标。

六、本丛书各册内容简介如下：

1.《营销方法新说》：本书基于中国历史文化传统，立足于中国当前社会现实，提出了一种用来知道银行营销人员如何开展营销工作的新框架，并分析了这一营销框架的运作基础。本书还提供了知道"个人"开展营销工作的具体策略。

2.《营销基础述要》：本书尽可能详细地介绍了银行营销人员应该掌握的基础内容，包括：客户经理制度、学习方法、素质提升方法、银行产品分类、营销工作规则、金融学及管理学等基础知识。

3.《营销能力训练》：本书对银行营销人员营销技能类别及内容、作为营销技能提升重要途径的案例整理与观摩分别进行了介绍，并附大量试题提供读者自测使用。

4.《营销流程与技巧》：尽管银行营销人员的营销工作是高度个性化的，但了解营销工作的一般流程仍非常必要。本书将客户营销流程概括为确定客户拓展战略、搜寻和确定目标客户、摆放客户、围绕目标客户调研、识别关系维护众八个依次进行的环节，并对每个环节中应该掌握的工作技巧进行了介绍。

5.《授信与融资》：本书在介绍授信知识及其操作要求的基础上，对流动资金贷款、法人账户透支、固定资产贷款、项目贷款、银团贷款、并购贷款、杠杆贷款、信贷资产转让等常见的融资产品进行了介绍。此外，本书还专门分析了房地产融资这一银行当前非常重要的业各品种，并对银行如何向政府平台公司、普通高等院校、船舶制造企业、文化创意企业和中小企业等具有一定特殊性的客户提供融资服务进行了介绍。

6.《票据融资》：本书在介绍商业汇票理论知识的基础上，对普通商业汇票贴现、买方与协议付息票据贴现、无追索权贴现、承兑后代理贴现、承兑与无追索权贴现组合、商业汇票转贴现与再贴现等票据融资具体业务品种进行了重点介绍。

7.《供应链融资》：本书首先介绍了供应链及供应链融资的基础知识，然后分权利融资、传统贸易融资和新型贸易融资三部分对特别适合于向中、小企业提供的融资品种进行了介绍8.《信用金融》：本书主要介绍了承兑、开征、保函、承诺与代理五大类信用金融业务。

9.《智慧金融》：智慧金融与融资、信用金融相辅相成，构成了完整的银行业各体系。本书重点介绍了财智管理、顾问咨询和同业合作三大类智慧金融业各。

前　言

对商业银行来讲，票据业务既是新业务，又是旧业务。说它是新业务，主要是基于票据业务自身体系庞杂、创新空间较大来说的；说它是旧业务，主要是因为我国的新《票据法》毕竟已颁布了10多年，票据业务已成为众多银行的基本业务之一。无论是新是旧，没有一家银行敢于忽视它。事实上，由于票据业务在调整资产结构、加强流动性管理、增加中间业务收入、实施交叉销售、提高综合收益等方面的重要作用，越来越多的银行都给予票据业务足够的重视，具体表现就是设立专门的经营机构、编制单独的业务预算、进行特定的奖惩考核、配置特定的发展资源等。正因为如此，我国银行的票据业务从无到有，到目前已发展成为银行业务体系的重要组成部分。

同样不容忽视的是，票据业务既是低风险业务，也是高风险业务。说它是低风险业务，主要是基于银行承兑汇票由银行承兑，商业承兑汇票一般也由银行保贴，银行在整个国民经济体系中的中坚作用以及自身"以信用立行"的行业特质决定了其承兑是一诺千金，风险相对来讲是较小的。说它是高风险业务，是由于目前票据领域虽然出现了电子票据，但就主体来讲仍然主要还靠纸质流通，还不能像外汇交易、债券交易那样完全实现电子化，因而面临着巨大的操作风险，并且随着短期资金市场的发展，价格波动风险已成为票据业务面临的另一主要风险。近些年陆续出现的票据大案，深刻说明了票据业务所蕴涵的风险。按照我的理解，票据业务信用风险较小，而操作风险、市场风险巨大。

当前，票据业务面临着更加激烈的市场竞争，客户的需求也开始向高层次、综合化、多元化方向发展。这一切都对银行经营提出了更高的要求。经济发展对银行的要求最终要落实到银行对从业者的要求上，因此，面对新形势、分析新问题、谋求新策略、实现新发展已成为银行票据从业者的基本价值取向。而加强业务培训、提升业务技能，是实现自身价值的重要途径。鉴于此，我编撰了本书。

本书不同于专业的理论书籍，而是在理论分析基础之上，更注重实践操作。本书以票据基础知识作为铺垫，重点介绍了与票据有关的融资业务，而票据承兑业务作为信用金融业务在本系列图书的《信用金融》一书中进行介绍。此外，本书还就票据业务的运营管理进行了概述，并在书的最后提供了若干试题供读者参考。

通观全书，基本涉及了票据融资业务的方方面面。当然，随着票据融资业务及票据市场的不断创新发展，新的内容会不断出现。与时俱进绝不是空洞的口号，而是实实在在的内容。我将继续关注票据业务的发展，与市场发展同进，以便更好地为读者所用。

宋炳方

2014 年 3 月

目 录

第一章
基 础 知 识

我们通常所讲的票据业务，主要是指商业汇票业务，即商业汇票承兑和贴现以及转贴现、再贴现业务。近些年来，商业汇票业务在我国发展迅猛。作为银行产品销售前沿的客户经理理应对票据业务知识有所了解。专业票据经理不仅需要对票据产品精通，也需要对票据产品背后的票据基础知识有所掌握。以下主要从票据行为和票据权利两方面对票据业务知识进行介绍。文中加双引号的引用内容，除非特别注明，均引自1996年开始施行的《票据法》。

第一节　票据行为

一、票据行为的含义

票据行为是指票据关系人依《票据法》所为的能够产生票据债权债务关系的要式法律行为，可从三个方面对这一概念进行理解：

（1）票据行为是一种法律行为。以发生一定法律后果为目的、以意思表示为要素，是一种合法行为。只要按照《票据法》的规定所为，就能使行为人的意思表示产生法律效力。

（2）票据行为的发生与变更，能够在票据关系人之间产生票据权利义务关系。

（3）票据行为的实施必须依照《票据法》规定的内容和行为方式进行，否则就无法实现其《票据法》上的效力。

二、票据行为的分类

票据行为按不同标准可进行不同的分类。

（一）狭义票据行为和广义票据行为

狭义票据行为仅指出票、承兑、背书和保证，广义票据行为除包括狭义票据行为外，还包括付款、更改、追索、票据伪造与变造、提示、参加付款、涂销等其他行为。我们一般在狭义范畴上理解票据行为。

（二）基本票据行为和附属票据行为

基本票据行为是指创设票据的原始行为，是使票据上权利义务得以产生的出票行为。只有基本票据行为有效，该票据才能有效。如果基本票据行为无效，票据本身即为无效，在无效票据上所为的其他一切票据行为都属无效，都不能发生当事人所预期的法律效力。附属票据行为是指以出票行为为前提，在已做成的票据上所为的票据行为，主要包括承兑、背书和保证。

（三）各种票据共有的票据行为和某种票据独有的票据行为

出票是各种票据必需的票据行为，背书是各种票据共有但非必需的票据行为，承兑是汇票特有的票据行为，保证则是汇票和本票中可能产生的票据行为。

三、票据行为的特征

票据行为是特殊的法律行为，具备一般法律行为所不具备的特征。

（一）要式性

票据是要式证券，《票据法》为各种票据行为均规定了严格的行为格式，未依法定方式进行，则不产生正常的法律效力。因此，票据行为必须是要式行为，不允许行为人自由选择而必须按照法定款式、方式和手续进行，以确保票据的形式、内容统一，便于交易双方在票据流通中清楚、迅速地确认各自在票据上的权利与义务，从而方便收授，提高票据流通的速度与效率。

要式性体现在三个方面：

（1）签章。行为人通过签名、盖章或者签名加盖章来表示对其行为负责。未在票据上签章或签章不合规则的，其票据行为无效。

（2）书面表现形式而非口头形式，且在票据上记载事项的位置也是固定的。如果未按规定位置记载或仅以口头形式表述，则不能产生票据效力。

（3）款式。票据应记载的内容和对此内容的记载方式、记载位置合称为票据款式。在票据上的记载都必须以法定款式进行。不依法定款式进行票据行为的情形，主要包括：欠缺法定记载事项、增加法定记载事项之外的其他内容、记载位置不合规则、书写格式不规范。

（二）无因性

票据行为与作为其发生前提的原因关系相分离，票据行为的效力不受原因关系存在与否及是否有效力的影响。只要具备抽象的形式，票据行为就能生效，而不必考虑导致其产生的借贷、买卖及其他实质原因。

无因性体现在三个方面：

（1）票据行为只要完成生效，除对明知存在抗辩事由而取得票据的持票人，票据义务人都必须承担票据义务，即使原因关系已无效、变更或根本不存在，票据义务人仍不能对持票人免除自己的票据义务。

（2）持票人无须证明自己及前手依何种实质的原因关系而取得债权，只需依背书连续就可以当然地证明票据债务有效，从而对票据债务人行使票据权利。

（3）对非直接的善意持票人，票据债务人不能以原因关系提出抗辩。票据债务人只能对其直接前手和直接后手以及明知存在抗辩事由而取得票据的持票人以原因关系提出抗辩。

在我国，无因性不是绝对的。"票据的签发、取得和转让，应当遵循诚实信用的原则，具有真实的交易关系和债权债务关系。票据的取得，必须给付对价，即应当给付票据双方当事人认可的相对应的代价"。

（三）文义性

票据行为的内容以票据上记载的文字为准。即使文字记载与实际情况不符，仍以文字记载为准，不允许当事人以票据上文字以外的证明方法来加以解释、变更和补充。

文义性体现在两个方面：票据债权人不得以票据上未记载的事项向票据债务人主张权利，票据债务人也不得以票据上文字记载以外的事项对抗票据债权人；不能以票据文字记载以外的其他事实或证据来证明、变更和补充当事人的意思表示。

（四）独立性

同一票据上存在数个票据行为，每一个票据行为都独立发生、各依其在票据上所载的文义分别独立发挥效力，某一行为无效不会影响其他行为的效力。需要说明的是，票据行为虽然是相互独立的，但由票据行为而产生的票据责任却是连带的，即票据上的所有行为人，对持票人来讲属于共同债务人，当持票人向票据债务人主张票据权利时，票据债务人之间承担的是同位的连带责任。"汇票的出票人、背书人、承兑人和保证人对持票人承担连带责任。持票人可以不按汇票债务人的先后顺序，对其中任何一人、数人或全体行使追索权"。

四、票据行为的要件

票据行为的要件是指构成票据行为并使其发生票据权利义务的必要条件。票据行为所具备的一般法律行为也应具备的要件，为实质要件；《票据法》所规定的特别要件，为形式要件。我国《票据法》只规定了票据行为的形式要件，而对票据行为的实质要件并未加以规定，认可其适用于《民法》而非《票据法》中的相关规定。

（一）实质要件

1. 票据能力

票据能力，即行为人的能力。票据能力包括票据权利能力和票据行为能力两个方面。票据权利能力是指可以享受票据权利、承担票据义务的资格；票据行为能力是指能够按照自己独立的法律行为取得票据权利、承担票据义务的资格。

具体到法人的票据能力，主要涉及三个方面。

（1）法人的票据权利能力。法人的票据权利能力开始于法人的成立，终止于法人因破产、兼并、解散等原因的消灭。除非票据行为超出其章程规定的范围且取得汇票的人为恶意取得，票据直接当事人才可提出该票据行为无效的抗辩。

（2）法人的票据行为能力与其权利能力在时间上完全一致不加分离，即始于法人的设立、终止于法人的消灭。法人的票据行为能力通过其法定代表人及其授权人在职权范围内以法人名义来进行。无论是基于法人利益还是基于法定代表人及其授权人的私人利益，法人均需对该票据行为承担票据责任。除非相对人明知该种情况或者故意串通而为的票据行为，在法人的举证被认定之后，该法人才可免除票据责任。

（3）非法人团体和组织如法人的分支机构在授权范围内同样具有票据权利能力和票据行为能力。

2. 意思表示

在票据上记载的票据行为不论是否真实，只要是行为人自己的意思表示则都是有效的票据行为，都应对善意持票人承担票据责任。行为人并未做出的意思表示，如果是伪造的票据行为，该行为无效，由伪造人承担相应的法律责任；如果是没有代理权和超越代理权所为的票据行为，该行为有效，但票据责任由无权代理人承担；受到欺诈、胁迫、处于危难或不利境地而被迫所为的票据行为，行为人不承担票据责任。

3. 行为合法

票据活动应当遵守法律、法规，不得损害社会公共利益。但对于因欺诈、胁迫而为的意思表示不真实的出票行为及因走私目的而为的出票行为，如果该票据已经背书转让，则不能简单地认为票据行为无效。在这种情况下，只能把原因关系作为对直接当事人的抗辩，而排除其对善意第三人的抗辩。

（二）形式要件

1. 书面格式

票据当事人要使用中国人民银行规定的统一格式的票据所为票据行为。没使用的，则所为票据无效。

2. 记载事项

记载事项是指按照《票据法》的规定，在票据上能够记载或者不能够记载的内容。分为：

（1）绝对必要记载事项，即必须在汇票上记载、缺少其中任何一项就会导致该汇票为无效汇票的事项。以出票为例，即使该汇票已经签发，也不会产生汇票上的权利义务关系，出票人不负票据责任。

（2）相对应该记载事项，即可以在汇票上记载，但如果不记载并不影响汇票的效力，可以依法律规定推定的事项。

（3）任意记载事项，即是否记载由当事人自主决定，法律并无要求，但一旦记载即产生《票据法》上效力的事项。与相对应该记载事项的区别在于：任意记载事项如未记载，法律也不进行补充推定；而相对记载事项如未记载，法律可以进行补充推定。

（4）不发生《票据法》上效力的记载事项。此类记载事项可以记载在汇票上，但不产生《票据法》上的效力，只产生其他法律诸如《合同法》、《民事诉讼法》上的效力。若因该记载事项发生纠纷，不能依《票据法》处理，只能以他法处理。

（5）不得记载事项，即法律规定不应该记载，记载后也无效力（相对无益）甚至导致票据无效（绝对无益）的事项。

3. 票据签章

签章是确定票据义务人的最基本要素，是票据行为人所必需的最低限度的形式要件。我国的法律法规对票据签章有严格、详细的规定，如"法人和其他使用票据的单位在票据上的签章，为该法人或者该单位的公章加其法定代表人或者其授权代理人的签章。在票据上的签名，应当为该当事人的本名"。化名、笔名、错写姓名、只写姓不写名、只写名不写姓，或者以打印方式代替签名，都不能发生签名的效力。我国《票据管理实施办法》第 17 条规定，"出票人在票据上的签章不符合《票据法》和本办法规定的，票据无效；背书人、承兑人、保证人在票据上的签章不符合《票据法》和本办法规定的，其签章无效，但是不影响票据上的其他签章的效力"。其他的相关规定包括：没有代理权而以代理人名义在票据上签章的，由签章人承担票据责任；代理超越代理权限的，就其超越权限的部分承担票据责任；无民事行为能力人或者限制民事行为能力人在票据上签章的，其签章无效，但是不影响其他签章的效力；票据上有伪造、变造的签章的，不影响票据上其他真实签章的效力；票据上其他记载事项被变造的，在变造之前签章的人，对原记载事项负责；在变造之后签章的人，对变造之后的记载事项负责；不能辨别是在票据被变造之前或者之后签章的，视同在变造之前签章。

4. 票据交付

在票据按照一定书面款式记载相关事项并签章后，还需将票据交付给行为相对人，票据行为才能生效。

五、票据行为的代理

我国《票据法》关于票据行为代理的规定比较粗疏，主要集中在第 5 条，"票据当事人可以委托其代理人在票据上签章，并应当在票据上表明其代理关系"。

（一）基本含义

票据行为代理是指代理人在代理权限内，在票据上载明以被代理人名义实施票据行为并签章，其票据上的法律后果直接由被代理人承担的行为。根据代理权发生的原因，可将代理分为委托代理和法定代理。委托代理是根据本人的意思，委托代理人在一定权限内代理本人进行票据行为；法定代理是指根据法律的规定或法院的指定或选任，使代理人为本人进行有关的票据行为。

代理人所为的票据行为与被代理人本人所为的票据行为法律效力完全相同；在代理权限内，代理人有权决定如何向第三人作出意思表示，如超出代理权限，则该意思表示无效。票据行为代理的实质要件在于代理人必须在代理权限内实施代理行为，代理人与被代理人之间有授权关系。形式要件则包括：

（1）在票据上载明被代理人的姓名或名称。由于票据行为以在票据上签章为承担票据责任的前提，因此票据代理时，只有在票据上明示被代理人本人的含义，才能由被代理人本人负担票据上的责任。如果票据上未明示被代理人本人的含义，仅签盖了代理人的名章，即使该代理人已经得到被代理人本人授权，具有正当代理权或对外有代理权，被代理人本人仍可不负票据上的责任。

（2）表明代理关系。如果不在票据上表明代理关系，则持票人就很难辨别谁是代理人、谁是被代理人，这显然与票据代理的本意相悖。

（3）代理人在票据上签章。如果仅凭本人的意思，在票据上仅记载本人的姓名或名称而无代理人的签章，则为票据行为的代行，此票据行为应视为本人所为，本人应负票据上的责任；如果代理人是基于本人的授权而代为票据行为时，只在票据上记载本人的姓名或名称而无代理人的签章，则代理行为不成立，本人不负票据上的责任；如果没有经本人授权而在票据上记载本人的姓名或名称，则构成票据签名的伪造。

（二）分类

1. 无权代理

无权代理是指无代理权人以代理人名义代理被代理人实施票据行为的行为。在《民法》上，无权代理属于效力待定的行为：如果被代理人进行追认，则该代理行为有效，由被代理人承担责任。如果被代理人拒绝追认，则代理行为无效。但票据上的无权代理，不存在效力追认的问题。对代理人无权代理情况下的票据代理行为，被代理人不负票据上的责任，并可以以此对一切持票人包括善意持票人提出抗辩，持票人应直接向无权代理人请求其履行票据上的义务而无须向被代理人请求，即票据责任应由无权代理人自己承担。

2. 越权代理

越权代理是指具有代理权的代理人超越代理权限而实施票据行为的代理。越权代理成立的前提是有效代理形式要件齐备且代理人有代理权，只是代理人代为实施的票据行为超越了代理的权限，增加了被代理人的票据义务。超越代理权限的部分由于违背被代理人的真实意愿，因而是无效代理。在票据实务中，主要的越权事项包括：增加票据金额（代理人就其越权部分承担票据责任，被代理人则承担其授权范围内的票据责任）；法定代表人超越法人章程而进行的越权代理（法人承担全部《票据法》上的责任，但越权代理的法定代表人应对法人承担相应的损害赔偿责任）和未增加被代理人实质债务的越权代理（如记载被代理人不便履行的付款地，只是加重负担而非增加债务，故一般按记载内容对双方及其后手发生《票据法》上的效力）。

3. 表见代理

表见代理是指代理人虽然没有代理权，但客观上有足以使第三人相信其有代理权的理由而实施的由被代理人承担票据责任的票据代理行为，实质上是一种特殊的广义的无权代理行为。只有形式与实质要件齐备后，表见代理的票据责任才由被代理人承担，因为表见制度确立的目的在于保护善意持票人的利益而不在于保护无权代理人。善意持票人既有权基于表见代理而请求被代理人履行票据义务，也可基于无权代理而追究表见代理人的票据责任。一般来说，表见代理包括：代理人逾越代理权的限制而为的票据行为、代理人在代理权消灭或撤销后而为的票据行为以及实际上本人从未授权，为本人自己所为，但对第三人表示将代理权授予他人，或明知他人表示为自己代理而不表示反对的。

在形式要件上，表见代理完全具备，即必须由名义上的代理人（表见代理人）将有关票据代理行为所必须记载的事项明确记载于票据并将票据交付于相对人。

在实质要件上，包括：

（1）票据行为的相对人不知也不可能得知代理人与被代理人之间

不存在代理关系（基于自身的故意或过失而不知代理人没有代理权的相对人不能以表见代理为由向被代理人主张票据权利），即行为的相对人属于善意。

（2）代理人虽然实际上并无代理权，但确实存在着足以使相对人在客观上相信其有代理权的情形，如被代理人以自己的某种行为对第三人表明他已将代理权授予他人、被代理人知道他人以其代理人名义实施票据行为而不作反对表示、代理人以前有代理权而现在代理权已被撤回或受到限制等。

如果上述形式要件和实质要件不具备，则表见代理不能成立，本人自然不负任何责任，可以无权代理为由，对抗包括善意持票人在内的任何持票人。

六、票据行为中的法律关系

（一）《票据法》上的票据关系

《票据法》上的票据关系是指因票据的存在而产生的票据当事人之间的各种法律关系，主要是票据当事人之间基于票据行为而发生的债权债务关系。其中，票据收款人或持票人为票据关系的债权人，票据付款人和在票据上签章的其他当事人为票据关系的债务人。

1. 基本特征

（1）票据关系基于票据行为而产生，其只能发生在交付和接受票据之后，交付和接受的原因或前提在票据交付之前就已存在，不属于票据关系的范畴。票据行为之外的行为，无论合法与否，均不产生票据关系。

（2）票据关系是特定的持有票据的债权人与在票据上签名的债务人之间的关系，具有票据关系的多重性和主体的相对性。在票据流通过程中，随着票据当事人的不断增加，票据关系的数量也在增加，再加上出票、背书、承兑、保证等票据行为的出现，在同一张票据上也会产生多个票据关系，这就是票据关系的多位性。但是，每个当事人在一系列的票据行为中总是处于相对的状态中，如背书人相对于其前手是债权人，相对于其后手是债务人。

（3）票据关系的客体具有唯一性，即一定数额的货币而非其他给付方式。

（4）票据关系的内容是票据当事人所享有的票据权利和所承担的票据义务。表现为两类：票据债权人的付款请求权与债务人的付款义务；票据债权人的追索权与债务人的偿付义务。

（5）票据关系的无因性和独立性。票据关系的效力不受票据基础关系效力的影响，以此保障票据效力的确定性和票据的可流通性。另外，在同一票据上有多个票据行为并引起多个票据关系的情况下，各个票据行为及其所引起的各个票据关系又具有独立性，某一票据行为和票据关系的无效，不影响票据上其他票据行为关系的效力。

2. 票据关系当事人

票据关系当事人是指参与票据关系、享受票据权利和承担票据义务以及与票据权利义务有密切关系的法律主体。

（1）基本当事人和非基本当事人。基本当事人以票据出票行为而直接产生，如出票人、付款人和收款人，这是构成票据关系的必要主体。基本当事人不存在、不完全或者不确定，票据关系将不能成立。

非基本当事人是在出票行为完成后，在基本票据关系的基础上，因各种辅助票据行为而后加入票据关系的，如被背书人、保证人、代理付款人等。

（2）权利主体、义务主体与关系主体。合法持有票据者，为权利主体。既享有付款请求权，又享有追索权的权利主体，是绝对的权利主体。只享有追索权的权利主体，为相对的权利主体，他曾经在票据上负有义务，因履行了义务才取得票据权利，从而成为权利主体。

在票据上进行票据行为并签章的人负有相应的票据义务，为票据的义务主体。包括第一债务人，如汇票的承兑人和第二债务人，如汇票的出票人、保证人、背书人等。

票据中的关系主体是指虽然票据上记载有其名称但不享有票据权利，也不负有绝对付款义务的当事人，如委托收款背书中的被背书人、未承兑汇票中的付款人、汇票中除付款人外另行记载的"代理付款人"。

（3）票据上的前手与后手。票据上的多数当事人依据其相互位置关系而分为前手和后手。如对背书人而言，被背书人是其后手。

（4）票据关系类型。

①票据的出票关系。包括票据出票人与收款人（持票人）之间交付票据的关系和出票人向收款人（持票人）担保票据承兑、付款的关系。在汇票的出票行为中，出票人对收款人有担保票据承兑和担保票据付款的义务。收款人有权请求付款人为票据承兑或付款，当收款人不获承兑或付款时，有权向出票人追索。

②票据的背书转让关系。包括背书人向被背书人交付票据的关系和背书人向被背书人担保票据承兑、付款的关系。被背书人的权利因背书的种类不同而不同：转让背书的被背书人取得背书人的票据权利；质押背书的被背书人依法实现其质权时有权行使背书人的票据权利；委托收款背书的被背书人有权代背书人行使被委托的票据权利。

③票据的保证关系。包括出票人、背书人对票据付款的担保和出票人、背书人以外的其他人对票据付款的担保，一般指后者。在票据保证关系中，保证人与被保证人对票据权利人承担连带责任。保证人所承担的责任内容与被保证人相同。保证人在履行债务后取得持票人的地位，对被保证人及其前手享有追索权。

④票据的承兑、付款关系。承兑关系的当事人是承兑人和持票人（收款人）。汇票经承兑后，承兑人与持票人（收款人）之间便形成确定的票据债权债务关系。收款人或持票人有权利于汇票到期日要求承兑人付款，承兑人有义务对票据付款。如无合法抗辩理由即拒绝付款，要承担相应的法律责任。

付款关系的当事人是付款人（承兑人）和持票人（收款人）。

⑤因票据的参加行为而产生的票据参加关系（参加承兑关系与参加付款关系）。

参加承兑关系是指票据债权人之外的第三人，因汇票不获承兑，为维护特定票据债务人的利益，防止持票人行使追索权，而于汇票到期日前参加到票据关系中代替付款人承兑的行为。参加承兑人负有依票据金额付款的义务，持票人有权要求参加承兑人于票据到期日付款，参加承兑人付款后取得持票人地位，有权向被参加人及其前手行使追索权。

参加付款关系是指当汇票的付款人或承兑人拒绝付款时，由他人代为付款的行为。参加付款人对于承兑人、被参加付款人及其前手取得持票人的权利。

（二）《票据法》上的非票据关系

《票据法》上的非票据关系是指由《票据法》直接规定的与票据行为有联系但不是由票据行为本身所引起的法律关系。票据当事人之间基于《票据法》的直接规定所产生的权利义务关系，不属于票据关系，而是《票据法》上的非票据关系。

《票据法》上的非票据关系与票据关系的区别在于：票据关系是由当事人的票据行为而发生，而《票据法》上的非票据关系是直接由《票据法》规定而产生；作为票据关系内容的权利是票据权利，权利人行使权利以持有票据为必要，而《票据法》上的非票据关系中的权利的行使，以存在《票据法》规定的原因为依据；票据关系中的票据权利以付款请求权和追索权为主要内容，而《票据法》上的非票据关系中的权利则表现为利益返还权、返还请求权等。

《票据法》上的非票据关系主要包括两类：

1. 票据返还的非票据关系

为维护票据合法持有人的权益，《票据法》明确了票据的返还关系，包括：票据债务人履行票据义务后请求持票人返还票据以消灭票据关系或行使追索权，持票人因获得承兑或不获承兑、付款后请求付款人退还票据，正当权利人请求因恶意或重大过失而取得票据的人返还票据。

2. 利益返还的非票据关系

当持票人因时效或因票据记载事项欠缺而不能实现票据债权时，

持票人应享有民事权利，可请求出票人或者承兑人返还其与未支付的票据金额相当的利益。

（三）票据的基础关系

票据的基础关系是票据关系得以产生的基础，是票据当事人实施票据行为、发生票据关系的实质原因或前提。又称《民法》上的非票据关系。包括：

（1）票据原因关系，即授受票据的直接当事人之间基于授受票据的理由（原因）而产生的法律关系。授受票据的直接当事人是指出票人和收款人、背书人与被背书人。不同的当事人从事同一种票据行为，可产生相同的票据关系，但其原因关系则可能是多种多样的。主要包括两种情况：因真实的交易关系和债权债务关系而存在的有对价的原因关系，如支付货款、租金、合同定金等；因税收、继承、赠与而无偿取得的无对价的原因关系。无对价的原因关系属于例外情形。

（2）票据资金关系，即出票人之所以将某一特定当事人作为付款人的前提或原因的法律关系。出票人与付款人之间存在一定的约定，确定了他们之间的委托付款法律关系。票据资金关系实质上也是一种原因关系，只是这种原因关系仅发生在付款人与出票人等特定的当事人之间。票据资金关系的成立条件一般包括：付款人处有出票人预先交付的资金；出票人与付款人有信用合同，付款人同意为出票人垫付资金；付款人对出票人负有债务，双方约定以支付票款作为清偿方式，付款人出于其他目的而自愿为出票人付款等。

（3）票据预约关系，指票据的当事人之间有了原因关系后，在发生票据行为前，就票据的种类、金额、到期日、付款地等事项达成协议，并以此协议作为授受票据的依据。预约的结果是，当事人负责票据签发和接受票据的义务。如果当事人不依约履行，则依《民法》规定承担民事责任，但违犯预约发出的票据依然有效。票据预约是出票、背书等票据行为的准备，票据原因是出票、背书等票据行为的实质基础，出票、背书等票据行为则是票据预约的实践。

（四）票据关系与基础关系的分离与联系

基础关系并非票据关系的构成部分，而是独立于票据关系的另一类法律关系。票据关系一经形成，就与基础关系相分离，二者各自独立，基础关系是否存在与有效，原则上对票据关系不发生影响。但是，由于票据关系的产生是基于一定的票据原因，在一些特殊情况下，票据关系与基础关系又处于彼此牵连的状态。

1. 票据关系与原因关系的分离

票据是无因证券，一经签发就产生独立的债权债务关系并与该票据的原因关系相分离，这体现在以下四个方面。

（1）票据行为只要具备法定条件依法成立，就产生有效的票据关系，出票人、背书人、承兑人就应承担票据责任，持票人就能享有票据权利。原因关系即使不存在、无效、被撤销或有其他缺陷，均不影响已发行流通的票据的效力。

（2）票据债权人行使权利时，只以自己合法持有票据（背书连续、支付对价等）为要件，而无须证明其前手给付资金票据的原因，也不必证明该原因关系是否有效。票据债务人无须对持票人取得票据的原因进行实质上的审查，即应依法向持票人履行票据义务。

（3）票据债务人不得以原因关系不存在、有瑕疵或无效等事由来对抗善意持票人，拒绝履行其义务。

（4）票据关系的存在同样不能证明原因关系的存在或履行以及原因关系的有效。如果票据上记载的内容与票据原因关系的内容不一致或不完全一致，应以票据记载为准，而不应以票据外的事实改变票据关系的内容。

2. 票据关系与原因关系的牵连

对恶意或有重大过失取得票据的人以及对明知存在抗辩事由而取得票据的人，票据债务人有权以票据原因关系有瑕疵为由进行抗辩。授受票据的直接当事人之间，票据债务人可以对不履行约定义务的与自己有直接债权债务关系的持票人进行抗辩。如果票据上的请求权因时效或其他原因消灭，并不意味着原因关系也消灭。

无对价（如税收、赠与、继承等）或以不当对价取得票据者，受其前手票据原因关系的影响，不得享有优于前手的票据权利。即持票人所取得的票据权利与其前手相同。在这种情况下，票据债务人可以用对持票人前手行使的抗辩事由对抗持票人。

3. 票据关系与资金关系的分离

出票人与付款人之间是否存在资金关系，并不影响持票人的票据权利，即使出票人在资金关系不存在的情况下签发票据，该票据仍然有效。换句话说，只要票据关系合法有效成立，持票人就可对付款人行使付款请求权。如果付款人因无资金关系而对票据拒绝付款，票据关系也仍然存在，持票人仍享有票据权利，可行使票据权利中的追索权。

付款人是否对票据予以承兑、付款，由付款人自行决定，不受资金关系的影响。即使资金关系存在，但只要付款人拒绝承兑，付款人就不承担付款的义务；即使资金关系不存在，只要承兑行为一经作出，付款人就要承担付款义务。

出票人不得以已将资金给付于付款人而拒绝承担其票据义务。出票人虽然与付款人有资金关系，并依资金关系为基础签发票据，但在票据不获付款时，出票人不能以已有资金关系作为抗辩理由对抗持票人行使追索权。

4. 票据关系与资金关系的牵连

当出票人成为持票人而向付款人请求付款时，如果出票人与付款人之间没有资金关系，付款人可以以此为由拒绝付款。

5. 票据关系与预约关系的分离

票据预约是票据关系产生的前提。如果票据预约的当事人违反预约发出票据，该票据仍然有效，当事人只能按《合同法》追究票据预约关系中的违约方。此时，票据关系已不再受追究结果的影响。

如果没有票据预约或者票据预约无效或者票据预约被撤销，只要出票或者背书行为符合《票据法》的规定，由此产生的票据关系不受影响，仍属有效。

6. 票据关系与预约关系的牵连

一般来讲，票据预约一经履行即消灭，不再影响票据关系的效力，但是在授受票据的直接当事人之间，票据债务人可以以票据预约关系对抗票据债权人。

第二节 票据权利

票据是一种完全有价证券，票据与其所代表的权利密不可分：票据权利的产生以作成票据为必要，票据权利的行使以提示票据为必要，票据权利的转移以交付票据为必要。可以说，票据权利是票据的实质内容。

一、基本含义

票据权利是指持票人向票据债务人请求支付票据金额的权利，是一种随票据行为产生、由票据债权人享有的权利。可从如下五个方面理解这一概念：

1. 票据权利是以取得票据金额为目的的权利

其内容是票据金额给付的请求，包括付款请求权（第一次请求权）和追索权（票据上的第二次权利）。

付款请求权是指持票人向票据债务人或其他付款义务人请求按票据上所载金额付款的权利，追索权是指持票人行使付款请求权遭到拒绝或有其他法定原因无法实现时向其前手请求偿还票据金额及其他法定费用如利息、必要费用等的权利。通常情况下，只有在付款请求权遭到拒绝后，才可以行使追索权。汇票到期日前，如存在下列情况，持票人也可不行使付款请求权而直接行使追索权：汇票被拒绝承兑的；承兑人或者付款人死亡、逃匿的；承兑人或者付款人被依法宣告破产的或者因违法被责令终止业务活动的；票据被拒绝承兑、被拒绝付款或者超过提示付款期限，票据持有人再背书转让的。需要特别说明的是，在付款人对票据进行承兑后付款人破产的，由于付款人在破产前已经对票据进行了承兑，因此付款人已经成为票据债务人，按照《破产法》等法律相关规定，未到期债权视为到期债权，债权人可向债务人破产清算组申报债权，要求从破产财产中获得清偿。但是由于参加破产分配有可能无法实现全部债权，而且程序复杂，因此大部分持票人会选择直接对背书人、出票人以及汇票上的其他债务人行使追索权。

票据的付款请求权与追索权都是持票人享有的请求支付一定金额的权利，但这两种权利又存在很多差异，主要表现在：

（1）行使的次序不同。追索权是为弥补付款请求权之不足而赋予持票人的一种票据权利。只有当付款请求权被拒绝或因法定事由没有实现时，持票人才可行使追索权。如果付款请求权得以实现，则不能再行使追索权。

（2）行使的次数不同。付款请求权一般只能行使一次，只要付款人履行了付款义务或者拒绝履行付款义务，付款请求权就不复存在。而追索权可以多次行使，当某一票据债务人清偿了票据债务之后，就可以取得的票据向其前手行使追索权。

（3）行使的条件不同。付款请求权的行使一般是无条件的，持票人仅按票据上载明的时间行使即可。而追索权的行使是有条件的，包括发生了票据到期被拒绝付款等法定原因且履行了必要的法律保全手续、取得了拒绝证明或其他证明。

（4）行使的对象不同。付款请求权的行使对象只能是票据上的第一义务人，即付款请求权的对方当事人只有一个；而追索权的行使对象是持票人的前手，包括所有的票据义务人。

（5）请求的金额不同。付款请求权请求支付的金额为票据金额，而追索权请求支付的金额不仅包括票据金额，还包括该金额在法定期间内的利息及其他法定的必要费用。

（6）权利的消灭时效不同。汇票的付款请求权自票据到期日起2年内不行使而消灭，而最后持票人对其前手的追索权自被拒绝承兑或者被拒绝付款之日起 6 个月内不行使而消灭，被追索人对其前手的再追索权自清偿之日或被诉之日起 3 个月内不行使而消灭。

2. 票据权利是凭借对票据的占有才能行使的权利

票据权利附随在票据之上（特殊情况如公示催告除外），两者不可分离，因此，同一票据上的权利只能有一个权利人，不可能同时存在两个及两个以上的权利人，也不可能同时存在两个以上的权利。票据权利只能由持票人享有，票据上的债权与对票据本身的所有权是统一的。行使票据权利必须以占有票据为前提，票据权利人可以也只能凭票据请求票据义务人支付票据金额，而无权要求以其他标的物给付。票据债务人也无权以其他标的物的给付代替票据所载金额的清偿。不持有票据则无法行使票据权利。而且，凡持有票据的人就推定为票据权利人，可以向在票据上签章的所有票据债务人行使票据权利。

3. 票据权利的权利主体是合法持票人

合法持票人指收款人或被背书人，非法取得票据的持票人不享有票据权利。

权利主体可分为绝对的权利主体和相对的权利主体。前者是指通过出票或者背书转让或者直接交付转让或者无偿赠与等方式取得票据的持票人，其既享有付款请求权，又享有追索权，但不负任何票据义务；后者指通过追索程序在清偿了后手所追索的金额之后取得票据的原票据义务人，在成为持票人后其仅享有的对包括承兑人在内的前手的再追索权，其曾在票据上负有义务，是因为履行了义务才取得再追索权。

4. 票据权利的义务主体是票据债务人

票据债务人即因实施一定的票据行为而在票据上签章的人，包括出票人、背书人、保证人和承兑人。

义务主体可分为第一债务人和第二债务人。前者也称主债务人（承兑人），是指对持票人承担无条件支付票据金额义务的票据行为人，亦即票据权利人首先主张权利的对象，其所承担的是付款责任，持票人向其行使的权利为付款请求权；后者也称次债务人，是指向持票人负担保付款义务即当主债务人不能满足持票人的付款要求时负偿还义务的当事人，包括出票人、保证人、背书人及其保证人，其所负的是担保付款责任，持票人向其行使的权利为追索权。

5. 付款请求权和追索权

付款请求权和追索权虽然都属于持票人请求支付一定金额的权利，但也存在明显的不同。

（1）行使顺序不同，付款请求权是第一次请求权，如果付款请求权实现，追索权即不复存在。

（2）行使的条件不同。付款请求权在票据到期日就可以行使，而追索权的行使是票据到期被拒绝付款或其他特殊情况下才能行使。

（3）对方当事人不同。付款请求权的对方当事人只能是票据第一义务人（承兑人）或关系人（未承兑的付款人），而追索权的对方当事人包括所有的票据义务人。

（4）请求支付的金额不同。付款请求权请求支付的金额为票据上记载的金额，而追索权请求支付的除票据金额外，还包括该金额在法定时期的利息以及其他必要的费用。

（5）权利消灭时效不同。付款请求权的时效为票据到期起 2 年，追索权的时效是自被拒绝承兑或被拒绝付款之日起 6 个月，而再追索权的时效是自清偿日或者被提起诉讼之日起 3 个月。

追索权包括由持票人（绝对权利主体）向前手背书人行使的追索权和已履行追索义务的背书人（相对权利主体）向其前手背书人行使的再追索权。

二、票据权利的取得、行使与消灭

（一）票据权利的取得

依合法方式或法定原因而取得有效的票据，从而享有票据权利，称为票据权利的取得。一般来讲，持票人是票据权利人，但并非所有的持票人都享有票据权利，只有符合法定条件的持票人才能享有票据权利。包括给付了对价、取得票据的手段合法（不是采取欺诈、偷盗、胁迫、抢夺、拾得等手段取得票据)、取得票据时具有主观上的善意。

1. 从出票人处取得票据权利

票据持票人从出票人处取得票据,实现对票据的占有,就取得票权利。这种取得称为发行取得或原始取得。出票并交付票据如是出票人的真实意思表示,则票据权利的取得为真实取得。如被欺诈、胁迫而出票并交付票据,则出票人只能对其直接后手即行为相对人进行抗辩而不能对善意取得该票据的其他行为人进行抗辩。出票人以外的人以出票人名义虚假出票,只要相对人善意取得该票据,就仍然享用该票据上的权利,对其后手承担相应的票据义务。

2. 从合法持票人处受让取得票据权利

持票人从有票据处分权的前手权利人手中通过连续背书转让方式受让票据,是票据权利转让最主要的方式。此外,背书人在履行了追索义务重新取得票据、保证人在履行了保证义务而取得票据后,也都能成为票据权利人。两者也称为票据权利的继受取得。

3. 依其他法律有偿或无偿取得票据权利

包括继承、赠与、企业的分立与合并、法院的判决以及税收或行政部门的命令与决定等原因而取得票据权利。

4. 票据权利的善意取得

票据权利的善意取得是指票据受让人依据《票据法》规定的转让方法,善意地从无权处分人手中取得票据,从而享有票据权利的法律情形。只要受让人取得票据时不知道也不可能知道票据上已存在的瑕疵或其前手为不法持票人,尽管转让人无权处分该票据权利,受让人因此取得的票据权利也不受影响。

票据权利善意取得的构成要件有四个:

(1) 必须按票据规定的转让方式取得票据,即按背书交付方式进行。未按票据规定的转让方式,如背书不连续、禁止背书、被拒绝承兑或被拒绝付款、超过付款提示期限,或者非依《票据法》而以其他法律规定取得票据,如税收、继承等,均不受善意取得的保护。

(2) 必须是从无权处分人手中取得票据。这里的无权处分人仅限于持票人的直接前手，其间接前手有无处分票据权利对此无影响。从无行为能力人、限制行为能力人手中受让票据的人，不适用于善意取得的规定。此外，出票人如果记载禁止转让字样、到期后的背书以及委托取款背书也不存在善意取得的问题。

（3）必须是无恶意或重大过失而取得票据。恶意就是受让人在受让票据时已经知道让予人为无权处分人但仍受让该票据的行为。重大过失是指受让人缺乏一般人应有的注意、对本应发现的瑕疵没有发现而受让该票据的行为。恶意取得票据，或者因重大过失取得票据，不得享有票据权利。取得票据的人在受让票据时只有既无恶意也无重大过失，才受"善意取得"的保护。

（4）必须是付出相当代价取得票据。以不相应的代价取得票据不能适用善意取得制度，但可能仍享有票据权利，但这种票据权利不能优于其前手。业务实践中，构成对价的事物通常有实物、劳务、智力成果及其他无形资产、有效的合同及法律认可的其他事物。至于所付代价是否为双方当事人认可且相对应，取决于双方在授受票据时所依据的协议或其他证据。

只要满足票据权利善意取得的构成要件，就可产生相应的法律后果，包括：善意取得票据的受让人取得有关的票据权利，票据债务人不得以其相对让予人无处分票据的权利为由对抗善意持票人；原权利人丧失票据权利（不管丧失原因是什么），原权利人不得请求善意取得票据的持票人返还票据或票据利益，只能按相关法律向侵害人或不当得利人请求损害赔偿或返还不当得利。

（二）票据权利的行使与保全

1. 票据权利行使的内容

票据权利的行使是指票据权利人请求票据债务人履行票据义务的行为，包括：持票人请求付款人承兑或者付款的行为；持票人请求其前手背书人、保证人或出票人清偿票据所载金额和有关费用的行为；清偿义务人在承担了有关票据义务后，向其前手、被保证人或出票人进行再追索的行为。与票据权利的行使相关的一个概念是票据权利的保全，即票据权利人为防止票据权利丧失而作出的一切合法行为，包括：持票人向第一义务人提示票据以保全其付款请求权和追索权的行为，被拒绝承兑和付款时持票人作成拒绝证书以保全其追索权的行为，票据权利主体主张权利提起诉讼以中断票据时效的行为等。

2. 票据权利行使与保全的地点、方式

持票人对票据债务人行使票据权利或者保全票据权利，应当在债务人的营业场所（而非票据权利人的住所）和营业时间进行；票据债务人无营业场所的，在其住所进行。营业时间一般包括营业日和营业日的营业时刻两项内容。营业日是指票据当事人应该营业的日子；营业时刻则是指票据当事人在营业日当天应该营业的时间。

票据权利行使的方式主要有三个：①按期提示票据。因为票据权利不能离开票据而存在，故请求义务人履行义务就不能通过口头或者书面方式以产生行使票据权利的效力。要在《票据法》规定的期间内，现实地向票据债务人或关系人出示票据，请求其履行票据债务。行使票据权利的提示可细分为承兑提示（严格地讲就是确认支付请求权或请求付款人进行票据行为，而非实质意义上的行使付款请求权）、付款提示、追索权提示。按照我国《票据法》规定，持票人不在法定期限内进行承兑提示和付款提示的，丧失对前手的追索权。因此，作为行使票据保全的手段，提示票据必须依期而行。②作成拒绝证书。为了证明持票人曾经依法行使票据权利而遭到拒绝或者根本无法行使票据权利，拒绝一方或者法律指定的机构要做出拒绝证书。拒绝证书是票据权利人行使追索权所必备的条件，如果票据权利人未在规定的时间内作成拒绝证书，则丧失对其前手的追索权。承兑人出具的拒绝承兑证明、付款人出具的拒绝付款证明、退票理由书以及人民法院、公证机关、医院出具的相关文书与证明，也具有拒绝证书的效力。③中断时效。在票据时效期间，持票人必须行使票据权利，否则就丧失了票据权利。但在时效期限内，持票人为保全票据权利而往往会采取一些中断时效的行为，如提起诉讼、公示催告等。通过中断时效，保全了票据权利，使得票据权利以前经过的时效归于无效，从中断时效的事由消除之日起，时效期间重新计算。

（三）票据权利的消灭

票据权利的消灭是指由于一定事实的出现而使票据上的付款请求权和追索权失去法定效力的情形。

1. 导致付款请求权和追索权消灭的共有原因

（1）付款人付款。付款人在足额支付（而非部分支付）票据金额以后，票据权利绝对消灭，不仅付款人免除票据上的责任，在票据上签名的所有票据债务人也都因此解除责任。票据上的其他债务人在受到追索时的付款只是使持票人个人所享用的票据权利消灭，而票据上其他义务人的票据权利并未消灭，可行使再追索权，直至票据债务由主债务人即出票人或付款人清偿，追索权才会消灭。

（2）时效期间届满。票据权利因权利人怠于行使或因其他原因造成的时效期间届满而消灭。

（3）票据毁损。票据被焚烧、撕毁、严重磨损等，以致丧失其原有的物质形态，完全不能辨认其必要记载事项，此时票据权利也告灭失。

2. 导致追索权消灭的特有原因

未在法定期限内对必须进行承兑的票据进行提示承兑，或者未在规定期限内提示付款，或者未在规定期限内作成拒绝证明文书，票据权利人就丧失对其前手的追索权，但其付款请求权仍然有效，承兑人或者付款人仍应对持票人承担付款责任。

三、《票据法》上的非票据权利

（一）基本含义

《票据法》上的非票据权利是指与票据有关的由《票据法》直接规定而非由于票据行为所发生的权利。《票据法》上的非票据权利引起的纠纷，也属于票据纠纷，受到我国《票据法》的管辖。由于这种权利不体现在票据上，因而无须票据就可以行使权利，不像票据权利那样必须以占有和提示票据为要件。当票据权利不能正常行使时，行使非票据权利可以使权利人获得合理的补偿。

（二）非票据权利的分类

《票据法》实践中遇到的非票据权利主要有以下几种。

1. 出票人的要求返还票据权

当出现票据未转让时的基础关系违法、双方不具备真实的交易关系和债权债务关系、持票人应付对价而未付对价等事由时，出票人可向其直接后手行使要求返还票据权。如果出票人的直接后手已将票据背书转让，则出票人不能行使该权利。

2. 失票人的要求补发票据权

失票人的要求补发票据权只能在票据时效届满以前行使，如果该票据所载票据权利时效已经届满，则只能依靠其他寻求补偿。且该权利只能向出票人而非付款人或承兑人请求。在提出该权利时，失票人应提供担保，以避免善意取得该票据的第三方主张票据时会给票据债务人尤其是出票人造成损失。

3. 失票人的请求返还票据权

失票人可向非法持有票据人行使请求返还票据权。

4. 未按规定期限通知而使前手或者持票人享有的损害赔偿请求权

持票人在收到被拒绝承兑或者被拒绝付款的有关证明之日起三日内，应将被拒绝事由书面通知其前手；其前手应该自接到通知之日起三日内书面通知其再前手。持票人也可以同时向各汇票债务人发出书面通知。未按照规定期限通知的，持票人仍可以行使追索权。因延期通知给其前手或者出票人造成损失的，由没有按照规定期限通知的汇票当事人承担对该损失的赔偿责任，但所赔偿的金额以汇票金额为限。

5. 持票人的利益返还请求权

持票人因超过票据权利时效或者因票据记载事项欠缺而丧失票据权利的，可以请求出票人或者承兑人返还其与未支付的票据金额相当的利益。这是一种持票人丧失票据权利时经常行使的、最重要的一项非票据权利。利益返还请求权的权利人是因超过票据权利时效或者因票据记载事项欠缺而丧失票据权利的正当持票人，包括最后的被背书人、因履行追索义务而取得票据的背书人或保证人、票据丢失但具有相应证明的持票人。利益返还请求权的义务人则是出票人和承兑人，背书人因未获得单方面票据利益、保证人因不能获得票据利益，因而都不应成为利益返还请求权的义务人。

利益返还请求权制度的设定在于实现票据当事人利益的均衡。因为，为尽快实现票据权利流通的效率，票据权利的时效远远短于其他权利，这有利于票据义务人尽快实现义务，结束票据权利的不稳定状态，但却使票据权利人比其他权利人更容易因时效期满而丧失票据权利。同时，如果丧失票据权利的持票人在取得票据时支付了对价，则由于丧失票据权利而无法行使付款请求权和追索权，而出票人或者承兑人却既能获得对价，又能免除付款义务，因而会造成法律的不公正。利益返还请求权制度的设定使得丧失票据权利的持票人的利益有所补救。

利益返还请求权的行使必须满足以下要件：①票据权利曾经有效存在。票据权利不存在也就无所谓消灭，持票人不是真正的票据权利人也就无法请求票据义务人承担票据义务。如果票据权利不消灭也就不存在利益返还请求权。持票人行使利益返还请求权虽不以提示票据为必要，但必须有其他证明文书来证明其的确为正当持票人且原来的票据权利无瑕疵。②票据权利超过时效或在法定期限内未完成保全手续而消灭，至于持票人是否在票据权利丧失中存在过失则不加以考虑。③返还义务人因票据权利消灭享有利益，这时持票人可向返还义务人要求返还与其未付的票据金额相当的利益。利益多少的举证责任由利益返还请求权人承担，且"利益"以其未付的票据金额为限，不包括其他费用与利息，因为返还义务人并无过错，利益返还请求权的发生完全是因为票据权利行使时效已过，这在很大程度上是票据权利人的责任。

四、从票据债务人角度而言的票据抗辩

票据抗辩权是票据债务人所享有的与票据债权人所享有的付款请

求权和追索权相对应的一种权利，是票据债权人不依法行使票据权利时票据债务人进行自我救济的一种手段，指票据债务人可以依《票据法》规定以一定的合法事由对票据债权人提出的请求予以拒绝的行为。票据抗辩权具有抗辩切断特性，即票据债务人所享有的任何旨在对抗出票人或者持票人前手的抗辩权利，都不得对持票人行使。也就是说，票据受让人在受让票据时，并不同时受让前手就该权利所存在的抗辩事由。

行使抗辩权的票据债务人是指票据上的所有债务人。票据债务人行使抗辩权以不履行票据债务为目的，有利于阻止不合法票据的持有人以及不法取得票据者取得票据利益，是对合法票据权利人及债务人有效保护的一种手段，但票据债务人不能无限制地行使或滥用票据抗辩权，其拒绝履行票据债务必须有合法事由，合法事由被称为票据抗辩事由。需要说明的是，票据抗辩通常是对票据金额的全额抗辩，不存在对部分票据金额的抗辩。

票据抗辩作为《票据法》上的一项重要且特殊的制度，带来了一定的法律后果，导致持票人与票据上记载的债务人之间的票据债权债务关系消灭，但持票人与其前手及出票人之间的债权债务关系并不因此而当然解除。在持票人行使追索权时，如遭遇前手的合法有效抗辩，则会丧失相应的追索权。不过，持票人如因票据抗辩而无法行使权利时，其所享有的民事权利并未消灭，持票人可依据其他的民事法律规定向与其有债权债务关系的直接当事人主张权利。

票据抗辩在立法体例上，有的国家的《票据法》以明文列举抗辩事由，凡未列举的不为抗辩事由，这在理论上称为积极限制主义；有的国家的《票据法》以明文列举票据债务人不得行使抗辩权的事由，凡不列举者皆可作为抗辩事由，这在理论上称为消极限制主义。我国《票据法》第13条第一款以消极限制主义的立法形式规定了当事人不得行使抗辩权的两种形式，即票据债务人不得以自己与出票人之间的抗辩事由对抗善意持票人；票据债务人也不得以自己与持票人的前手之间的抗辩事由对抗善意持票人。该条第二款又以积极限制主义的立法形式规定了当事人能够行使抗辩权的一种形式，即票据债务人可以对不履行约定义务的与自己有直接债权债务关系的持票人行使抗辩权。

就票据抗辩事由（原因）而言，票据抗辩包括物的抗辩与人的抗辩两种。两者的主要区别在于被抗辩的对象不同，物的抗辩可以对任何债权人行使，而人的抗辩只可以对特定的债权人行使。

（一）物的抗辩

物的抗辩又称客观的抗辩和绝对的抗辩，是指由于票据本身或票据所记载的债务人的原因，可由票据债务人来对抗一切持票人而不因持票人变更受到影响的票据抗辩。包括两类：

1. 任何票据债务人可以对任何持票人行使的抗辩（此种抗辩主要基于票据本身的原因而产生）

因票据不具备法定的形式要件而使票据无效的抗辩，包括票据上欠缺法定必要记载事项，未使用中国人民银行按统一规定印制的票据、空白授权票据没有补充完全、票据金额记载中文大写与阿拉伯数字不一致，出票人没有签章或签章不符合法律规定，更改了不得更改的记载事项（票据金额、日期、收款人名称），出票人在票面上记载了附条件付款文句，出票人在票据上记载了"不得转让"字样后持票人又背书转让的（此种情况下，背书转让后的受让人不享有票据权利，票据的出票人，承兑人对受让人不承担票据责任）。对具有以上特征的票据，无论谁持有，其向票据债务人请求行使票据权利时，债务人都可以票据无效为由抗辩。

票据权利人行使权利不当，不依票据文句提出请求，包括票据到期日尚未届至、持票人请求付款的地点与票据所载的付款地不符等。

票据权利已经无法行使，包括超过票据权利时效、人民法院作出的除权判决发生效力后持票人（而非失票人）请求票据债务人付款、票据已得到全部付款并在票据上进行了记载、票据所载金额由于无法向票据债权人付出而以商业道德原因向有关机关办理了提存手续。

2. 特定票据债务人可以对任何持票人行使的抗辩

（1）票据行为不能有效成立。包括票据上记载的债务人欠缺票据行为能力但在票据上签章、票据上记载的债务人是被他人无权代理或越权代理的、票据上记载的债务人是被伪造的、出票人在票据上记载"禁止转让"但由收款人以外的人持有票据的、票据债务人已被法院宣告破产或被责令终止业务活动、票据债务人的签章被伪造或在票据变造前签章等。

（2）持票人没有依法出示票据权利或票据债务人因持票人欠缺保全手续而解除了票据义务。如果持票人未按规定期限进行票据提示或者不能提供拒绝证明，依法将丧失对前手的追索权，即其前手的票据义务解除。所以，被解除了票据义务的票据债务人可以此为由对票据债权人行使抗辩权。

（3）持票人的票据权利因超过时效而消灭，票据债务人因而解除了被追索的票据义务，可以以时效期间届满不再负有清偿义务为由对抗任何票据债权人。

（4）票据上记载的票据债务人已经实际丧失承担票据义务的能力，如债务人被法院宣告破产或被行政部门责令终止业务活动的，该债务人实际上已不具备承担票据义务的能力，当持票人向其主张票据权利时，可以此抗辩。

（二）人的抗辩

人的抗辩又称主观的抗辩和相对的抗辩，是指由于持票人自身的原因或者是票据债务人与特定持票人之间的特殊关系而提出，只能对抗特定的持票人而不能对抗一切票据债权人的票据抗辩。持票人一经变更，这种抗辩的原因便不复存在（票据抗辩的切断）。人的抗辩包括两类：

1. 任何票据债务人可以对特定持票人行使的抗辩

由持票人自身不具备票据权利人资格原因而形成的票据抗辩，基于特定持票人自身的原因而产生。包括票据债权人欠缺票据行为能力、持票人取得的票据背书不连续且不能举证、持票人以欺诈偷盗胁迫等非法手段取得票据或明知有上述情形但出于恶意取得票据、持票人明知票据债务人与出票人或者持票人的前手之间存在抗辩事由而取得票据、持票人因重大过失取得票据、持票人取得票据时欠缺对价以及持票人有其他依法不得享有票据权利的情形。

2. 特定票据债务人可以对特定持票人行使的抗辩

由票据债务人与特定持票人之间的特殊关系而提出的票据抗辩，基于特定的票据债务人与特定的持票人之间的关系而产生。包括票据债务人的直接后手不履行约定的义务，直接票据当事人的原因关系不存在或者非法，背书人在票据上记载"不得转让"字样或票据依法不得转让（委托收款、质押），票据债务人与直接票据债权人有特别约定，票据已付款但未在票据上记载且又请求付款人付款等情况。

（三）对票据抗辩的限制及例外

《民法》上的抗辩与《票据法》上的抗辩有很大的区别。在《民法》上，债权转让次数越多，债务人获得的抗辩就越多；而在《票据法》上，为了促进票据流通，特设定了"抗辩切断制度"，即善意的、支付相当对价的票据受让人，不接受背书前手或者出票人与其他票据债务人之间存在的抗辩事由，原有的抗辩事由被阻断于授受票据的直接当事人之间，原有的抗辩事由对善意持票人而言，没有了效力。票据抗辩限制是《票据法》对票据债务人不得对特定的持票人行使抗辩权的规定，其根本目的在于界定票据抗辩的一定范围，从而保持票据流通的生命力。

在票据抗辩中，物的抗辩是客观的、绝对的，是可以对任何票据债权人主张的抗辩，因此，对物的抗辩未规定限制。票据抗辩的限制主要是指对人的抗辩的限制，即将票据抗辩中关于人的抗辩限制于直接当事人之间，不允许特定人之间的抗辩扩大至后手当事人之间的票据关系中去。票据抗辩具体包括两种情况：

1. 票据债务人不得以自己与出票人之间的抗辩事由对抗持票人

在委托付款的汇票关系中，票据债务人（承兑人）与出票人之间往往存在某种权利义务关系，这正是承兑人愿意接受出票人的委托承担付款义务的前提，但是票据债务人不能以因其与出票人之间的这种权利义务关系而产生之事由对抗持票人行使抗辩权。

2. 票据债务人不得以自己与持票人的前手出票人之间的抗辩事由对抗持票人

票据债务人可以其与直接相对人之间的关系对抗票据的直接相对人，但不能以这一抗辩事由对待直接相对人的所有善意后手。

有两种情况例外：①无对价抗辩。因税收、赠与和其他可依法无偿取得票据的，持票人所享有的票据权利不能优于其前手的权利。②知情抗辩。对明知存在抗辩事由而取得票据的持票人，票据债务人可以依自己与出票人或者与持票人的前手之间的抗辩事由对抗持票人，但可对抗的事由应限定在持票人所知道的抗辩事由范围内，且这种事由必须是持票人在获得票据时就已知晓。

五、作为票据权利相对物的票据义务

（一）含义与特征

票据义务是指票据义务人（出票人、背书人、承兑人、保证人、付款人、保付人等）向持票人履行的、支付票据金额（发生追索情况下除票据金额外，还包括票据金额所产生的利息和通知等其他费用）的义务。

与一般的金钱债务相比，票据义务具有如下特征：

1. 票据义务是无因责任和文义责任

票据关系是无因关系，票据义务基于票据行为而产生，所以不受票据原因关系的影响，票据原因关系中的责任消灭，并不当然消灭票据义务。同时票据行为人承担的票据责任只有在他于票据上签章以后才能发生，且只依其所记载的文义负责而不对记载以外的事项负责。

2. 票据义务是单方责任

票据义务人不享有对票据权利人的请求权，不因自己履行票据义务而得以对票据权利人主张一定的权利。背书人因履行了追索义务而后享有的向其前手进行再追索的权利，不是发生在同一相对当事人之间。

3. 票据义务中的义务人具有广泛性和多位性

票据自出票人依法签发交付时,只要没有记载"禁止转让"字样,收款人就有权通过背书和交付来转让票据。如果背书连续进行下去,则背书人就不断加入到票据义务人之中,从而导致众多票据债务人的产生。再加上票据的承兑制度、保证制度和保付制度,使得票据义务人具有广泛性特征。

4. 票据义务中的义务人具有转移性和相对性

转移性表现在向票据权利人清偿票据所载金额的义务人,在因清偿而取得票据后,原先的义务即刻就全部转移给其他前手票据义务人,他则成为票据权利人。

相对性表现在两个方面:①义务人的身份具有可变性,即除出票人外,大多数票据债务人由票据债权人即原持票人转变而成。票据债务人在履行了追索义务后又可以变成票据债权人。②义务人的身份具有相对性,即在票据上签章在前的前手是签章在后的后手的票据义务人,签章在后的后手相对于持票人来讲也是票据义务人。

5. 票据义务具有双重性和连带性

双重性表现在票据义务是付款义务和担保付款义务的结合。票据义务人或承担票据付款义务,或承担票据担保付款义务,在有关义务人未全部履行付款义务时,担保付款人就应承担支付相应款项给票据权利人的义务。

连带性表现在无论票据义务人有无与其他票据义务人负连带责任的意思,只要其中之一无力付款时,其他票据义务人都负有代替偿还的义务,且这种连带义务是法定连带义务而非约定连带义务,是只要在票据上签章就必须承担的义务。

(二)票据义务的分类

1. 票据付款义务

票据付款义务与票据权利中的付款请求权相对应,是票据上所载付款人或代理付款人依据票据文意而对票据权利人所应承担的义务,即支付票据所载金额(《民法》上的清偿可以"一定的物"或"一定的劳务"来进行，而《票据法》上的支付只能是"金钱"）的义务。它具有第一次义务的性质，因此也被称做主票据义务或付款义务。票据付款完成后，票据权利人的票据权利得以实现，票据债务人的票据债务归于消灭，票据关系及票据本身也随之消失。票据付款义务的发生，依赖于相应的票据行为的完成，如出票行为和承兑行为。未经承兑之前，出票人在事实上处于主义务人的地位，但持票人并不能立即向出票人请求付款，他只能首先向票据所载付款人提示承兑。付款人承兑后，成为主义务人，承担到期付款的义务；若付款人拒绝承兑，则仍由出票人作为主义务人承担付款义务。

（1）票据付款的分类。票据付款是票据关系的最后一个环节，是票据活动基本过程的终点。它与出票、承兑、保证、背书等票据行为不同，它不以行为人在票据上一定的意思表示并签章为其效力要件，而是由《票据法》直接规定其行为的效力；它不以承担票据债务为目的，但却能够消灭票据债务。

按照不同标准，可对票据付款作出不同的分类：

①本人付款和代理人付款。本人付款是指由票据上记载的付款人向持票人所为的付款。付款人基于自己的票据行为而进行的付款，如承兑人的付款，被称为绝对付款义务人付款；付款人基于他人的票据行为而进行的付款，如付款人在未承兑前所进行的付款，被称为委托付款义务人付款。代理人付款是指由付款人委托的代理人代替其向持票人所为的付款。代理付款人并非票据当事人，而是基于付款人在票据外的委托，代替其进行付款的人。在商业汇票实务中，主要是商业承兑汇票上记载的付款人的开户银行。

②全部付款和部分付款。全部付款后，票据上的权利义务完全消灭，不仅付款人的票据债务因其履行而消灭，其他在票据上签章的票据债务人的票据债务也同时消灭。我国《票据法》目前暂不承认部分付款，但日内瓦《统一汇票本票法》是承认的，"持票人不得拒绝部分付款。在部分付款的情况下，付款人得请求在票据上记载其已支付的票据金额，并出具收据"；"对未获付款的部分，在持票人履行必要

的保全手续后，票据债务人仍然负有票据责任"。

③到期付款与期外付款。在法律规定的提示期限内或者持票人同意延长期限内进行的付款称为到期付款；反之则称为期外付款。期外付款又分为在法定或约定的提示付款期限到来之前或之后进行的付款，前者称为期前付款，后者称为期后付款。在无法定义务的情况下，付款人按照自己的意思提前进行付款，实际上是自愿放弃了自己的期限利益。但是，付款人对期限利益的放弃，并不能成为其错误付款的免责事由。当向实际上无权利人付款后，真实权利人又主张票据权利时，付款人得承担再次付款的责任；在到期日前如发生出票人撤销支付委托或要求停止支付等情况下，期前付款的付款人也须承担因期前付款而产生的损失。"持票人未按照前款规定期限提示付款的，承兑人或者付款人仍应当继续对持票人承担付款责任"（当然，该付款责任要受票据权利时效规定的限制），因此，对承兑人来讲，期后付款与到期付款的法律效力是一样的。

④提存支付和非提存支付。提存支付是指当持票人不在法律规定的期限内为付款提示时，票据债务人将相应的票据金额交给提存机关，从而相当于已履行付款义务的一种付款形式。提存付款的主体是承兑人而非出票人、背书人，因为持票人未在法定的提示付款期限内提示付款，即丧失对出票人、背书人的追索权，他们无须进行提存。一般情况下，票据付款都是非提存付款。

（2）票据付款的程序行为。

①提示付款。提示付款是指持票人为取得票据金额的支付而向付款人或者代理付款人出示票据，请求其付款的行为。提示付款是持票人的行为，是票据付款全部程序的第一步。值得注意的是，当持票人未按照法律规定的提示付款期限提示付款时，对持票人来说，其向承兑人或者付款人请求支付票据金额的权利仍在，但失去延迟利息的请求权和向背书人的追索权。

②付款。"持票人依照前条规定提示付款的，付款人必须在当日足额付款。"一般来讲，付款应当以人民币作为付款标的。如果汇票上记

载的金额为外币的，要以付款日的市场汇价换算成人民币进行支付（汇票当事人对汇票支付的货币种类另有约定的，可依当事人的选择进行支付）。

在进行对外付款时，法律规定付款人应尽付款审查义务。"付款人及其代理付款人付款时，应当审查汇票背书的连续，并审查提示付款人的合法身份证明或者有效证件。付款人及其代理人以恶意或者有重大过失付款的，应当自行承担责任。"付款人的审查主要是形式上的审查，主要是通过对票据上记载事项的审查，来判断持票人的权利是否存在瑕疵。对必要记载事项完备，无《票据法》上不生效力的记载事项，未发现变造的记载事项，未发现更改的票据金额、日期和收款人名称的，即可认为该票据为有效票据。形式审查还包括对持票人资格的审查，一般通过背书是否连续来判断。

付款程序的最终完成包括两个环节：

一是付款的签收。持票人在获得足额付款后，付款人有权要求其在汇票上记载"收讫"字样，以此作为付款人已经依法履行付款义务的证明。对于签收的时间，一般认为应在付款的同时进行。我国《票据法》还规定了视同签收制度，如果持票人委托银行收款，受委托的银行将代收的汇票金额转账收入持票人账户，即视同签收。

二是汇票的回收。付款人将已付款的票据收回，能现实地防止该汇票再次投入流通。如果该票据没有被付款人收回，则持票人如恶意将其再行转让，或丢失后转至善意第三人之手的情况下，付款人可能还需继续承担付款责任。在票据实务中，付款人足额付款、持票人在汇票上签收和持票人将汇票交给付款人等环节一般是同时进行的。付款人进行合法有效的付款后，票据关系完全消灭，付款人还取得向出票人求偿的权利。

2. 票据担保付款义务

票据担保付款义务与票据权利中的追索权相对应。只有在持票人遭到付款人或主票据义务人的拒绝或者其他法定事由的出现导致其权利不能实现时，承担票据担保义务的义务人才有义务应持票人依法定程序提出的请求而履行票据付款义务，并在履行票据义务后有权向前手及主票据义务人行使票据权利。票据担保付款义务具有补充票据付款义务的作用，因此被称为从票据义务、第二义务、次义务或清偿义务。背书人、保证人和已承兑汇票的出票人被称为从票据义务人。承担票据担保付款义务的义务人即使履行了票据义务，并不导致票据及票据权利消灭。

票据担保付款义务的发生，也依赖于相应的票据行为的完成，主要是背书行为和保证行为。但票据担保义务的实际履行，还需要票据未获承兑或未获付款等法律事实的形成。

（三）票据义务的履行

1. 票据义务履行的前提是票据权利人主动且依法请求履行

票据债务人不负有到期主动履行的义务。只有票据权利人主动出示票据请求付款，且这种请求符合如下法定条件，票据义务人才能到期履行义务：①票据权利人持有的票据为有效票据，并且票据本身背书连续，行使付款请求权的持票人是票据上的最后被背书人。②最后持票人应遵守期限并在合法的地点和营业时间内向付款人及其代理付款人行使付款请求权。③如果付款请求权遭到拒绝，票据权利人应及时取得拒绝证明，并在法定期限内向前手发出已被拒绝的通知。④票据权利人在履行了取得拒绝证明或其他证明并及时通知前手等保全措施后，应在法定期限内向其他票据债务人行使追索权。

2. 各票据债务人票据义务的履行

（1）出票人的票据义务。出票人在完成出票行为后承担担保付款和担保承兑两项义务。出票人在汇票得不到承兑或者付款时，应当向持票人清偿由追索和再追索所产生的金额和费用，即承担最终的追索义务。

（2）背书人的票据义务。背书人承担保证其后手所持汇票承兑和付款的责任。背书人在汇票得不到承兑或者付款时，应当向持票人清偿由追索和再追索所产生的金额和费用。

（3）承兑人的票据义务。承兑人承担的是绝对付款义务：①票据到期，必须无条件地向持票人支付票据金额。②当持票人未按照法定期限提示付款时，在作出说明后，承兑人仍应当继续对持票人承担付款责任。③在票据到期而拒绝付款时，必须向持票人或其他因履行追索义务而取得票据的人（包括出票人）偿还追索和再追索所产生的金额和相关费用。

（4）保证人的票据义务。保证人承担的票据义务与被保证人承担的票据义务相同。保证人与被保证人对持票人承担连带责任，票据到期后得不到付款的，持票人有权向保证人请求付款，保证人应当足额付款。

（四）票据义务的解除

导致票据义务解除的法定事项主要有：①付款人依法足额付款，全体票据债务人的票据义务解除。②最后持票人没有依法行使付款请求权，所有从票据义务人的票据义务解除。③最后持票人请求付款遭到拒绝后没有行使保全措施，出票人以外的所有从票据义务人的票据义务解除。④持票人的追索权得到实现，履行了票据付款义务的从票据义务人的所有后手的票据义务解除。

六、与票据权利义务紧密相关的票据时效

票据时效也就是票据权利（付款请求权和追索权）的消灭时效。在票据时效期间内，如果票据权利人不行使其权利，则该权利归于消灭。本着要求票据权利人尽快行使其票据权利，票据债务人尽早卸下责任、从而促进票据流通的立法宗旨，《票据法》上的票据时效要比《民法》上的时效期间短。

票据权利如在法定期限内不行使则归于消灭，但由于票据权利的特殊性，票据权利在消灭时，权利人虽不再享有票据权利，但仍可依据《票据法》享有其他权利，如享有利益返还请求权，通过请求出票人或者承兑人返还其与未支付的票据金额相当的利益，作为接受票据时所付出代价的补救。

我国《票据法》规定了2年、6个月、3个月三种票据时效期间。

汇票的持票人对出票人的追索权、对承兑人的付款请求权和追索权适用于 2 年的时效期间（自票据到期日起 2 年）；持票人对其前手的追索权适用于 6 个月的有效期间（自被拒绝承兑或被拒绝付款之日起 6 个月）；持票人对其前手的再追索权适用于 3 个月的时效期间（自清偿日或者被提起诉讼之日起 3 个月）。

第三节　汇票制度

汇票制度包括出票制度、承兑制度、背书制度、保证制度、付款制度、追索权制度以及涉外制度和法律责任制度。付款制度、追索权制度在本章第二节中已经论及，本节不再赘述。

一、出票制度

（一）出票的基本含义

出票又称票据的签发或票据的发行。指出票人依据《票据法》的规定在汇票上签章、记载以作成票据，并将其交付给收款人，从而创设票据上权利义务关系的一种票据行为。签发票据的人为出票人；接受出票人、交付票据的相对人为第一持票人。从形式上看，出票行为由作成票据和交付票据两个行为构成。作成票据是指出票人以创设汇票上的权利义务为目的，以法定的格式记载一定的事项并签名或盖章。由于汇票由中国人民银行统一印制，出票人只需以格式填写即可。交付票据是指出票人将已制作完成的汇票以本意交给汇票上指定的收款人占有，如交付并非出于出票人的本意，而是受到胁迫、欺诈或偷盗被迫将汇票交于票据上指定的收款人，则不构成《票据法》意义上的票据交付。在票据作成之后尚未发行或交付前，如因被盗或遗失而进入流通领域，则视持票人是否善意取得票据而决定出票人是否承担票据责任。如持票人善意取得则出票人应承担票据责任，恶意取得则出票人不承担票据责任。

出票本质上表现为一种无条件的支付委托，即出票人委托汇票所载付款人，向汇票所载的收款人或持票人无条件支付票据金额。通过出票，汇票上载明的收款人取得向付款人要求付款的权利，而付款人则基于出票人的委托获得向收款人支付一定金额的权利。此时尚不形成付款人的绝对付款义务，只有经过承兑，付款人的绝对付款义务才最终形成。

出票作为最初始的票据行为，是背书、承兑和保证等其他票据行为得以有效的基础。出票是创设票据的行为，在出票以前，汇票是不存在的。只有在出票行为做出之后，才产生票据权利，其后一系列的票据行为才得以在汇票上进行。从这个意义上，一般将出票行为称为基本票据行为，把基于出票行为而后续进行的其他票据行为称为附属票据行为。如果出票行为无效，则其后的附属票据行为也无效。

出票可以由出票人本人亲自进行，也可以由出票人委托他人代为进行。代理人受托代为签发汇票如出票人本人签发一样，必须依《票据法》的规定记载各事项，并通过"某某代理某某"字样表明代理关系。在实际工作中，一般由集团公司代理其分子公司进行出票，并通过签署委托代理协议来规范双方的权利义务。

按照法律规定，银行承兑汇票由在承兑银行开立存款账户的存款人签发；商业承兑汇票既可由付款人签发，也可由收款人签发。

（二）出票的法律效力

出票的法律效力是指出票行为对出票时存在的基本当事人（包括出票人、付款人和收款人）产生的法律效力。

1. 对出票人的法律效力：承担担保承兑和担保付款的责任

担保承兑和担保付款作为一种法定责任和《票据法》的强行规定，不取决于出票人的意思表示。我国《票据法》规定，出票人担保承兑和付款的义务不得依特约而免除，即使出票人在出票时明确记载免除其担保承兑和付款的义务，该记载也属于记载无效事项。如果汇票的持票人在提示承兑或付款遭到拒绝后，持票人可直接选择出票人主张票据权利，也可向前手主张票据权利。持票人的前手清偿后再向出票人主张票据权利。无论是持票人直接的主张权利，还是持票人的前手在清偿完毕后再主张票据权利，出票人都应承担包括票面金额、相应利息、所花费用在内的给付责任。

（1）担保承兑。担保承兑是指出票人保证其签发的汇票能够获得承兑。汇票作为委付票据，其付款不直接由出票人完成，而由出票人委托付款人完成。出票人在汇票上签章后就应保证汇票获得承兑。如果付款人拒绝承兑，则持票人可以拒绝承兑证书为据向出票人追索票据欠款。只要持票人在票据到期前不获承兑，出票人就不得以将票据资金交付承兑人为由对抗持票人。

（2）担保付款。担保付款是指出票人保证持票人到期能够获得付款。出票人作为票据债务人在票据关系中处于第二债务人的地位。正常情况下，持票人在法定提示期限内可以从付款人处获得付款。只有持票人请求承兑、请求付款被拒绝或其他法定原因而无法从付款人处获得票据款项时，出票人即应当承担清偿票据款项的责任。

2. 对付款人的法律效力：可以对持票人承兑或者付款，但不负有必须承兑或付款的义务

出票行为对付款人的效力，使付款人取得对汇票进行承兑和付款的资格。出票行为完成后，对付款人尚未产生《票据法》上的效力，不承担《票据法》上的义务。付款人可以根据自己独立的意愿决定对汇票是进行承兑还是拒绝承兑。如果拒绝承兑或尚未进行承兑，付款人就无须承担任何票据义务。持票人在付款人拒绝承兑后只能要求出票人履行担保承兑或付款的义务，进行期前追索。

付款人在承兑前仅是汇票当事人，而不是汇票债务人，即使出票人在付款人处留有款项，付款人也可不进行承兑。只有在承兑后，付款人在汇票上的签章行为才使付款人成为汇票债务人，承担必须付款的责任。

由于票据关系与资金关系在《票据法》上相互分离，资金关系存在与否，并不能构成付款人同意或拒绝进行承兑、付款的理由。付款

人在承兑后不得借口没有收到出票人交付的款项而不进行付款。如果付款人与出票人之间存在委托付款协议而付款人违约没有进行承兑、付款，那么付款人虽不必承担《票据法》上的责任，但应承担《合同法》上的责任。

3. 对收款人的法律效力：取得汇票上的所有权利

出票行为完成后，收款人即获得汇票上的所有权利，包括：

（1）付款请求权。收款人的付款请求权在付款人承兑前仅是一种期待权，尚处于不确定状态。只有在付款人对汇票进行承兑后，付款请求权才变为一种现实的权利。

（2）追索权。在汇票不获承兑或者不获付款，或者有其他法定事由而使得收款人票据权利实现的可能性减少时，收款人在履行相关保全手续后，可以向出票人主张期前追索或者期后追索，要求其偿还票据金额及利息、费用等其他必要的金额。

（3）背书权。收款人在取得相应支付对价的情况下，有权通过背书方式将票据进行转让，从而由票据权利人变为票据义务人，对被背书人承担担保承兑和担保付款的义务。

（4）提示权。收款人有权向票据的付款人提示票据请求承兑或者付款。当然，即使不进行提示，收款人在票据到期时也可直接请求付款。

（三）出票的款式或格式

出票的款式或格式是指汇票的出票人按照《票据法》的规定，在汇票上应为的各种记载，即出票的记载事项。由于汇票是文义证券，汇票上的一切权利义务均以汇票记载为依据，票据当事人不能以任何汇票上记载文义之外的事实或理由对票据文义加以解释、补充或变更。为避免票据当事人各方对票据文义的理解和判断各不相同，进而避免因此引发票据纠纷，各国对汇票的出票记载事项均采取法定主义，即汇票上记载事项应当以《票据法》规定为准，当事人不得随意创设。

1. 绝对应该记载事项

出票人因欠缺绝对应该记载事项而对持票人提出抗辩的，人民法院应予支持。换句话说，出票时如缺少绝对应该记载事项之一的，该汇票无效。

绝对应该记载事项包括：①表明"汇票"的字样；②无条件支付的委托；③确定的金额；④付款人名称；⑤收款人名称；⑥出票日期；⑦出票的签章。其中①、②事项在实践中已按中国人民银行规定事先统一印制在汇票上相应位置，出票人签发票据时，不必另行记载票据文句，只要根据需要正确选择票据凭证，记载其他事项即可。③~⑦事项需要出票人在出票时自己填写，应该注意如下几点：

（1）金额必须以货币表示且必须明确具体。汇票是一种金钱证券，以货物为记载对象的"货物汇票"或记载以支票进行支付，则不产生汇票的效力，必须以货币作为票据债权的标的，且金额必须具体确定。不确定的记载，如浮动记载（人民币1000万元左右）、选择记载（1000万元或1500万元）、重叠记载（1000万元及1500万元）、限额记载（最高支付1000万元）、待定记载（以到期日商品价格计算的金额支付），均会导致汇票无效。汇票金额经过涂改或汇票上中文大写的金额与数码记载的金额不一致，也会导致汇票无效。如果银行把金额涂改过的汇票进行了贴现，或者对记载了不确定金额的汇票进行了承兑并付款，将自行承担责任。

（2）付款人与收款人的记载必须真实。付款人是指受出票人委托根据票据文义到期负有无条件支付票据金额义务的人。出票人可以以自己为付款人，也可以记载任何其他人为付款人。收款人是指由出票人指定的、接受票据金额支付的人，出票人在票据上记载收款人名称后，收款人即成为第一持票人，在其完成背书后，则成为第一背书人。如果汇票上未载明收款人名称，则以持票人为收款人。

付款人或收款人如为杜撰之人、已死之人、已被注销或破产之人（或金融机构），则该汇票为无效汇票。收款人名称一经记载即不能更改，否则票据无效。

（3）出票日期仅指票据上记载的签发票据的日期，与实际发生出票行为的日期并不一定一致。出票日期的年、月、日不齐全，或记载的出票日期晚于汇票到期日、记载有两个及两个以上出票日期且互相矛盾，或记载的出票日期年、月、日实际并不存在，都将导致汇票无效（有人认为如记载了现实历法中并不存在的日期，如32日，应认定该月的月末日为汇票实际出票日，但从避免纠纷角度看，这样的票据最好不要贴现）。

（4）汇票出票人的签章为该法人或该单位的财务专用章或者公章加其法定代表人、单位负责人或者其授权的代理人的签名或者盖章。汇票的出票人可以一人签章，也可以两人或两人以上签章，凡两人以上共同签章的，为共同出票人，应对票据上的文义承担连带责任。在我国，目前个人尚不具备在汇票上签章的资格。

2. 相对应该记载事项

相对应该记载事项包括付款日期、付款地和出票地。其中，付款日期又称汇票到期日，是汇票权利人行使权利、汇票债务人履行义务的日期，亦即汇票上记载的付款人支付汇票金额的日期。它是确定票据付款义务履行时间的法律依据，如果汇票上未记载付款日期，则为见票即付。

付款地是付款人支付票据金额的地域，是确定支付的货币种类、请求付款或拒绝证书作成地、确定管辖法院的重要依据。出票地是出票人在汇票上形式记载的出票区域。如果汇票上未记载付款地或出票地，则付款人或出票人的营业场所、住所或经常居住地为付款地或出票地。

3. 任意记载事项

任意记载事项主要有：①不得转让文句。不得转让文句是出票人在汇票上所做的旨在禁止票据背书转让的特别记载事项。如果在汇票上记载"不得转让"文句，则该汇票就丧失了流动性，如果再转让，就不发生《票据法》上转让的效力。②支付货币种类的约定。汇票当事人对汇票支付的货币种类有约定的，按汇票上记载的约定币种进行支付；如无明确约定，一般以人民币支付为原则。

4. 不发生《票据法》上效力的记载事项

这类记载事项不产生《票据法》上的效力，但在符合其他法律规定时能产生其他法律效力。较常见的有关于延迟支付票款时违约金的约定、关于管辖法院的约定、记载交易双方的交易协议号码等。

5. 记载本身无效、在《票据法》上视为无记载的事项

如出票人在汇票上记载"免除担保承兑"、"免除担保付款"字样，就不会产生任何法律效力。

6. 使汇票无效的记载事项

如记载支付汇票金额的条件、记载不确定的支付金额等，会导致汇票无效。

二、承兑制度

（一）承兑的基本含义

承兑制度是远期汇票特有的一种制度。承兑即承诺兑付之意，指汇票的付款人在汇票的正面记载有关事项并签章，然后将汇票交付请求承兑之人，承诺在汇票到期日无条件支付汇票金额的票据行为，它具有增强汇票信用、促进汇票流通的效用。由于汇票的出票行为只是单方委托付款人付款的行为，付款人并不负有绝对付款的义务，设立承兑制度的目的就是为了让付款人表明自己愿意承担汇票到期无条件付款的责任。如果没有承兑制度，汇票上的权利义务关系就会一直处于不确定状态，这必然会影响汇票的流通。

汇票一经承兑，汇票上的权利义务关系即告确定，亦即付款人承兑后，其付款义务便确定无疑，承兑人成为票据责任的最终承担者。即便承兑人与出票人之间无事实上的资金关系，只要其进行承兑，就必须承担付款责任；如果持票人为出票人，他也可向承兑人要求偿还。持票人获得承诺后，其票据权利（主要是付款请求权）也就由期待权变为现实的权利，持票人可以现实地请求承兑人付款。

承兑作为一种附属票据行为，是在出票行为的基础上进行的。如果出票行为在形式上不符合《票据法》的要求，即使承兑行为符合

《票据法》的要求，该汇票仍然无效。即没有出票行为，就没有承兑行为。相对于出票行为而言，承兑行为又具有相对独立性，即出票人的出票行为并不当然产生使付款人成为票据债务人的效力，而只是赋予付款人付款的资格，付款人是否承兑完全由自己的意愿决定，即使出票人与付款人之间签订有承兑协议、存在付款约定或在付款人处留有资金，付款人也可能拒绝承兑。

承兑是付款人的单方法律行为，仅以汇票文义承担付款责任，无须与其他当事人进行合意。承兑又是要式法律行为，即付款人愿意支付汇票金额的意思必须在汇票上所为，如果不严格按照法律规定在汇票上记载"承兑"字样、承兑日期并签章，则不会发生承兑的效力。承兑事项应记载于汇票正面，不能在汇票的背面或者粘单上记载。此外，承兑行为由记载"承兑"字样、承兑日期并签章和交还持票人两个行为组合而成。如果仅有第一个行为，则不能产生承兑的效力，因为付款人完全可以在签字承兑后交付汇票前随时撤销承兑。

在我国，承兑要贯彻三个原则：

1. 承兑自由原则

承兑自由原则即汇票上记载的付款人是否对汇票承兑，由其自由决定。即使出票人与付款人签订有承兑协议，付款人仍可拒绝承兑。当然，是否将汇票提示承兑，也由持票人自主决定。

2. 完全承兑原则

承兑是对全部付款金额的承兑，我国不允许就汇票金额作部分承兑。

3. 单纯承兑原则

付款人承兑汇票，不得附有条件，应完全按照汇票上所记载的文义进行；承兑附有条件的，无论该条件是否征得持票人同意，均视为付款人拒绝承兑。如在汇票上记载有"到期日前出票人与持票人之间的债务纠纷已经解决的，承担付款"或"在到期日前出票人与持票人之间的债务纠纷没有解决的，承兑失效"等文句的，为承兑无效的汇票。部分承兑的记载和承兑时改变汇票上原有事项的记载也属于使承兑无效的记载。

（二）承兑的程序

从程序上看，承兑包含提示承兑、承兑或拒绝承兑、交还汇票三个环节。

1. 提示承兑

提示承兑是指持票人向付款人现实地出示汇票（而不是口头或书面方式），并要求付款人承诺在票据到期日愿意付款的行为，包含两层含义：持票人向付款人出示汇票；持票人要求付款人承诺付款。提示承兑不是一种票据行为，只是付款人为汇票承兑这一行为的前提是持票人享有的票据权利的一种。是否提示承兑是持票人的自由，但持票人如果不提示承兑，则持票人就不能向付款人证明其票据权利的存在，并会丧失对其前手的追索权，付款人也无从进行旨在记载承兑意旨的书面行为，从而付款人也无法承担票据责任。提示承兑的提示人为汇票的持有人，受提示人则为汇票上记载的付款人。

提示承兑包含两层含义，一是持票人将票据出示给付款人，以显示持票人是汇票的占有者，以及受提示人是汇票上记载的付款人；二是提示人须表示出示汇票的意图，即须向付款人作出请求承兑的意思表示。

付款人收到持票人提示承兑的汇票时，应向持票人签发收到汇票的回单。回单上应当注明汇票提示承兑日期并签章，可以起到证明持票人已经进行了提示承兑的作用。

持票人提示承兑必须在法律规定的地点和期间进行。提示承兑的地点通常在汇票上载明的付款人的营业场所、住所或者经常居住地。按法律规定，定日付款或者出票后定期付款的汇票，持票人应当在汇票到期日前向付款人提示承兑；见票后定期付款的汇票，持票人应当自出票日起1个月内向付款人提示承兑。

2. 承兑或拒绝承兑

在承兑之前，付款人仅是汇票关系人，而非汇票债务人；承兑以后，付款人就变为承兑人和汇票上的主债务人，承担到期付款的责任。

付款人自收到持票人提示承兑的汇票之日起 3 日内应当做出承兑或拒绝承兑的决定。为保护持票人的利益，付款人无论是否同意承兑，持票人在提示承兑期满后都可凭借持票人签发的收到汇票的回单向付款人要求交还汇票。

承兑的绝对应当记载事项包括承兑文句和承兑人签章两项。缺少这两项中的任何一项，均为无效承兑。承兑文句是付款人承诺汇票到期无条件付款的意思表示，一般是在汇票正面记载"承兑"字样。由于我国在票据上已预先印好相应的承兑文句，承兑人只需在汇票上相应地方签章即可。承兑人的签章原则上应与汇票所载付款人名称一致。

承兑的相对应当记载事项是指承兑日期，如未记载承兑日期，法律推定付款人收到提示承兑的第 3 日为承兑日期。如果付款人在法定的期间没有承兑或拒绝承兑的，应该向持票人出具拒绝证明或者退票理由书，持票人据此进行期前追索。付款人因死亡、逃匿、破产等原因而不能出具拒绝证明或者退票理由书的，法院判决文书、主管部门处罚决定、医院死亡证明等也具有拒绝证书的效力。

3. 交还汇票

付款人同意承兑的，在汇票正面记载有关事项后，应将汇票重新交还给持票人；付款人不同意承兑的，在将汇票交还给持票人时应附有拒绝证明以便持票人行使追索权。在未交还汇票之前，承兑行为不发生法律效力，付款人可以在交还汇票之前撤销其承兑。如已交还票据，或已用书面通知方式将承兑意愿告知有关当事人的，则不能撤销承兑。撤销承兑以涂销方式进行，而不能以口头或票据外的其他书面形式进行，即应该在汇票上涂销承兑人的签名和其他承兑记载事项，或在保留签名和其他承兑记载事项的同时记载"撤销承兑"等文句，以表明撤销承兑。

三、背书制度

（一）背书的基本含义

背书作为一种附属票据行为，是指以转让票据权利给他人或将一定的票据权利授予他人行使为目的，在票据背面或者粘单上记载有关事项并签章，然后将票据交付他人。进行背书行为的持票人为背书人，接受其背书行为的他人为被背书人。背书可从以下九个方面理解：

（1）与出票作为基本票据行为不同，背书是一种附属票据行为，它以出票行为为前提。出票无效必然导致背书无效，但背书无效并不必然导致出票行为无效。

（2）背书为持票人所为，但并非所有汇票持有人都可以背书转让汇票，法律有明确禁止的或者不享有汇票权利的持票人不能背书转让汇票，如以委托收款背书而取得票据的被背书人和质押背书的被背书人不得再以背书转让汇票权利；汇票被拒绝承兑、被拒绝付款或者超过付款提示期限的，不得背书转让。

（3）背书以转让票据权利或将一定的票据权利授予他人行使为目的。通过转让票据权利而使汇票得以流通。通过背书授予他人行使汇票权利，包括委托收款背书和质押背书两种情况。

（4）背书必须在票据背面或粘单上所为，是一种要式行为。粘单由中国人民银行统一管理印制，在粘单上记载有关事项和签章的行为与在汇票背面进行记载有关事项和签章的行为具有同样的法律效力。使用票据粘单的，粘单上的第一记载人，应当在汇票和粘单的黏结处签章。

（5）背书无须被背书人的同意，是背书人单方所为的法律行为，包括：①记载有关事项和签章。②交付给被背书人两部分行为组成。背书人只有记载事项、签章完毕并交付给被背书人，才发生背书的效力。如果在交付之前，汇票因被盗、遗失等非因背书人意志的事由脱离背书人，背书人则仅对善意持票人承担票据责任。

（6）背书转让的必须是全部票据权利，而且该权利只能同时转让给同一人。汇票是完全有价证券，权利的行使以持有汇票为必要，权利的转移以交付汇票为必要。如果背书人仅转让部分权利于他人，或者将全部权利转让给两人以上（此类背书称为一部背书），则汇票权利受让人无法完全或同时取得汇票，进而无法行使汇票权利，因此一部背书为无效背书。一部背书虽为无效背书，但并不导致汇票无效，只是经一部背书获得汇票的被背书人不享有汇票权利。

（7）背书必须无条件，背书时附有条件的，所附条件不具有汇票上的效力。有条件背书并不使背书无效，只是视所附条件为未记载。附条件被背书的被背书人取得汇票权利，可以行使付款请求权和追索权。

（8）汇票背书时记载"不得转让"，被背书人再背书转让的，原背书人对被背书人的后手不承担票据责任。

（9）背书具有背书人将债权转让、被背书人取得所有权以及背书人对其后手具有担保承兑与担保付款的效力。背书的保证责任不是基于当事人的约定而产生，而是直接由法律规定的，背书人的保证责任不以当事人的特约而免除。

（二）背书的种类

以背书的目的为标准，背书一般可分为以转让票据权利为目的的背书（转让背书）和以授予他人行使一定票据权利为目的的背书（非转让背书）。前者为通常意义上的背书，后者为特殊意义上的背书。转让背书按被背书人、背书时间、权利转移效力、权利担保效力等方面有无特殊性分为一般转让背书和特殊转让背书。一般转让背书按是否记载被背书人为标准分为完全背书和空白背书。特殊转让背书包括无担保背书、禁止背书的背书、回头背书和期后背书。非转让背书按背书人为被背书人设定的权利不同而分为委托收款背书和质押背书。下面选择常见的几种背书形式加以分析。

1. 完全背书

完全背书指背书人在汇票背面或粘单上记载背书人、背书的意旨及被背书人名称并签章的背书，又称正式背书、记名背书，即通常所指的背书。

（1）完全背书的效力。背书有效成立后，将会产生三个方面的效力。

一是权利转移效力，即票据上的一切权利从背书人转移到被背书人。被背书人取得的票据权利，包括其对付款人的付款请求权，对出票人、背书人及保证人的追索权，将汇票再背书转让他人的背书权。背书转让的是票据上的权利，由于票据的基础关系与票据关系相分离，所以非票据上的权利（票据当事人设定的质权、抵押权或者违约金请求权）并不随票据的背书行为而转移。这些权利的转移须依其他法律进行。

二是权利担保效力。与出票人的担保责任不同，背书人仅对其所有后手承担担保承兑和担保付款责任，而出票人要对全部背书人和被背书人承担担保责任。当票据不获承兑或者被拒绝付款时，背书人作为第二位的债务人，应偿还票面金额。背书人的担保承兑和担保付款责任作为我国的一种法定责任，不能以当事人的特殊约定而免除。

三是权利证明效力，即背书只要在形式上连续，依法就可推定持票人为正当的票据权利人，票据权利就可实现向被背书人的有效转移，无须持票人再证明其取得汇票的合法性。"以背书转让的汇票，背书应当连续。持票人以背书的连续，证明其汇票权利；非经背书转让，而以其他合法方式取得汇票的，依法举证，证明其汇票权利。前款所称背书连续，是指在票据转让中，转让汇票的背书人与受让汇票的被背书人在汇票上的签章依次前后衔接"。

（2）完全背书的记载事项。完全背书的绝对记载事项包括背书人的签章和被背书人名称两项，缺少上述两项或其中任何一项都导致背书行为无效。背书人是为背书行为的人，除第一背书人为收款人外，其余背书人须为前背书的被背书人，背书人的签章为签名、盖章或签名加盖章。被背书人是背书人依背书方式指定的票据权利的受让人。被背书人通常由背书人记载，如果背书人未记载被背书人即将汇票交付他人的，持票人可以在票据被背书人栏内记载自己的名称，该记载与背书人记载具有同等的法律效力。

完全背书的相对记载事项是指背书日期。如果汇票未记载背书日期，则视为汇票到期日（汇票上记载的应该付款的日期）前背书。当汇票上记载的背书日期和实际的背书日期不一致时，应以汇票上记载的背书日期为准。

完全背书的任意记载事项是指"不得转让"的记载。背书人记载"不得转让"与出票人记载"不得转让"的效力不同。出票人记载"不得转让"将使汇票丧失背书性，即汇票不得以背书方式转让，否则背书无效；而背书人记载"不得转让"的，该汇票仍可以以背书的方式转让，只是背书人对其禁止转让后又经背书而取得汇票之人不承担担保承兑和担保付款的责任，并不使其后手的背书无效。

记载不发生《票据法》效力的事项是指背书时所附的条件。"背书不得附有条件，背书时附有条件的，所附条件不具有汇票上的效力"。

记载使背书行为无效的事项是指"将汇票金额的一部分转让的背书或者将汇票金额分别转让为两人以上的背书"，该种背书为无效背书，但并不会导致汇票无效。

2. 空白背书

空白背书是指背书人在背书中未指定被背书人，在被背书人记载处留有空白的背书，又称不记名背书或不完全背书。目前我国尚不承认空白背书。"汇票以背书转让或者以背书将一定的汇票权利授予他人行使时，必须记载被背书人名称"。

3. 背书禁止的背书

法律赋予出票人或背书人有权或因法律直接规定而对票据的背书加以限制，即为背书禁止，包括两种类型。

（1）约定的背书禁止。约定的背书禁止是指汇票的出票人或者背书人基于自己的意愿，在汇票上记载"不得转让"、"禁止背书"等字样，从而产生限制汇票流通效力的背书禁止。约定背书禁止的目的有三项：保留抗辩权，即出票人或背书人在汇票上进行背书禁止后，收款人或被背书人再行背书转让汇票，出票人或背书人对收款人的受让人和被背书人的受让人可以进行抗辩，不承担票据责任；减少追索对象，防止票据追索金额的扩大，从而将追索金额和对象限制在一定范围内；避免与更多的不特定的人发生票据关系，从而减少票据纠纷的发生概率。①出票人约定背书禁止。"出票人在汇票上记载'不得转让'字样的，汇票不得转让"，即出票人记载"不得转让"字样后，该汇票丧失流通性，如果持票人再背书转让，背书行为无效。背书转让后的受让人不得享有票据权利，汇票的出票人对受让人也不承担票据责任。②背书人约定背书禁止。背书人在汇票上记载"不得转让"字样，其后手再背书转让的，原背书人对其后手的被背书人不承担保证责任，但背书人对其直接后手要承担担保责任。换句话说，万一将来持票人被拒绝承兑或拒绝付款而行使追索权时，不得对记载"不得转让"字样的背书人进行追索。

（2）法定的背书禁止。法定的背书禁止是指法律直接对票据的背书加以限制的背书禁止。"汇票被拒绝承兑、被拒绝付款或者超过付款提示期限的，不得背书转让；背书转让的，背书人应当承担汇票责任"。之所以作如此规定，是因为汇票如果被拒绝承兑或者被拒绝付款，再背书转让后的被背书人只能享有追索权；如果汇票超过付款提示期限，再背书转让的被背书人可能无法得到付款人的付款。上述两种情况对被背书人来讲都极为不利，受让后容易产生票据纠纷。

4. 回头背书

回头背书是指以票据上的原债务人（出票人、背书人、承兑人和保证人等在票据上签章的票据行为人）作为被背书人的背书。"持票人为出票人的，对其前手无追索权。持票人为背书人的，对其后手无追索权"，可见我国法律是承认回头背书的。

回头背书的持票人集票据权利和票据债务于一身，在行使追索权时容易出现循环追索。为保证票据安全流通和票据权利的实现，对持票人行使票据权利应当进行适当限制。具体包括：①持票人为出票人时，如果汇票已经承兑，则持票人只可向承兑人请求偿还；如果汇票尚未承兑，则持票人不得向任何人行使追索权。②持票人为背书人时，对原有后手无追索权，仅可以向其原有前手进行追索。③持票人为承兑人时，持票人对任何人均无追索权。④持票人为保证人时，持票人除可以向被保证人及被保证人的前手行使追索权外，不得对原有后手行使追索权。

5. 委托收款背书

委托收款背书是指背书人以委托他人收取票面金额为目的，将票据权利授予他人行使的背书。"背书记载'委托收款'字样的，被背书人有权代背书人行使被委托的票据权利。但是，被背书人不得再以背书转让汇票权利"。被背书人依背书人授权行使票据权利后，其后果由背书人承担，即所授权的票面金额归于背书人，无法收取票面金额的后果亦由背书人承担。被背书人享有的是背书人授予的代理权，票据权利仍由背书人享有。除在汇票上签章并记载被背书人名称外，"委托收款"字样亦为绝对应该记载事项。

委托收款背书不以转让票据权利为目的，且被背书人不得再以背书转让汇票权利，也不得进行质押背书，但可以再次进行委托收款背书。在再次委托收款背书情况下，原背书人对后手的被背书人不承担票据责任，但出票人、承兑人以及原背书人之前手的票据责任仍需承担。

6. 质押背书

质押背书又称设质背书，指持票人在票据权利上以设定质权为目的的背书。其中，背书人是出质人，被背书人是质权人，背书的结果是被背书人取得质权，但背书人仍享有票据权利。被背书人依法实现其质权时，可以行使汇票权利，比如可以向汇票债务人收取汇票金额。如果票据债务人不付款，则损失由被背书人承担，而不像委托收款背书那样由背书人承担。在作成质押背书时，应在汇票上记载"质押"字样。

四、保证制度

（一）保证的基本含义与特征

1. 保证的基本含义

票据保证是指票据债务人以外的第三人，在已经发行的票据上（而非在票据以外的其他处）进行保证文句的记载、完成签名并将其交付给持票人，以担保特定票据债务人履行票据债务的一种附属票据行为。票据保证具有所有票据行为共有的特征，如文义性、要式性、无因性、独立性等。票据保证中的当事人包括保证人与被保证人。

（1）保证人。为了增加票据信用、确保交易安全，给票据权利的实现提供更充分的保障，在汇票的出票人、背书人及承兑人尚不足以确定票据信用时，有必要对汇票提供保证。票据保证所担保的债务可以是出票人和背书人的偿还债务，也可以是承兑人的付款债务。

票据债务人因为一定的票据行为而承担了票据责任，如果由其再为自己或其他债务人作票据保证，无非是重复其担保责任，对于票据信用和交易安全并无实际意义，因此法律规定票据债务人不能再成为保证人，保证人限于票据债务人以外的第三人。当汇票的出票人、背书人以及承兑人的信用不足以保证汇票到期能获得付款时，由票据债务人以外的第三人进行票据保证就可增强票据信用和票据交易安全，从而促进票据流通。在我国，保证人应是具有代为清偿票据债务能力的法人、其他组织或者个人，国家机关、以公益为目的的事业法人、社会团体、企业法人的分支机构和职能部门不得为保证人，如果为汇票提供保证，则该保证无效，但经国务院批准为使用外国政府或者国际经济组织贷款进行转贷，国家机关提供保证的，以及企业法人的分支机构在法人书面授权范围内提供票据保证的除外。

（2）被保证人。票据被保证人限于票据债务人，如出票人、承兑人以及背书人。付款人在承兑之前不负票据上的责任，因而尚不具备被保证人的资格。保证人可以为一个票据债务人进行保证，也可以为票据上的多个甚至所有的票据债务人进行保证。被保证人名称作为相对必要记载事项，如果没有被记载，则对于已经承兑的汇票，承兑人为被保证人；未被承兑的汇票，出票人为被保证人。如果记载了被保证人名称，则意味着保证人仅对所记载的被保证人的票据债务承担保证责任，对其他票据债务人的票据债务不承担任何责任。

2. 保证的基本特征

（1）票据保证是一种依法定款式、以书面方式、在法定处所、于汇票上所为的票据行为。由于汇票上通常没有印制"保证"字样，因此只能由保证人根据需要自行记载。一般而言，如果被保证人是出票人或者承兑人，票据保证应当在汇票的正面进行；如果被保证人是背书人，则票据保证相应地应在汇票的背面或者粘单上进行。票据保证除要求必须记载保证文句外，还必须记载保证人名称和住所以及保证人签章。之所以将保证人名称和住所列为绝对必要记载事项，是因为这样便于票据权利人了解保证人的情况，从而顺利地行使票据权利。保证日期作为相对必要记载事项，如果未在汇票上载明，则法律推定出票日期即为保证日期。

（2）"保证不得附有条件，附有条件的，不影响对汇票的保证责任"。票据保证所附条件不产生《票据法》上效力的，视为未记载，按单纯保证发挥效力。若记载保证部分金额，可视为附加条件，因此可认为我国的票据保证为：①全额保证，即保证人应就票据上记载的全部金额承担保证责任。②单纯保证，即不附加任何条件的保证。③正式保证，即保证人在签章的同时，在汇票上记载"保证"字样。

（3）按照保证人的数量可将票据保证分为单独保证和共同保证。单独保证是指仅有一个保证人所为的保证。共同保证是指由两个及两个以上的保证人对同一项票据债务所为的保证。共同保证情况下，保证人之间承担连带责任。

（4）在票据实务中，存在一种被称为隐存保证的保证。例如，甲签发一张汇票，本应以乙为票据权利人，但由于乙对甲的资信不放心，不愿接受甲签发的汇票。为消除乙的顾虑，甲只好先签发汇票给丙，再由丙背书给乙。此时丙因背书而承担了担保承兑与付款的责任，效果相当于保证，因而被称为隐存保证。隐存保证虽然不具有票据保证的成立要件，但由于它不会暴露被保证人在信用上的问题，不像票据保证那样容易对持票人再行转让造成一定困难，能够不必记载保证文句而隐蔽地实现保证目的，因而实践中存在一定的市场。

（二）票据保证的记载事项

票据保证的绝对必要记载事项包括表明"保证"的字样及签章，

两者缺一将导致保证无效。相对应当记载事项包括被保证人的名称和保证日期。如果汇票上未记载被保证人名称，对已经承兑的汇票来讲，承兑人为被保证人；对尚未承兑的汇票来讲，出票人为被保证人。如果汇票上没有记载保证日期，则法律推定汇票的出票日期为保证日期。

（三）　票据保证的效力

票据保证行为一经成立，会在票据当事人之间产生一定的权利义务关系。

1. 对保证人的效力

（1）保证人的责任。对保证人而言，应当对合法取得汇票的持票人所享有的票据权利承担保证责任。保证人责任的特点主要有三个：

一是从属性。保证人责任的产生依赖于被保证债务的存在。只要被保证的债务具备形式要件，能有效存在，票据保证也就存在，保证人就应负保证责任。当被保证人的债务因偿还、付款、抵销、免除等事由归于消灭时，或者被保证人的债务因票据记载事项欠缺而无效时，票据保证也随之消灭或者无效，保证人就不再承担保证责任。保证人责任的种类、范围依被保证人所承担的义务（在汇票上的地位）来确定。票据债务包括主债务人的付款义务和从债务人的偿还义务即追索时的付款义务。如果保证人为承兑人提供票据保证，则应负付款义务；如果保证人为出票人或者背书人提供票据保证，则应负追索时的偿还义务。持票人向被保证人主张的票据权利有多大，向保证人主张的票据权利就有多大，即请求付款金额或追索金额相同。保证人责任的时效期间与被保证人责任的时效期间相同。两者的性质也相同，保证人不享有先诉抗辩权，持票人可以对被保证人行使的权利，也同样可以向保证人行使。

二是连带性。票据保证的保证人责任是一种不因当事人之间约定而改变的一种法定连带责任，即保证人与被保证人应对持票人承担连带责任。汇票到期后持票人得不到付款的，持票人有权直接向保证人请求付款，而无须先向被保证人请求付款，保证人接到持票人的付款请求后应当足额付款，不得以持票人未先向被保证人提出请求而拒绝履行保证责任。如果被保证人是出票人、背书人而非承兑人，则持票人可以直接向保证人行使追索权。

三是独立性。保证行为一经合法成立即独立发生效力，不受被保证债务效力的影响。即使被保证的债务因实质原因而无效，票据保证仍然有效，保证人仍然应承担保证责任。

（2）保证人的权利。保证人代替被保证人清偿汇票债务即履行保证责任以后，可以代替被保证人在汇票上的位置，行使持票人对被保证人及其前手的追索权（被保证人后手的票据债务已消灭）。当被保证人为出票人、背书人时，保证人的追索权为再追索权；当被保证人为汇票的承兑人时，保证人承担的如果是付款义务，则为追索权；如果是追索时的付款义务，则为再追索权。

2. 对持票人的效力

汇票保证行为成立后，持票人的票据权利又多了一层担保关系。如果被保证人是承兑人，则汇票到期时，持票人可以直接向保证人请求付款；如果被保证人是汇票的出票人或者背书人，则持票人在汇票到期不获付款时，可以向保证人行使追索权。

3. 对被保证人及其前手、后手的效力

保证行为本身并不能免除任何票据债务人的票据责任。但保证人一旦承担了保证责任，则被保证人的后手即可免责；而保证人因为承担了保证责任而取得持票人资格，对被保证人及其前手则享有追索权。

五、涉外票据制度

涉外票据是指出票、背书、承兑、保证、付款等行为中，既有发生在国内又有发生在国外的票据，而不像国内票据那样所有票据行为均发生在国内。票据当事人是否具有涉外因素并不决定该票据必然是涉外票据，判断票据涉外性的唯一标准是票据行为是否具有涉外性。一个外国公司在中国签发的票据，只要后续行为没有在国外完成，就是国内票据。

由于涉外票据上的票据行为（包括付款行为）中至少有一个是在

国外发生，票据一旦发生纠纷，必然产生票据法律冲突问题。虽然国际上各国的《票据法》正在趋于统一，但短期来看达成完全一致的可能性并不大。在此种情况下制定票据冲突规范就成为解决涉外票据法律冲突的现实选择，我国《票据法》就有专门内容对此进行规范。

我国《票据法》对票据冲突的规定主要包括两部分：一般性原则和冲突法规则。

一般性原则包括国际条约的内容中有与国内法规定不一致的，如我国已缔结或参加该国际条约，则优先适用国际条约的规定（不包括我国明确提出保留意见的条款）；如果我国参加或者缔结的国际条约没有相应规定，或者该条约的规定与我国国内法规并不矛盾，则仍然适用国内法的规定；如果我国法律和我国缔结、参加的国际条约均无规定，则适用国际惯例。需要说明的是，国际惯例并不具有法律约束力，只有被当事人明确接受，才对其产生约束力，从这个意义上讲，国际惯例对涉外票据纠纷的解决只能起到补充作用。

冲突规范方面主要包括（冲突规范的作用在于为民事纠纷寻求作为法律的依据，被选定的法律就是准据法）：票据债务人的民事行为能力一般情况下依据债务人的本国法，但当依据行为地法律与依据债务人的本国法得到的结果不一致，而且依据行为地法律债务人具有行为能力时，债务人的民事行为能力就依行为地法律确定；汇票的出票记载事项的性质、对票据效力的影响和票据追索权的行使期限适用于出票地法律；票据的背书、承兑、付款和保证行为适用于行为地法律；票据的提示期限、有关拒绝证明的方式、出具拒绝证明的期限以及票据丧失补救程序，适用于付款地法律。

六、法律责任制度

法律责任是指没有履行合同义务或者法定义务，或因为法律的规定，而应当承受的某种不利的法律后果。就票据法律责任而言，与票据责任不同。票据责任可理解为票据义务，而票据法律责任则是因违法票据法律规定或不履行义务而承担的后果。我国对票据法律责任进行规范的法律主要是《票据法》、《票据管理实施办法》和《支付结算办法》，另外《民法》、《刑法》中的相关规定也可直接引用或参考使用。

（一）票据法律责任的分类

票据法律责任根据不同的标准进行不同的分类：

根据其产生的原因分为由于票据上的行为失误而产生的法律责任（如因出票错误而使票据被拒绝承兑从而给他人造成损失）和由于实施非票据行为而产生的法律责任（如故意伪造票据进行诈骗）。

根据承担的责任内容可分为民事责任、刑事责任和行政责任。民事责任是向票据权利人或者其他蒙受损失的人承担的损害赔偿责任；行政责任是行为人实施了不构成犯罪的违法行为或者行为人违反了票据行政管理规定而应承担的责任；刑事责任是因为违法行为构成了犯罪而应承担的责任。

根据票据责任人的多少，可以分为单独责任和共同责任。单独责任是单独一个责任主体承担的责任，而共同责任是数个责任主体共同承担的责任。

根据具体表现不同分为财产责任（如罚款）和非财产责任（如判刑）。

根据责任承担主体的不同分为出票人责任、付款人责任、背书人责任等。

票据法律责任的构成要件包括：行为的违法性。违法行为必须是人们的有意识活动，且是对法律规定的违反。违法性的程度不同，承担的法律责任也不同。

（二）业务实践中出现的票据法律责任

1. 票据欺诈

票据欺诈属于金融欺诈的一种，是利用票据进行欺诈活动的行为，基本特征是主观上出于故意的主观恶意，客观上是利用票据进行欺诈活动。由于票据欺诈行为是严重扰乱市场金融秩序的行为，因此法律对此处罚相对严厉，实施票据欺诈的，要承担刑事责任。单位实施票据欺诈的，对单位要判处罚金，对直接负责的主管人员和其他直接责任人要判处徒刑。当然，对情节较为轻微、尚未构成犯罪的，可以进行行政处罚。

2. 金融机构工作人员的票据法律责任

金融机构办理票据业务时，应当认真审查票据的真实性和合法性。如果工作人员在工作中玩忽职守，没有进行必要的审查，轻信他人的陈述，或者根据技术条件和正常的工作程序能够查明该票据是非法票据的，而工作人员由于种种原因却未查明，或者明知该票据存在非法因素，仍对外付款、承兑、保证，则工作人员应承担责任。如果工作人员已经尽了最大限度的审查仍然无法确定票据是非法票据，该票据如果给金融机构造成损失，工作人员也不应当承担法律责任。

第四节　票据丧失及其补救

由于各种原因，票据丧失在票据业务实践中会经常发生。票据丧失后，如何尽最大可能利用法律赋予的权利来保护自己的票据权利，是票据从业者应该掌握的重要内容。

一、票据丧失及其法律后果

票据丧失是指持票人并非出于自己的本意而丧失对票据的占有。票据丧失根据票据是否还现实存在的情形分为绝对丧失和相对丧失。前者又称票据的灭失，是指票据作为一种物已被消灭，如票据被烧毁、撕毁；后者又称票据的遗失，是指票据权利人因遗失、被盗等原因而脱离了对票据的占有。两者的共同点在于都会导致票据权利人无法行使票据权利的法律后果，区别在于：如果票据是绝对丧失，失票人虽然暂时无法行使票据权利，但不会存在票据金额被他人冒领或被第三人善意取得的可能性，只要持票人采取了法定的补救措施，最终仍能实现自己的票据权利；而在票据相对丧失的情况下，失票人的风险要大得多，如果采取措施不及时，票据金额可能会被他人冒领，或者票据被第三人善意取得而使失票人遭受损失。

票据丧失应具备以下条件：

存在持票人丧失对票据占有的事实，即票据权利人已经现实地失去了对票据的占有或控制，丧失了行使票据权利的前提或基础。

持票人丧失票据不是基于自己的意志，而是由于意志以外的原因造成的，如被他人盗窃、抢劫、撕毁或自己不慎丢失。如果是持票人自己故意将票据毁灭或转让，则不构成票据丧失。

持票人所丧失的票据必须是符合《票据法》要求的有效票据。无效票据不存在票据权利的丧失问题。如果票据上的票据权利已不复存在（如已获付款且记载"收讫"、"已付款"字样的票据），也不会发生票据丧失的法律后果。

二、失票救济制度

在世界主要国家的法律和司法实践中，对票据丧失的补救措施大致有两种：一是失票人向法院申请公示催告，二是失票人在一定条件下向法院提起诉讼。我国的失票救济制度由《票据法》、《民事诉讼法》及最高人民法院、中国人民银行关于贯彻《民事诉讼法》、《票据法》的通知、规定及规章制度共同构成，主要涉及三种具体措施：挂失止付、公示催告和票据诉讼。对于这三种措施，除法律有特别规定外，失票人可根据丧失票据的具体情形自由选择进行补救。

（一）挂失止付

挂失止付是指票据丧失时失票人将丧失票据的情况通知付款人，并请求付款人停止付款，接受挂失止付的付款人在票据款项未被他人取得的情况下，决定暂时停止支付的一种失票补救措施。作为失票人采取的一种临时性失票救济措施，失票人在采取挂失止付措施后，必须进一步采取其他救济措施，或向法院申请公示催告，或向法院提起诉讼，否则挂失止付将失去其效力。挂失止付的最大作用在于暂时防止票据金额被他人冒领，为失票人采取其他补救措施留出必要的时间，但它无法使失票人的票据权利恢复。尽管挂失止付需借助公示催告或票据诉讼，但挂失止付并非公示催告或票据诉讼的必经程序，失票人亦可不经挂失止付即向人民法院提起公示催告或票据诉讼。

1. 挂失止付的条件

办理挂失止付需要满足三个条件：

（1）票据已经相对丧失。在票据相对丧失情况下可以办理挂失止付。在票据绝对丧失情况下，票据不可能流入他人之手，失票人也不会因他人冒领票款而丧失利益，因而无须也不能挂失止付。

（2）当事人适格，即必须由能够提出挂失止付的权利人向挂失止付的相对人提出而不是向法院直接提出。这里的权利人指丧失票据的合法持票人，一般应当是票面载明的收款人、最后背书的被背书人或者因受持票人追索清偿了票据金额从而取得票据的背书人、出票人；相对人是指所丧失的票据上载明的付款人或代理付款人。

（3）须填写挂失止付通知书并签章，即必须书面做出。

2. 挂失止付的基本程序

（1）失票人确认票据的确已经遗失。

（2）失票人应及时向票据的付款人或代理付款人发出书面通知。通知书应记载如下事项：票据丧失的时间、地点和原因；所失票据的种类、号码、金额、出票日期、付款日期、付款人名称、收款人名称；挂失止付人的姓名、营业场所或住所及联系方法。

（3）接受挂失止付通知的付款人或者代理付款人在收到挂失止付书面通知书后，应进行核查。如果查明该票据的确未付款，应当立即停止付款。如果该票据在此之前已经付款，付款人或代理付款人则不再接受挂失止付；如果付款人在暂停支付期间支付票款的，无论付款人善意或恶意，其均应承担责任。

3. 挂失止付的有效期限

（1）失票人挂失止付后，从次日起3日内未向法院申请公示催告或票据诉讼的，自第4日起挂失止付失效，付款人可向持票人支付票款。

（2）失票人挂失止付后 3 日内已申请公示催告或票据诉讼，但付款人或代理付款人在收到挂失止付通知书之日起 12 日内没有收到法院止付通知书的，自第 13 日起，挂失止付通知书失效。

（3）付款人或代理付款人收到挂失止付通知书之日起 12 日内收到法院停止支付通知书的，应按照法院的停止支付通知书确定止付期限。

（二）公示催告

公示催告是指法院依合法失票人根据法定理由提出的申请，以公示的方法催告不明的利害关系人在法定期间主张权利，如无人申报权利，经申请人申请，对丢失票据做出除权判决的程序。丧失票据的最后合法持票人向法院提请公示催告并非因为与他人发生票据权利争议需要法院解决纠纷，而是因票据丧失使失票人无法行使票据权利需要法院予以恢复，是失票人借助法院的公示宣告、通过公力的救济而使票据权利与票据本身相分离的一种措施，本质上并非权益之争。公示催告不仅具有防止所失票据被冒领的作用，还具有使票据复权的功能，失票人可以根据法院判决而不再凭借票据请求付款人支付票据款项。

1. 公示催告与一般案件审理的区别

公示催告虽然是向法院提请的，但其与一般的法院案件受理有所不同：

（1）公示催告属于非诉讼案件。依《民事诉讼法》规定，无明确被告者法院不予受理。而公示催告的一方当事人是固定的，但公示催告的另一方当事人却是不明的利害关系人（是否存在、具体为谁等均处于不明状态）。

（2）对于公示催告，法院以公告方式来确定票据利害关系人是否存在，并且对权利人的主张仅从程序上审查是否成立。一般的案件审理则需从程序和实体两个方面进行。

（3）公示催告期限届满无人申请权利的，需由公示催告申请人向法院提出宣告该票据无效的申请，法院根据申请做出除权判断，而不像一般案件审理那样由法院直接宣判结果。

（4）公示催告期间内若有人申报权利，法院应裁定公示催告终止，该裁定不得上诉；除权判决后，当事人也不得对除权判决提起上诉。即公示催告程序实行一审终审，不像其他案件一样可以上诉再审。

2. 公示催告的范围与条件

我国公示催告的适用范围为可以背书转让的票据。超过付款人提示期限的票据丧失后，失票人也可向申请公示催告。对公示催告来讲，申请人必须是失票人，即享有票据权利的最后持票人。申请原因为可背书转让票据被盗、遗失或者灭失。不可背书转让的票据丧失的，以及不属于被盗、遗失或者灭失三种情况所引起的票据纠纷不适用于公示催告制度。除票据的最后合法持有人外，所失票据的出票人、付款人、背书人、保证人等无权申请公示催告。

申请人提起公示催告时，必须以书面方式向有管辖权的法院申请。公示催告申请书应载明以下内容：出票人、持票人和背书人名称；申请的理由与事实；通知票据付款人或代理付款人挂失的时间；付款人或代理付款人的名称、通信地址和电话号码。有管辖权的法院指票据支付地的人民法院，即票据上载明的付款机构所在地或票据付款人、代理付款人的住所地。

3. 公示催告的程序

（1）失票人向有管辖权的法院（票据支付地法院）书面提出公示催告申请，法院接受申请后尽快决定是否受理。如果法院认为不符合受理条件，应在7日内裁定驳回申请。法院的审查一般从两个方面进行：一是审查申请的形式要件，包括法院是否有管辖权、申请人是否具备诉讼能力、申请的手续是否完备等；二是审查申请的实质要件，包括申请人有无申请权、票据是否丧失等。

（2）法院决定受理公示催告申请后，同时向付款人或代理付款人发出止付通知。止付通知在性质上属于保全措施，付款人或代理付款人在接到止付通知后，应立即停止支付；仍为支付的，法院可对其采取强制措施，并在法院判决后仍承担支付义务。

（3）法院在通知停止支付 3 日内发出公告，催促利害关系人申报权利。公告期限由法院决定，但不得少于 60 日。公告的媒介包括法院的公告栏、全国性的报纸和杂志、法院所在地的证券交易所。我国法律规定，公示催告期间转让票据权利的行为无效，也就是说，在公示催告期间，票据不能用于质押、贴现或转让。因质押、贴现或转让而接受公示催告票据的，持票人主张票据权利是无法得到法院支持的（不包括公示催告期间届满以后、法院作出除权判决之前这段时间所取得票据的情况）。

（4）与丧失票据有利害关系的人向法院申报权利。与丧失票据有利害关系的人是指被催告申报权利的失票持有人，即原票据持有人丧失票据后取得该票据的人。利害关系人在公示催告期间或期满后除权判决前向法院申报权利，均为有效申报，但申报人最好在公示催告期间进行申报。

（5）法院收到利害关系人的申报后进行审查，并通知公示催告申请人在指定期间查看票据。申请人公示催告的票据与利害关系人出示的票据不一致的，驳回利害关系人的申报；如一致，法院应当裁定总结公示催告程序，并通知申请人和支付人。

（6）公示催告期满，如无利害关系人申报权利或者申报被驳回，公示催告申请人应从申报权利期间届满的次日起 1 个月内向法院提出申请，请求法院做出除权判决以恢复行使票据权利。除权判决是法院判决宣告票据无效，使票据权利与原票据分离的一种表示，失票人（公示催告申请人）此时可不凭票据而直接凭除权判决对票据债务人行使票据权利。经除权判决后，票据无效，即使是善意持票人也不再享有票据权利。

（7）因正当理由没有在法院做出除权判决前向法院申报权利的，在除权判决公告之日起 1 年内，利害关系人仍可向做出除权判决的法院起诉。如果起诉理由正当、充分，法院可撤销原除权判决。对于超过法定的 1 年期限的，票据利害关系人的诉讼请求不再受法律保护。

（三）票据诉讼

票据诉讼是指失票人丧失票据后，在票据权利时效届满以前，提供了相应的担保，请求出票人补发票据或者请求债务人付款遭到拒绝，直接或经挂失止付 3 日内向法院提起诉讼，要求法院判令出票人补发票据或票据债务人支付票款的一种票据丧失补救制度。

票据诉讼采取的是一般的民事诉讼程序，和公示催告程序是不一样的。作为诉讼原告的失票人，可以在票据丧失后先挂失止付而后在 3 日内向法院提起诉讼，也可以不经挂失止付即刻向法院提起诉讼。由于法院收到起诉状后在 7 日内决定是否立案并在立案之日起 5 日内才将起诉状副本发送被告，此期间票据极易被他人冒领，因此失票人稳妥起见，还是采取先挂失止付再提起诉讼的方式为好。

作为失票人提起诉讼的相对当事人主要是与失票人具有债权债务关系的出票人、拒绝付款的票据承兑人或付款人等票据债务人以及非法持有票据的人；诉讼请求的内容包括请求出票人补发新票据、请求债务人付款或者请求非法持有人返还票据等。票据诉讼的管辖地法院是票据支付地或被告住所地法院。一般而言，票据债务人有可能错误地向失票人支付票款或者向善意持票人支付票款后再向失票人二次支付票款从而损害票据债务人的合法利益，为此，法院会要求失票人提供与票面金额相当的担保。

当所失票据的权利时效消灭后，失票人有权请求解除担保。如果票据的付款人或者承兑人对票据付款后，所失票据重新出现，且善意持票人向其主张票据权利，而失票人所提供的担保不足以支付票据金额，则付款人或者承兑人有权向失票人请求补偿。

第五节　票据的异常形态

一、瑕疵票据

瑕疵票据是指票据上存在着影响票据权利的行为，使票据权利义务的实现受到影响的票据。瑕疵票据与异常的票据行为相关，是票据行为与票据权利的瑕疵，由于票据权利的义务主体行为错误而导致其直接后手或持票人行使票据权利时出现障碍。

瑕疵票据与形式要件欠缺的票据不同。瑕疵票据在形式要件上并无欠缺，无须也不可能进行补救，只是某一形式要件所依赖的票据行为存在问题，并非任何情况下瑕疵票据都无效，也不是任何人都可以主张瑕疵票据无效。这一点和形式要件欠缺的票据有所不同。欠缺形式要件的票据主要是欠缺《票据法》规定的记载事项，如果对该票据依法进行了必要的补充，则该票据可成为有效票据。当然，如果未依《票据法》的规定对欠缺形式要件的票据进行完全补充或者已经不可再进行完全补充，则该票据当属于无效票据。

票据瑕疵与票据损毁也有区别。票据损毁是票据物理形态意义上的瑕疵，当票据损毁还没有达到无法辨认、还可以确定认知票据上所表明的票据权利时，该票据仍为有效票据；当票据损毁到无法辨认票据记载内容，即使该票据原来为有效票据，除非经过公示催告程序，否则该票据所载票据权利就会消失。然而，瑕疵票据在大多数情况下，仅使票据效力发生变化而并不导致票据权利的消灭。

（一）票据伪造

票据伪造是指无票据权利的人（而不是无票据行为能力的人）以行使票据的权利义务为目的，假冒他人或虚构他人名义在票据上签章，使真正的票据权利人享有的票据权利存在瑕疵的伪造票据的行为。伪造人本不具备享有票据权利却想行使票据上的权利，从而伪造和假冒被伪造人签章，伪造后，伪造人享有票据权利、却因未在票据上以自己的名义签章从而不必承担票据义务，发生票据权利义务主体的错位。在票据伪造情况下，无论是伪造人的直接后手还是持票人都既不能请求被伪造人承担票据义务，也无法请求伪造人承担票据义务。业务实践中，伪造的手段有很多，如私刻他人印章、模仿他人签名、以复写方式在票据上签名、以偷盗方式获得他人印章、私自使用自己保管的他人印章、伪造不存在的他人签章等。

票据伪造分为基本票据行为伪造和附属票据行为伪造。前者是对出票行为进行伪造，根本特点在于出票人就是假的。后者是出票行为之外的伪造，如背书伪造、承兑伪造、保证伪造等。附属票据行为伪造又分为伪造在先和伪造在后两种情况。伪造在先如背书伪造后以合法方式将票据转让善意受让人，善意受让人又以真实背书将票据转让他人；伪造在后如背书真实，持票人伪造承兑而将票据转让他人。区分伪造在先和伪造在后的目的主要是确定票据责任人的范围及其责任。

1. 票据伪造成立的条件

票据伪造属于典型的利用票据骗取利益的违法行为。判断是否构成票据伪造，关键是看是否具备如下条件：

（1）伪造者所为的行为在形式上符合票据行为的要件。伪造行为本身并非票据行为，但从该行为的外观看就是票据行为，带给人的是票据行为的印象。

（2）伪造者须假冒他人名义（没有得到他人的授权而盗用他人名义）或虚构他人名义在票据上签章。这是票据伪造的根本。如无假冒或虚构，行为人以自己真名进行签章，则为真实的票据行为。

（3）伪造者以享有票据权利为目的，其真实意思是在不承担票据债务的前提下享有票据权利。既不想承担票据义务，也不想享有票据权利而假冒他人在票据上进行的行为，不构成票据的伪造。

2. 票据伪造的法律后果

票据伪造对伪造人、被伪造人、真实签章人和付款人或代理付款人分别产生不同的法律后果。

（1）对伪造人而言，由于没在票据上签上自己的真名，因此不必承担票据责任，但要承担《票据法》外的法律责任，包括《民法》上构成侵权时承担的侵权责任、《刑法》上的刑事责任和《行政法》上的行政责任。

《民法》上的侵权责任是指伪造人就其行为造成的后果承担的侵权损害赔偿责任。

《刑法》上的刑事责任在出现下列行为之一时由伪造人承担：伪造、变造票据的；故意使用伪造、变造的票据的；签发无可靠资金来源的汇票以骗取财物的；出票人在汇票出票时作虚假记载骗取财物的；冒用他人的票据或者故意使用过期或作废的票据以骗取财物的；付款人同出票人、持票人恶意串通实施上述行为之一的。

出现上段中所述行为之一但情节轻微不构成犯罪的，依规定应给予行政处罚。

（2）对被伪造人而言，由于未在票据上签章，因此不承担票据上的任何责任，可以此事由对抗任意持票人，包括善意持票人。

（3）对票据上的真实签章人而言，伪造的签名不影响其效力，真实签名的人仍应对自己所为的票据行为承担责任。

（4）对付款人或代理付款人而言，在付款时只要按照法律规定对票据上的签章及各记载事项进行了通常的审查，不存在恶意及重大过失的情形，那么即使未能辨认出票据上有伪造的签章而付了款，其付款行为仍然有效，不再承担对票据的真正权利人付款的责任。当然如果在审查时存在恶意或重大过失，则付款人或代理付款人仍应承担对票据的真正权利人付款的义务。

3. 票据伪造的风险承担

当票据被伪造时，伪造人获得非法收益，理论上应该由伪造人承担风险。但事实上不然，真正承担风险的人往往可能是持票人、付款人、被伪造人或真正签章人。

（1）持票人负担风险的情况。持票人如果从虚假出票人或虚假背书人处取得伪造的票据，当该持票人请求付款时因种种原因被拒绝，而这张票据上又无其他当事人的真正签章时，即使持票人属于正当持票人，其也无从实现其票据权利。此时，如果持票人再无法从伪造人那里得到民事赔偿，则其必然自行承担损失。

（2）付款人负担风险的情况。如果付款人对应当辨认出的伪造票据由于疏忽而未能辨认出以致对伪造票据付了款，则付款人应当承担风险。

（3）被伪造人负担风险的情况。一般讲被伪造人无须承担任何责任与风险，但存在可归责于被伪造人事由的情况除外。如被伪造人一贯授权某职员在票据及其他文件上代为签章，该职员滥用职权在未经授权的情况下在票据上签了被伪造人的章。又如，被伪造人虽已更换印章但未及时收回印章，印章保管人用此印章在票据上伪造。

（4）真实签章人负担风险的情况。真实签章人不能因票据上有伪造而拒绝持票人的权利主张，在履行义务后可向他之前的签章人行使票据权利，以此向前追索，直至最前面的真实签章人。

（二）票据变造

票据变造是指没有票据变更权限的人以行使票据权利义务为目的，变更票据上除签章之外的其他记载事项的违法行为（对签章行为进行变更属于伪造），属于票据欺诈行为。如持票人将票据金额或付款地进行了更改。

1. 票据变造成立的条件

（1）必须是无变更权限之人所为。票据记载事项的原记载人有权对票据上除金额、日期、收款人之外的其他事项进行更改，非原记载人对这些事项进行更改即构成票据的变造。此外，任何人对金额、日期、收款人进行更改，也构成票据的变造。当然，对这三项记载事项进行更改的票据已成无效票据。

（2）必须是变更票据签章以外的其他事项的行为。如果对票据上无关紧要的事项加以变更或变更后不会使票据权利内容发生变化的行为，则不构成票据的变造。只有对票据上除签章以外的事项进行了变更且引起了票据权利内容发生变化的行为，才构成票据的变造。

（3）以行使票据权利为目的，如背书人变更票据日期是为了转让票据。

2. 票据变造的法律后果

（1）对票据变造者的法律后果。如果票据的变造人本来就是票据上的行为人，在票据上有其签章，那么该变造人应当按其变造后的票据记载事项承担票据责任，并承担变造票据的刑事责任、民事责任及行政责任；如果票据的变造人在票据上没有签章，则不负有票据上的义务，但应承担刑事责任、民事责任及行政责任。

（2）对参与变造或同意变造票据者的法律后果。对于参与变造或同意变造票据的人，不论其签章是在变造之前还是在变造之后，一律按变造后的文义承担票据义务，同时承担相应的法律责任。

（3）对变造票据上签章的其他人的法律后果。在变造之前签章的人对原记载事项负责，在变造之后签章的人对变造之后的记载事项负责；不能辨别是在票据变造之前或者之后签章的，视同在变造之前签章。

（4）对变造票据的付款人的法律后果。付款人有过错时要承担损害赔偿责任；如果付款人无过错或已经尽到善良管理人应尽义务的，则不必承担损害赔偿责任。

3. 票据变造的风险负担

当票据被变造时，有可能承担风险的主体包括持票人、付款人、变造前的签章者或变造后的签章者。

（1）持票人负担风险的情况。当持票人直接从变造者手中取得票据时，风险只能由持票人自行承当。如果持票人与变造者之间尚有若干背书人，则持票人在不获付款时，可向变造之后的任一人追索。

（2）付款人负担风险的情况。基本等同于票据伪造时的情况，故不再赘言。

（3）变造前的签章者负担风险的情况。通常情况下变造前的签章者仅依据票据上原来的记载事项负票据责任，当出现变造人与被变造人恶意串通的情况时，在变造前的签章者仍需承担责任。

（4）变造后的签章者负担风险的情况。变造后的签章者应负担变造后的票据义务。如果变造之后有若干签章人，则离变造签章最近的签章者将成为风险的最后承担者。

二、票据的涂销与更改

（一）票据涂销

票据涂销是指行为人采取某些方法，涂抹或者消除票据上的签名或其他记载事项的行为，如付款人将汇票上记载的"承兑"字样涂去、持票人将其前手的签名涂去等。票据涂销的方式包括以墨水涂去、以纸粘贴、以橡皮涂擦、以化学药液消除、以文字标注等。

票据涂销的构成要件有两个：

（1）票据涂销是有涂销权的人故意所为的行为。有涂销权的人一般是原记载人或《票据法》明确规定有涂销权的人。有涂销权的人进行的涂销包括两种：对票据上的记载事项进行消除而进行的涂销（如记载了质押背书后又改变主意并将质押背书字样涂销）和对票据上无意义的记载事项进行消除（如背书人受到追索清偿后将自己的背书及自己后手的背书涂销）。这两种涂销是涂销人真实意思的表示，能够产生涂销的法律效力。票据权利人故意涂销票据上的记载事项，则该权利人就丧失其在该涂销部分的票据权利。对背书和承兑的涂销而言，将产生不同的法律后果。背书人本人或其他票据权利人将票据上已经记载的背书涂销，被涂销的背书人及其后手背书人（在被涂销背书人之后而在涂销权人涂销以前背书的人）的背书责任免除；承兑人接受持票人提示的汇票后，在将签有承兑字样的汇票交付汇票提示人之前将承兑字样涂销，产生拒绝承兑的效力。

有涂销权人非故意进行的涂销、无涂销权的人无论是故意还是非故意进行的涂销都不会产生涂销的法律效力，因而也不是真正意义上的涂销。

（2）票据涂销仅限于对票据上记载事项的涂抹和消除行为，而不包括对票据记载事项的更改或增加。

（二）票据更改

票据更改是指依《票据法》规定有更改权限的人，对票据上可以更改的记载事项按法定方式加以改变的行为。票据更改一般在原记载人将票据交付之前进行。如果已将票据交给他人，需要更改时则需征得他人的同意，并由同意人在改写处签章，否则不会产生票据更改的效力。

票据更改的成立要件包括：必须由有更改权限的人（原记载人）进行更改、只能对《票据法》规定的可更改事项进行更改、依法定方式进行更改、经相关票据当事人同意。

如果有权更改人依《票据法》规定对票据记载事项进行更改，则原记载的内容因更改而无效，改写后的记载事项代替原记载事项产生《票据法》上的效力；如果不依《票据法》规定对票据记载事项进行了更改，则依更改内容不同产生不同的法律后果，如对出票金额进行更改将造成票据无效。

第二章

业 务 品 种

　　票据融资业务包含有丰富的内容，是由很多具体产品组成的一个体系。票据融资业务也是最需要创新的业务，其中很多领域具有创新的潜力。本章对银行业务实践中经常使用的一些票据融资产品进行介绍。

第一节　普通商业汇票贴现

　　普通商业汇票贴现是银行以完全背书形式购买持票人能证明其合法取得具有真实贸易背景、尚未到期的商业汇票的业务。具体业务品种包括银行承兑汇票贴现和商业承兑汇票贴现。

一、业务认知

　　商业汇票贴现对客户来讲有很多好处。一是可以主动调节现金流活动。票据具备非常好的流动性，企业可以根据自身的资金情况，决定是否贴现取得资金，财务非常主动。如果一方面需要借入资金，另一方面又持有一定数量的商业汇票，这样客户就可以通过贴现以较少的成本支出获得业务经营所需资金。二是能够有效地降低资金成本。相对贷款而言，票据融资的成本极低，可以使企业融资成本降到最低，符合企业的利益趋向。

对银行来讲，运用贴现提供融资，可获取贴现利息。同时，由于贴现利率要低于贷款利率，贴现还可作为营销客户的手段。尤其是，银行通过贴现获得的是票据，票据是流动性很强的一种金融工具，如果银行急需资金，还可将票据转让出去。因而，无论是银行，还是银行的客户，在市场博弈中都开始运用贴现这一工具。从表 2 - 1 更能清楚地看出贴现相对于短期贷款的优势。

表 2 - 1　商业汇票贴现与短期贷款的比较

类型		贴　现	短期贷款
相同点		同属信贷范畴，纳入贷款统计，均受监管部门的监管和《贷款通则》的规范，业务办理前均需申领贷款卡，在发放资金前都要经过必要的审查	
		贴现人和贷款人均为金融机构，民间性质的票据融资市场目前尚属违法	
		均应遵循共同的基本业务准则，如合法性、合规性原则，效益、流动、安全原则，平等、资源、公平、诚实原则，公平竞争、密切协作原则	
不同点	资金融通的期限不同	最长期限不超过 6 个月，到期不存在展期问题，只存在到期不获付款时的追索问题	期限可达半年以上，到期可以办理展期
	款项用途有无约定不同	客户申请贴现，无须就贴现所得资金的用途做任何说明或承诺，银行也没有这方面的审查义务	一般都要约定贷款资金用途
	收取利息的方式不同	贴现时直接扣收利息	贷款到期或约定时间定期收取
	当事人不同	为银行、贴现申请人和票据上的每一个当事人	为银行、借款人和担保人
	手续不同	相对贷款来讲要简便一些，一般只需票据真实、票据的形成及取得合法，即可办理贴现	贷款投放的准备工作较多、手续较复杂，要经过开户、建立信贷关系、授信、贷前审查、担保物评估等过程
	流动性不同	可根据自身的经营状况，随时通过转贴现或再贴现形式予以转让	一般情况下很少发生贷款权利的转让，即使发生信贷资产转让，也需经过较复杂的程序
	授信主体不同	以承兑人为主、贴现申请人或其他票据债务人为辅	以贷款申请人为主、担保人为辅

类型		贴 现	短期贷款
不同点	收贷对象不同	以承兑人为主、贴现申请人或其他票据债务人为辅	以贷款申请人为主、担保人为辅
	银行收益不同	比贷款的直接收益要低，但通过加速周转也可获得较高收益	比贴现收益要高
	会计处置与报表处理不同	企业办理贴现后，表现为应收票据的减少和货币资金的增加，不在资产负债表上反映，只在表外附注栏的"或有负债"中说明	企业办理贷款后，表现为短期借款增加，货币资金增加，在会计报表中有明确的反映
	遵循的法律规范不同	主要依据《票据法》、《支付结算办法》、《票据管理实施办法》	主要依据《贷款通则》、《民法通则》、《担保法》、《合同法》

银行大力开展票据贴现（及转贴现）业务，还有另外一个重要原因。中国银监会在《商业银行资本充足率管理办法》中明确规定："商业银行对我国其他商业银行债权的风险权重为20%，其中原始期限4个月以内（含4个月）债权的风险权重为零。"由银行承兑延伸而来的贴现（及转贴现）所形成的票据形成商业银行的低风险资产。在资本日益成为稀缺资源的当今，低资本耗用业务成为各家银行的业务首选。

二、交易客户选择

根据不同的承兑构成，银行在办理商业承兑汇票和银行承兑汇票时应采取不同的应对策略，在审查、管理中的重点也会不一样。

办理银行承兑汇票贴现时，由于承兑银行是票据到期时的第一付款人，因而必须先确定银行承兑汇票的承兑银行是否在贴现银行所确定的授信名录中。如果不在贴现银行的授信名录中，无论贴现申请人实力有多强，建议银行一般也不应给予贴现。如果承兑银行在本银行确定的授信名录中，则需再考察贴现申请人的条件。一般而言，到银行申请办理银票贴现的客户（持票人）需具备如下条件：

（1）贴现申请人必须是在中国境内，经合法注册经营并持有效贷款卡，具有独立法人资格的企业、企事业单位、国有企业或其他经济组织。

（2）在银行开立有账户、经营及资信状况良好，具有一定的支付能力并与银行有较好的合作关系及合作前景。

（3）贴现申请人应能证明其票据合法取得，与出票人或者直接前手之间具有真实贸易关系或债权债务关系，能提供与其直接前手之间根据税收制度有关规定开具的增值税发票或普通发票和商品发运单据复印件，在银行开立存款账户，资金往来正常且经营及资信状况良好，具有一定的支付能力，商品的交易范围在企业自身的正常经营范围之内。

办理商业承兑汇票贴现，其必须先按一般风险授信业务审批流程核定授信额度。对于符合条件又有意愿与银行合作的承兑企业或贴现申请企业，银行可在核定贴现授信额度后，与其签订《综合授信协议》或《商业承兑汇票贴现协议》，建立固定的业务关系。商业承兑汇票承兑人须由银行认定企业承兑资格，基本原则是：企业信用等级高或资信优良、属银行重点竞争的优质企业及符合银行授信管理规定的其他企业。到银行申请办理商票贴现的企业（持票人）则需具备如下条件：

（1）在银行开立结算账户大中型企业，企业的资信、运营和财务状况较好，有较强的支付能力，与银行有良好的合作前景。

（2）贴现申请人要符合银行法人客户的一般授信条件，在银行已有商业承兑汇票贴现授信额度。

（3）贴现资金用途要和申请时的资金用途保持一致，并必须符合国家和银行的信贷投向政策规定。

（4）企业在申请商票贴现额度授信时，如需担保的要求其担保单位亦必须符合银行法人客户的一般授信条件要求。

（5）与前手之间存在真实的贸易背景，可以提供和商业承兑汇票相匹配的贸易合同、税务发票；如免增值税的需出具相关文件证明；

商品的交易在企业正常经营范围之内。

三、业务操作流程

对贴现银行而言，商票贴现和银票贴现的受理、报送、审核、审批、发放等操作程序基本相同，只是贴现申请人提交的资料和银行的审查内容略有不同。

1. 贴现申请人向贴现银行申请商业汇票贴现

申请银行承兑汇票贴现时，贴现申请人应提供如下具体资料：

（1）经年检的营业执照正副本原件及复印件。

（2）组织机构代码证原件及复印件。

（3）税务登记证的原件及复印件。

（4）出示贷款卡并留下贷款卡号和正确的密码。

（5）企业法人和经办人身份证原件及复印件。

（6）公司的章程和组织架构图。

（7）申请贴现单位的授权委托书。

（8）企业法人和经办人身份证原件及复印件。

（9）与前手签订的贸易合同和税务发票复印件。

（10）贴现申请书。

（11）贴现凭证、《银行承兑汇票贴现协议》。

（12）其他有关资料。

需要贴现申请人留存的资料均应要求贴现申请人加盖单位公章，贴现银行受理业务审验后要签署"此复印件与原件一致"并注明审核人姓名。同一客户到银行再次办理贴现仅需提供上述（7）~（12）项资料即可，其他不必重复提供。

贴现申请人如申请的业务是商业承兑汇票贴现，则除提供上述（1）~（9）项内容外，还要提供企业注册资本验资报告、董事会决议和董事会成员的签字样本、经审计近三年的财务报表等资料。

贴现申请人向银行申请商业承兑汇票贴现或银行承兑汇票贴现，均需填写贴现申请书。

专栏 2-1

贴现申请书（样本）

××银行：

我公司因资金周转需要，现将下列商业汇票向贵行申请贴现：

商业汇票类别：

汇票号码：

出票人：

承担银行（承兑人）：

出票日期：

到期日期：

我公司拟将贴现资金用于：

谨此申请，请审批。

贴现申请人：（盖章）

法定代表人：

年　月　日

2. 银行对贴现申请人提交的材料进行初审

银行经营机构对贴现申请人的资格进行审查、对跟单资料进行初审、对贷款卡进行审查，确认申请人持有的商业承兑汇票为银行授信范围内企业所承兑或商业承兑汇票持有人已获银行授信、银行承兑汇票的承兑行在银行同业授信范围内，并确认贴现申请人已开立基本存款账户或一般存款账户。此外，还应关注以下事项：贴现申请人是否为企业法人及其他经济组织，并依法从事经营活动；银行要求提供的资料是否真实有效，企业经营、财务状况是否正常，是否存在不良贷款和欠息情况；商品交易合同、增值税专用发票等单据期限吻合，符合商品交易逻辑（对于增值税发票早于商业汇票或交易合同，如经查实（分析）确实存在真实贸易背景和债权债务关系的，可以办理贴现。如企业之间属于长期业务合作关系，先供货、开具增值税发票，供货到一定阶段后，需方定期以银行承兑汇票方式支付货款。又如，产品供不应求时，需方对原购销合同约定的商品数量需求增加，供货方先供货、开具增值税发票，后双方补签增订部分的购销合同并支付相应的款项）。

3. 贴现银行填制相关资料

初审完成后，要填制银行内部规定的各种资料，如商业汇票贴现业务审批表、商业汇票贴现业务审核材料清单、填写拨款通知单等。然后计算利息并填写贴现凭证（要求加盖贴现申请人在银行的预留印鉴）及贴现协议（加盖单位公章和法人章）。

（1）贴现期限、贴现利率、贴现利息及实付贴现金额的确定。贴现期限从其贴现之日起至汇票到期日止，同城算头不算尾，承兑人在异地的，贴现期限和贴现利息的计算应按有关规定另加 3 天的划款日期。贴现利率标准根据中国人民银行关于贴现利率的有关管理规定，以银行的价格承载能力为基础，并兼顾考虑各地监管部门的实际监管规定及银行的经营战略取向加以确定，同时，根据"客户细分、区别定价"的原则，以能否为银行带来综合收益，确定每笔业务的具体贴现利率。

贴现利息 = 票面金额 × 贴现天数 × 日利率

实付贴现金额 = 票面金额 - 贴现利息（按贴现日至汇票到期前一日的利息计算）

（2）贴现协议的要点。贴现银行如同意给贴现申请人办理贴现业务，须与贴现申请人签署《银行承兑汇票贴现协议》或《商业承兑汇票贴现协议》。需要在贴现协议中明确的事项包括：银行同意提供贴现服务，商业汇票票面内容（包括汇票号码、汇票金额、出票日、到期日、基础商品交易/劳务合同编号以及出票人、收款人和承兑行的全称、开户行、账号等信息），贴现期限，贴现率，贴现利息，贴现金额及划付，贴现背书，相关文件（与该银行承兑汇票有关的增值税专用发票、商品交易或劳务合同、商品发运单据等文件），追索，费用承担及补偿等。在贴现协议中，贴现申请人还需做出一些陈述与保证，如保证自己是一家依照中国法律成立并有效存续的法人实体/其他组织，具有独立的民事行为能力，并享有充分的权力、授权及权利以其全部资产承担民事责任并从事经营活动；具有充分的权力、授权及权利签署协议及进行本协议项下的交易，并已采取或取得所必要的所有法人行为及其他的行动和同意以授权签署和履行本协议；已取得为签署本协议所需的一切政府部门的批准和第三方同意，贴现申请人签署及履行本协议不违反贴现申请人的公司法人组成文件/批准文件（如有）及其作为一方当事人的任何其他合同或协议；已仔细阅读并完全理解接受本协议的内容，贴现申请人签署和履行本协议是自愿的，其在本协议项下的全部意思表示真实；确保所申请贴现的银行承兑汇票背书的连续性、其前手背书的真实性以及承兑行承兑的真实、完整、无条件；确认本协议项下向贴现银行提交的商业汇票、增值税专用发票、商品交易或劳务合同、商品发运单据以及其他材料等均是真实、完整、准确和有效的。

4. 会计结算人员进行复审

复审合格后，即办理查询。应询问签发行是否为第一次接受对该票据的查询，如系第一次查询，应对查询各环节予以确认。查询有结果后，如贴现申请企业不在查询行办理业务了，查询行只需以口头形式通知企业真实的查复结果，不需要给予其任何书面证明（专门委托该银行票据查询的除外）。查询费用的收取可按国家及中国人民银行的有关规定执行。

5. 客户经理受理业务

待查询有回复结果，填制银行规定的相关凭证和表格，资料准备齐全后报经营机构负责人核批，初审通过后连同票据原件一起报送专业审批部门审批（经实地查询的纸质汇票在报送前，原则上要求不准拆封，电话复查或其他有异常情况的除外）。进行审批时，应对是否符合银行贴现条件、企业提供的资料是否完备、票据及贸易背景是否真实合规、汇票是否真实及要素是否完整、客户提供的资料是否完备、有关人员签字是否齐全、报批的手续和程序是否按规定执行、贴现价格、利息及实付贴现额是否正确合理。必要时，贴现审批人员可对商业汇票进行复查，甚至实地查询。

商业汇票贴现业务流程如图 2 - 1 所示。

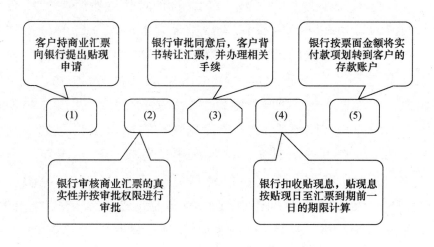

图 2 - 1　商业汇票贴现业务流程

6. 审批与发放

（1）报批材料包括：贴现申请审批书、查复书（包括电查和实查）、经办人身份证或其他法定证件及其复印件、与前手签订的交易合同及相关税务发票的复印件或证明材料、经办人的授权委托书、商品货运单以及承兑企业与银行签署的协议书复印件（在办理商业承兑汇票贴现且对承兑企业核定有贴现授信额度情况下提供）。

（2）报批程序。

第一步，客户经理主管部门负责人签字，主要审核商业汇票贸易背景是否真实合理，报批材料是否齐全、合规。

第二步，会计结算人员（或票据专管员）根据汇票金额、天数、利率对贴现利息和实付贴现金额并进行复核，无误后在审批书上签字。

第三步，本行有权审批人进行审批。

需要注意的是，贴现业务的审批，应该严格按照银行内部关于贴现业务审批权限的规定执行，严禁越权违规办理业务。银行贴现业务审批权限划分如表2-2所示。

表2-2　银行贴现业务审批权限划分（示例）

单一客户日累计发生额	有权审批人
银承5000万元（含）以下；商承3000万元（含）以下	票据中心总经理（或授权人）
银承5000万~1亿元；商承3000万~6000万元（含）以下	业务主管行长（或授权人）
银承1亿~3亿元；商承6000万~3亿元以下	分行行长（授权人）

7. 划款及协议签署

审批通过后，可凭签字完善的商业汇票贴现业务审批表和资金划拨通知单到放款中心进行账务处理和放款。放款后，要登记贴现业务台账，并将贴现档案归档保管。入账时，客户将汇票背书转让给银行。经营部门负责与客户签署贴现协议。

办理商业汇票贴现业务，应坚持"先审后付"的原则，先收妥利息资金、再支付贴现资金。

通过一般或临时账户办理贴现的贴付款，原则上不能直接转给第三方。

为避免业务纠纷，银行人员对客户只进行必要的有关业务指导和相关服务即可，不应帮助贴现申请人在票据原件上填写背书。

8. 后续工作

在交易日及到期日收回票据后，交易文件审查人员将贴现有关信息按规定输入中国人民银行信贷登记系统、资料归档。为防资料丢失，可采取如下措施：

（1）装订前对资料的完整性进行检查。

（2）建立专人保管制度，每月定期或不定期检查以防遗失。

（3）对已入库保管的资料建立入库保管登记簿，对调阅的档案，主管批准后在调阅登记簿上进行登记借出档案种类、份数及返回的时间、人员等。

汇票到期前，由会计人员进行委托收款。不获付款的，在收到拒绝付款证明后，托收人员应及时通知银行有关部门（如票据中心）审查被拒付事由是否合理合法，并与承兑行联系协商解决；如果拒付理由成立，银行应将被拒事由书面通知贴现申请人，同时也可向汇票各个债务人发出通知，并根据《票据法》、《支付结算办法》有关条款依法行使追索权，此时业务的经办人员要积极配合。对承兑行故意拖延

专栏 2-2

催 收 公 函（银行承兑汇票）

[20   ]   银行   分行函字第   号

银行：

很荣幸与贵行发生业务来往，盼今后有更多合作机会。现有一情况向贵行通报：贵行于   年   月   日签发的票号为   银行承兑汇票，金额为   万元，已于年   月   日到期，银行于   年   月   日发出委托收款凭证，但至今仍未收到款项，现已对银行整体的资金营运计划造成了不利影响。今致函贵行，请务必查清原因，将延付票款和延期付款赔偿金（票面金额×延期天数×0.5‰）划付银行。

特此函告

银行   分行

年   月   日

支付款项。银行可根据《票据法》、《支付结算办法》、《票据管理实施管理办法》等有关规定条款要求付款人和承兑行依法承担赔偿责任。贴现银行追索票款时，可从申请人的存款账户收取票款。

四、业务风险及防范

（一）票据真实性和有效性风险及防范

为防范业务风险，需加强对发票、交易合同等材料进行严格审查。

（1）纸质票据期限应在6个月内，且未到期；电子票据应在1年以内，且未到期。

（2）票据要素完整。

（3）票据背书连续、被背书人书写规范，与背书人签章一致。

（4）无"不得转让"、"质押"、"委托收款"等约定事项。

（5）对纸质票据，要注意鉴别真伪，应注意各版银行承兑汇票的启用与废止时间，并特别注意汇票号码是否有涂改迹象。

（二）申请人与其直接前手及收款人之间真实商品贸易背景的风险及防范

商业银行办理贴现业务面对的风险主要是政策风险，即无真实贸易背景的融资性票据办理贴现业务。最高人民法院《关于审理票据纠纷案件若干问题的规定》："依照《票据法》第105条的规定，由于金融机构工作人员在票据业务中玩忽职守，对违反《票据法》规定的票据予以承兑、付款、贴现或者保证，给当事人造成损失的，由该金融机构与直接责任人员依法承担连带责任。"因此，银行从尽责角度，必须要求客户提供与票据对应的跟单资料，包括贸易合同、增值税发票（或普通发票）等资料。否则，受到损失的票据当事人可能以银行疏于审查票据的跟单资料，违反监管部门规定为由起诉银行。

虚构真实性贸易背景的形式表现为：缺少、伪造、变造增值税专用发票（复印件）；虚构贸易合同；增值税发票金额、合同金额小于对应承兑汇票金额；重复使用增值税发票、贸易合同；使用超过有效期限的贸易合同；以旧版增值税发票申请办理最近承兑票据的贴现业务；等等。银行防范此风险的主要手段是要认真检查申请人与出票人或其前手之间是否具有真实的贸易背景，商品交易合同是否合法，如：

（1）汇票上记载事项与商品交易合同、增值税发票等单据核符。

（2）核对贴现的票据所对应的查询查复书，检查查询书和查复书内容是否符合要求，查询查复的日期是否在贴现日后。

（3）核对贴现人与其直接前手之间的商品交易合同复印件、增值税发票复印件以及其他凭据：

①对交易合同、增值税发票的审查：审查申请贴现企业与其直接前手间合同的真实性、合同期限及签订日期，审查增值税发票的真伪及开票日期。合同的签订日期、汇票取得日期及增值税发票的日期应符合逻辑关系。免税的贴现申请单位应提供相应的证明文件。

②查看交易合同的复印件是否被重复利用，判断商品交易是否真实有效，贴现业务是否存在非贸易融资行为。

（三）贴现贷款发放后的主要风险及防范

银行在贴现贷款发放后，要加强资金流向的监控，以防止出现如下情况：

（1）贴现资金违规流入股市、期市。

（2）贴现资金转保证金，由企业进行无真实贸易背景的再融资，虚增银企资产、负债规模。

（四）商业承兑汇票贴现风险的特殊点

如果是商业承兑汇票贴现业务，除按贴现审查的一般要求进行审查外，还应重点关注如下内容：

（1）付款人主要是靠销售货物的货款回笼，还是依靠融资性收入来到期付款。

（2）付款人的财务状况，尤其是短期财务状况是否良好，包括销售是否增长、营业投资是否增长、利润率是否增长。

（3）应付票据与净资产之比、应付票据与销售收入之比，以及应付票据与负债合计之比是否在合理区间。

（4）是否有过涉及商票诉讼、公示催告等记载或事项。

（5）付款人的商誉、诚信度、市场对该付款人商票的认同度、该企业商票发行的历史及到期兑付记录。

（五）需要注意的特殊情况

一般来讲，企业申请贴现时必须提交商品交易合同及增值税发票（或普通发票）复印件，但也有一些特殊情况需要注意：

（1）集团企业内设的资金管理类机构作为贴现申请人申请贴现时，可要求其提供证明其前手与再前手之间具有真实贸易背景的商品交易合同和相关税务发票、加盖公章的书面情况说明，做完整背书后可以买入。书面说明需包含：集团对申请人的授权（或集团公司的批准文件）、申请人业务操作模式、具体职责、资金管理特点、与集团成员单位之间的票据业务操作规定等。

（2）如果交易特殊，属于免征增值税（依照国家的增值税管理规定，确属免征）或劳务、债权债务结算没有增值税发票（小规模纳税人），需要提供证明存在真实交易背景或债权债务关系的合同及普通发票。

（3）企业提交的发票是货票。按照《税法》规定，国营铁路、民用航空、公路和水上运输单位开具的货票，以及从事货物运输的非国有运输单位开具的套印全国统一发票监制章的货票，准予作为抵扣凭证的运费结算单据。

（4）对于水、电、煤、油、燃气等公用事业单位持有的商业汇票，如特殊原因不能提供与其相关企事业单位的商品交易合同，在其出具供应计划（如供电、供水计划）或其他能证明真实贸易背景的材料后，可以办理贴现。

专栏 2-3

票据贴现纠纷案例

案例一

（一）案情

甲银行刘姓职工在一张真实银行承兑汇票上偷盖该行"汇票专用章"钢印，并伪造了承兑行法定代表人私章、出票单位名称、账号及公章。犯罪嫌疑人将伪造做成的这张 100 万元假汇票及伪造的承兑协议，以 60 万元卖给四川李某，李某又将该汇票背书转让给与其无业务关系的王某。王某持该汇票、承兑协议及李某与伪造的出票人之间的产品购销协议一份，向乙银行申请贴现。乙银行向甲银行发出查询电报，被甲银行所在地邮局职工田某截留，并冒充甲银行名义拍发"此汇票由银行签发"的查复电报。乙银行接到查复电报后对王某进行了贴现放款。贴现的汇票存在明显瑕疵，汇票金额中的"贰"字写错。甲银行以假汇票被贴现为由，上诉法院请求判乙银行承担汇票金额损失的民事责任，请求判乙银行及邮局承担甲银行因追款所支付的费用及本案诉讼费用。

（二）判决结果

乙银行在办理贴现时存在重大过失行为，其予以贴现的付款责任由其自行承担。

甲银行请求的追款费用由其自行承担。

（三）分析点评

乙银行贴现的票据系犯罪嫌疑人采用偷盖上诉人（甲银行）汇票专用章后伪造的票据。持票人以低价购买该伪造票据，在与被背书人无基础关系的情况下，将汇票背书由被背书人申请贴现，属于欺诈行为。被贴现的票据属于无效票据，持票人并无票据上的权利。

甲银行与汇票被乙银行贴现并无行为上的因果关系，甲银行并未对该汇票进行承兑，且对该汇票被贴现亦无过错，乙银行对有明显瑕疵的汇票进行贴现，属于重大过失付款，应当自行向伪造、使用无效汇票的犯罪嫌疑人追索被骗取贴现的票款。

未在汇票上签章的人不负票据责任。甲银行根本没有对该汇票进行承兑并交付给收款人，故不构成承兑。犯罪嫌疑人偷盖公章这一事实不能视为甲银行在汇票上的签章行为，应认定该汇票为无效汇票。甲银行和乙银行并不产生《票据法》上的权利和义务关系。

甲银行和邮电局的犯罪职工伪造假票据及派发假电报的行为，系单位员工个人所为，不应视为单位行为，单位不承担民事责任，两单位的犯罪职工均应由公安机关立案处理。

案例二

（一）基本情况

远天公司与地凯公司签订了工矿产品购销合同,合同约定地凯公司向远天公司提供总金额 102 万元针织用纱，用 6 个月期的银行承兑汇票结算。远天公司根据合同约定开具合计 100 万元的三张银行承兑汇票；三张票据的出票人为远天公司，收款人为地凯公司，付款银行为甲银行，出票及汇票到期时间均已记载。

地凯公司在收到远天公司的三张承兑汇票后，向乙银行申请贴现。乙银行先向甲银行查询，确认了三张银行承兑汇票的真实性，但缺少增值税票和商品发运单据复印件。随后，地凯公司与乙银行达成贴现协议。当日，乙银行对地凯公司提出申请的三张金额共计 100 万元的银行承兑汇票进行了贴现。

然而，地凯公司自与远天公司签订合同并取得票据后，始终没有按合同约定供货。远天公司在票据到期前向法院提出诉前保全申请，要求付款银行停止对三张银行承兑汇票的支付，并以买卖合同纠纷为由，对地凯公司提起诉讼。

起诉后不久，远天公司认为乙银行在贴现过程中违规，提前给地凯公司贴现付款，有重大过错，应对其经济损失承担连带责任，为此把乙银行追加为共同被告。

（二）判决结果

乙银行对远天公司出具的三张价值共计人民币100万元的承兑汇票，不享有付款、追索请求权。

（三）分析点评

贴现时，地凯公司没有按《支付结算办法》的规定提供与其直接前手远天公司之间的增值税发票复印件，乙银行明知申请人地凯公司与其直接前手远天公司的商品交易关系不真实，是利用合同以欺诈手段骗取远天公司的三张银行承兑汇票，且地凯公司的贴现申请是在不符合法律规定的贴现条件下，与申请人串通，违规贴现，协助申请人套取银行资金，恶意取得票据。因此，乙银行对其恶意取得的远天公司开具的三张银行承兑汇票不得享有票据权利。

假如原告不是在票据到期前开始采取法律规定的程序进行保全起诉，则根本无法通过诉讼程序挽回自己的损失，因为那时任何理由的抗辩都是没有意义的，必须无条件地付款。

案例三

（一）案情

银都公司因业务往来，收到一张银行承兑汇票。票面载明：票号为VIV02446256，出票人为某棉纺织印染厂；收款人为某供销公司；汇票金额500万元；汇票到期日为1998年11月28日。同年7月5日，票据收款人某供销公司，在汇票背面空白背书。银都公司得汇票后，自行填写了被背书人，同时背书给"某商业银行支行"委托收款但签章人为另一家商业银行，致使该汇票不能如期承兑。1999年元月27日，银都公司与票据收款人某供销公司协调此事，并将该票据原件交给某供销公司。某供销公司出具证明一份，载明：

银都公司交我公司票号为 VIV02446256 的承兑汇票壹份。由于银行责任，承兑汇票已作废。为了协调双方关系，也考虑承兑汇票第一手属于我公司，我们愿意与有关方面协商，帮助银都公司追回 500 万元欠款。事后，该供销公司以银行将汇票收回无法返还为由，拒绝返还该汇票原件，故酿成该纠纷。

（二）判决结果

（1）限供销公司于判决生效后十日内返还银都公司票号为 VIV02446256 的银行承兑汇票一张。

（2）如某供销公司逾期不能返还票号为 VIV02446256 的银行承兑汇票，于逾期后 1 个月内，赔偿银都公司票据金额 500 万元及自汇票到期日至清偿日止，按中国人民银行规定的利率计算的利息。

（3）案件受理费由某供销公司负担。

（三）分析点评

银都公司通过支付相对应的代价，取得票号为 VIV02446256 金额 500 万元的银行承兑汇票一张，成为该汇票的合法持票人，并同时享有《票据法》赋予的一切票据权利，包括付款请求权和追索权。但该张汇票因当地银行签章的过错，未能如期承兑。随着汇票付款时间的过期，银都公司也同时丧失了票据权利中的付款请求权，但其仍然拥有票据追索权。

银都公司有理由持票据请求汇票金额及自到期日起至清偿日止，按中国人民银行规定的利率计算的利息。但是，作为该汇票的收款人，同时也是汇票背书人的供销公司，在收到该汇票原件后，不但没有履行追回票据金额 500 万元的承诺，而且在应当及时退还票据原件时不予退还，使银都公司丧失了主张权利的重要证据原件。由此造成该纠纷，供销公司应负全部责任。

该汇票虽然到期日已过，但持票人的相对人应当始终担负着支付票据金额的义务。供销公司作为持票人的相对人之一，应及时返还票据原件或支付票据金额。如不能返还原物，对持票人因权利丧失所造成的损失，应承担赔偿责任。并在承担责任后，与持票人一样享有同一权利，向其他相对人另行主张。

出票人或银行与本案不是同一法律关系，不应追加为当事人。

案例四

（一）案情

1997 年 2 月 10 日，A 公司与 B 公司签订一份工矿产品购销协议。A 公司为履行该协议的付款义务，向 B 公司签发了一张商业承兑汇票。汇票上记载：付款人和承兑人为 A 公司，收款人为 B 公司，签发日为 1997 年 3 月 10 日，到期日为 1997 年 9 月 20 日，汇票金额 490 万元，以及购销协议号码。A 公司向甲银行出具了该汇票的承兑确认书，C 公司于同日为该汇票向甲银行申请贴现出具了贴现保证书。同月 28 日，B 公司持该汇票向甲银行申请贴现贷款。甲银行经对该汇票及上述承兑确认书、贴现保证书审核后，同意向 B 公司贴现放款。贴现到期后，甲银行持该汇票向 A 公司开户银行申请承兑，被以存款不足为由于 1997 年 9 月 23 日退票。甲银行于退票当日向 B 公司发出逾期贷款通知书，要求其给付票款。但 B 公司一直未予归还。1998 年 2 月 28 日，甲银行以汇票贴现纠纷为由，向法院起诉，要求 A、B、C 公司偿还其贷款本金和逾期利息。1998 年 5 月 15 日，甲银行又申请撤诉，法院于同月 27 日予以核准。1998 年 6 月 2 日甲银行又以票据纠纷为由，再次向法院提起诉讼。

（二）判决结果

被告 B 公司应于判决生效之日起 10 日内支付原告甲银行票款及逾期利息。A 公司对 B 公司的上述付款义务承担连带清偿责任。对甲银行的其他诉讼请求不予支持。

（三）分析点评

本案诉讼时效因原告的撤诉而中断，从中断时起，诉讼时效期间重新计算，但甲银行就本案对其前手 B 公司的追索仍在 6 个月内，对出票人 A 公司的追索仍在 2 年以内，故应仍在诉讼期内。

甲银行取得的汇票是通过贴现放款以背书方式而取得的，且该汇票记载事项合法，甲银行是合法的持票人，其票据权利应予保护。

B 公司以该票据向甲银行取得贴现贷款，其作为甲银行的直接前手应保证票据到期承兑。现该汇票到期未获承兑，B 公司应承担支付票据金额和逾期利息的票据责任。

A 公司是该汇票的出票人和承兑人，在 B 公司不能支付到期款项时，应对其付款义务承担连带责任。

C 公司为贴现贷款作担保，仅在出具的保单上记载"贴现保证"字样，并未记载 C 公司对该票据的票据保证内容，书面约定仅体现在借款协议中。因此 C 公司与甲银行、B 公司之间的关系仅仅是贴现贷款担保法律关系，而非票据法律关系，C 公司不应承担票据保证责任。

专栏 2-4

关于贴现的法律规定

《商业汇票承兑、贴现与再贴现管理暂行办法》

第二条　本办法所称贴现系指商业汇票的持票人在汇票到期日前，为了取得资金贴付一定利息将票据权利转让给金融机构的票据行为，是金融机构向持票人融通资金的一种方式。

第十八条　向金融机构申请票据贴现的商业汇票持票人，必须具备下列条件：

一、为企业法人和其他经济组织，并依法从事经营活动；

二、与出票人或其前手之间具有真实的商品交易关系；

三、在申请贴现的金融机构开立存款账户。

第十九条　持票人申请贴现时，须提交贴现申请书，经其背书的未到期商业汇票，持票人与出票人或其前手之间的增值税发票和商品交易合同复印件。

第二十条　办理票据贴现业务的机构，是经中国人民银行批准经营贷款业务的金融机构（以下简称贴现人）。

第二十一条　贴现人选择贴现票据应当遵循效益性、安全性和流动性的原则，贴现资金投向应符合国家产业政策和信贷政策。

第二十二条　贴现人应将贴现、转贴现纳入其信贷总量，并在存贷比例内考核。

第二十三条　贴现人对贴现申请人提交的商业汇票，应按规定向承兑人以书面方式查询。承兑人须按照中国人民银行的有关规定查复贴现人。

第二十四条　各商业银行、政策性银行应当运用贴现、转贴现方式增加票据资产，调整信贷结构。

《票据管理实施办法》

第十条　向银行申请办理票据贴现的商业汇票的持票人，必须具备下列条件：（一）在银行开立存款账户；（二）与出票人、前手之间具有真实的交易关系和债权债务关系。

《支付结算办法》

第九十二条　商业汇票的持票人向银行办理贴现必须具备下列条件：

（一）在银行开立存款账户的企业法人以及其他组织；

（二）与出票人或者直接前手之间具有真实的商品交易关系；

（三）提供与其直接前手之间的增值税发票和商品发运单据复印件。

第九十三条　符合条件的商业汇票的持票人可持未到期的商业汇票连同贴现凭证向银行申请贴现。贴现银行可持未到期的商业汇票向其他银行转贴现，也可向中国人民银行申请再贴现。贴现、转贴现、再贴现时，应作成转让背书，并提供贴现申请人与其直接前手之间的增值税发票和商品发运单据复印件。

五、贴现客户的差异化营销

一般而言，能够为银行带来结算收入或存款收益的企业法人客户，是银行营销贴现业务的主要目标客户群。在营销中，一般是与其他授信业务捆绑销售，以增强单一客户的综合贡献。另外，对重点客户要特殊对待，价格可适当的优惠，提升重点客户贴现业务在整个贴现业务中的比例。为给重点客户在银行办理贴现提供最大的便利，可采取签署年度总贴现协议的方式，而不必像一般客户那样每办一笔贴现就需签署一次贴现协议。

专栏 2-5

商业汇票贴现总协议（样本）

编号：＿＿＿＿＿＿

贴现申请人：

贴现银行：

贴现申请人因业务经营需要，特向贴现银行申请商业汇票贴现。贴现银行经审查，同意根据本协议的条款和条件对贴现申请人提交的商业汇票予以贴现。每次办理贴现时，客户需填写《××银行商业汇票贴现业务申请登记表》，记录每张汇票的详细情况。在本协议有效期内，本协议对办理的所有贴现业务均具有法律效力，不必逐笔签订贴现协议。本协议使用范围涵盖银行承兑汇票和商业承兑汇票。

为明确贴现申请人和贴现银行双方当事人的权利、义务，根据我国有关法律、法规之规定，经贴现申请人和贴现银行在平等、自愿的基础上协商一致，特订立本协议。

第一章　贴现期限、贴现金额及划付

第一条　本协议项下的贴现期限：从贴现之日起至商业汇票到期之日止。

第二条　在本协议有效期内，每笔贴现业务的贴现率以贴现凭证上记载的利率为准。

第三条　贴现利息：按贴现日至到期日的前 1 日计算。

第四条　实付贴现金额：按商业汇票的票面金额扣除依本协议第三条规定的贴现利息计算。

第五条　贴现银行应于贴现日一次性将本协议项下的实付贴现金额全部划入贴现申请人指定账户。

第六条　如商业汇票项下的承兑人在异地，贴现期限、贴现利息的计算均另加三天的划款日期，遇节假日顺延。

第七条　商业汇票一经贴现且实付贴现金额已按上述规定支付给贴现申请人，贴现银行即取得汇票项下或与银行承兑汇票有关的一切权力和利益。

第二章　贴现和背书

第八条　在签订本协议时，申请人需提供经年审合格的企业法人营业执照（复印件）、授权委托书、财务状况等基础资料。办理每笔贴现业务时，应向贴现银行提交经其背书的未到期的商业汇票、贴现申请人与出票人或其直接前手之间与该商业汇票有关的增值税专用发票或普通发票、商品交易或劳务合同、商品发运单据。经贴现银行核实无误后，贴现银行将按照本协议的规定向贴现申请人贴现并划付第四条规定的实付贴现金额。

第九条　贴现时，贴现申请人应真实、有效、完整地完成商业汇票的转让背书行为，贴现申请人背书时不得附加任何条件。

第三章　贴现申请人的陈述与保证

第十条　贴现申请人在此向贴现银行作出如下陈述和保证：

1. 贴现申请人是一家依照中国法律成立并有效存续的法人实体/其他组织，具有独立的民事行为能力，并享有充分的权力、授权及权利以其全部资产承担民事责任并从事经营活动。

2. 贴现申请人具有充分的权力、授权及权利签署本协议及进行本协议项下的交易，并已采取或取得所必要的所有法人行为及其他的行动和同意以授权签署和履行本协议。本协议由贴现申请人的法定代表人或其委托代理人有效签章，并加盖公章。

3. 贴现申请人已取得为签署本协议所需的一切政府部门的批准和第三方同意，贴现申请人签署及履行本协议不违反贴现申请人的公司法人组成文件/批准文件（如有）及其作为一方当事人的任何其他合同或协议。

4. 贴现申请人已仔细阅读并完全理解接受本协议的内容，贴现申请人签署和履行本协议是自愿的，其在本协议项下的全部意思表示真实。

5. 贴现申请人应确保所申请贴现的商业汇票背书的连续性、其前手背书的真实性以及承兑行承兑的真实、完整、无条件。

6. 贴现申请人为签署和进行本协议项下的交易向贴现银行提交的增值税专用发票或普通发票、商品交易或劳务合同、商品发运单据以及其他材料等均真实、完整、准确和有效。

7. 本协议项下的商业汇票真实、合法，且有真实、合法的商品交易或劳务作基础。

8. 本协议合法有效，对贴现申请人构成具有法律约束力的义务。

9. 贴现申请人没有发生对其履行其在本协议项下义务的能力具有实质不利影响的任何诉讼、仲裁或行政程序。贴现申请人所提交的财务报表真实地反映了其在出具时的财务状况。

10. 贴现申请人保证贴现资金不用于股市、期货、股权等监管部门限制的用途。

11. 贴现申请人未发生或存在本协议项下的任何违约事件。

12. 如贴现银行需要，贴现申请人将按照其规定办理相应的担保抵押手续。

贴现申请人的上述陈述和保证在本协议有效期内须始终保持正确无误，并且贴现申请人将随时按照贴现银行的要求提供进一步的有关文件。

第四章　贴现银行的追索

第十一条　商业汇票贴现后，在商业汇票到期日前，如遇商业汇票项下的承兑人宣告破产，或被责令终止业务活动，或在商业汇票到期时遭拒绝付款（包括全部或部分），贴现银行对贴现申请人行使票据追索权时，有权要求贴现申请人支付下列金额及费用：

1. 被拒绝付款的汇票票面金额；

2. 商业汇票票面金额自到期日起至贴现申请人向贴现银行实际清偿日止，按每天万分之　　　　　（大写）计收利息，对贴现申请人未能按时支付的该等利息，贴现银行有权计收复利；

3. 贴现银行行使追索权时所支付的费用；

4. 赔偿其他经济损失。

第十二条　贴现银行向贴现申请人追索票款时，可从贴现申请人在贴现银行及贴现银行系统内开立的账户中直接扣收。

第十三条　本协议有效期间，贴现银行有权检查贴现申请人的经营活动情况，贴现申请人应予配合并定期向贴现银行报送真实的会计报表及生产经营计划。

第五章　违约及救济

第十四条　本协议生效后，贴现银行和贴现申请人均应履行本协议所约定的义务，任何一方不履行或不完全履行本协议约定义务的，应当依法承担违约责任。

第十五条　如贴现申请人在本协议项下作出的任何陈述或保证被证明是不真实的或是具有误导性的，贴现申请人应就因而给贴现银行带来的任何损失承担赔偿责任。

第六章　费用的承担和补偿

第十六条　一经贴现银行要求，贴现申请人应立即向贴现银行全额支付和补偿贴现银行为行使其在本协议项下的任何权利所发生的所有费用和开支，包括但不限于诉讼费用、律师费、差旅费及实现债权的其他费用。

第七章　其他

第十七条　本协议经贴现银行和贴现申请人双方的法定代表人或其委托代理人签章并加盖公章后生效。

第十八条　本协议一式二份，申请人、贴现银行各执一份。

贴现申请人（盖章）　　　　　　　　贴现银行（盖章）

法定代表人：　　　　　　　　　　　法定代表人／负责人：

（或委托代理人）：　　　　　　　　（或委托代理人）：

六、"先贴后查"商业汇票贴现——对票据贴现基本程序的一种变通

对有些重要客户而言，银行与其已有了较长时间的业务往来，彼此较为熟悉，风险能得到有效控制。在其需要资金进行贴现时，如果按照常规的业务程序先办理查询后进行贴现，往往无法满足客户对资金的急迫需求。长此以往，对客户关系的维护极为不利。因而在业务实践中，产生了一种先贴现后补查询的业务办理方式。

（一）含义

"先贴后查"商业汇票贴现业务是指汇票的持有人将未到期的商业汇票转让给银行，银行在核定的额度内，在票据查询查复前，先按票面金额扣除贴现日至汇票到期前一日的利息后付给票款的一种授信业务。需要说明的是，该业务仅适用于事先核定有授信额度、信用程度较高、管理规范的银行重点客户。如不加限制地全面推广，极易造成风险失控。

对贴现申请人的益处表现在：

（1）采取灵活便捷的方式为客户办理贴现，能够节约时间成本，化简办理手续，提高业务效率。

（2）客户可以及时获得资金融通，提高了资金运作效率。

对贴现银行的益处表现在：

（1）银行可以通过"先贴后查"，极大地扩展可以买入的票源。

（2）增加对客户的吸引力，增强自身的竞争力。

（3）银行可以获得可观的贴现利息收益。

（4）可以获得贴现后稳定的沉淀存款。

（二）办理要求

（1）"先贴后查"应采取"对客户分类管理、区别对待"的原则，从审查贴现申请人的资质入手，"先贴后查"申请人应该仅限于管理规范、无不良信用记录、信用等级较高、总资产和销售收入较大的企业（尤其特大型企业）。

（2）"先贴后查"实行专项授信额度控制，与其他一般授信业务品种一并纳入统一授信，按照银行一般授信业务操作规程和审批权限进行审批，核定专项授信额度，签订授信协议和合同后方可开展业务。对贴现申请人未查询贴现的敞口金额控制在批准的授信额度之内，超过时须按"先查后贴"方式办理。

（3）严格说来，银行办理贴现业务必须"先查后贴"，只有通过查询才能确定承兑银行是否承兑了票据。如果没有经过查询就进行贴现，银行就会承担过大的风险。因此，银行一定要选择恰当的客户，并且一旦出现到期拒付、止付、拖欠等造成银行垫款的情况，应立即停止对该客户办理"先贴后查"业务。在及时收回贴现实付金额、利息等的前提下，且经有权审批部门批准，方能恢复该客户的"先贴后查"授信。

（4）办理此项业务时须与贴现申请人签订《"先贴后查"贴现协议》，贴现申请人要承诺对票据的真实、合法、有效性负责，并承诺一旦发现在票据的核实认证或票据资金索付过程中发现票据存在任何瑕疵，或票据资金索付过程中出现到期拒付、止付、拖欠等情况，贴现申请人应在接到银行通知两日内退还贴现实付金额、利息、罚息，并支付贴现银行由此产生的有关费用及给贴现银行造成的损失，贴现银行有权在贴现申请人账户上直接扣收。

（5）建议银行对"先贴后查"业务实行"一票否决"，即一旦出现到期拒付、止付、拖欠等造成银行垫款，且 30 日内未予收回的情况，则该分行自动丧失办理"先贴后查"业务的资格。

（6）客户经理应建立相应的台账，将时点上未查询贴现的敞口金额控制在批准的额度之内。

（7）如通过查询发现票据有问题，应立即通知申请人，要求其按照《"先贴后查"贴现协议》规定退还贴现实付金额、利息，支付银行由此产生的相关费用及造成的损失，并暂停该客户的"先贴后查"授信。

七、贴现业务中常见的问题及其解决

（一）商业银行能否贴现出票人在背书人栏里背书的银行承兑汇票

出票行为应包含两个程序：开出和交付。出票人在背书人栏里背书就无法体现已完成"交付"的程序，因而这是一个不完整、不合理的出票行为。如果商业银行为扩大票源而对其进行了贴现，则属于重大过失。由于此票据不符合《票据法》规定，且贴现银行无法体现票据取得过程，因此贴现银行不得享有票据权利，承兑行在贴现银行托收时可予以拒绝且可主张抗辩。

银行如果在审查时发现此类票据，应该拒绝办理贴现、转贴现、回购和质押等各种可能危害善意持票人票据权利的业务。但可建议持票人与承兑行联系，将其列为废票，请承兑行对新开票据进行承兑。

（二）对写有"贴现保证"字样的票据，贴现银行在托收遭拒时能否依《票据法》规定向保证人追索

贴现银行为进一步防范风险，希望贴现申请人追加一个有实力的担保单位，担保单位与贴现银行签署贴现担保书后，在票据背书的框外盖上公章，并写上"贴现保证"四个字。贴现银行在遭到以付款人存款不足为理由的退票后向贴现申请人发出逾期通知书，贴现申请人并未归还贷款。当准备向保证人追索时，才发现票据上写的是"贴现保证"而不是"票据保证"或"保证"，且四个字也没有写在粘框或框内，只得放弃了向保证人的追索。因为，按照规范的理解，这个担保人给出的是适合《担保法》上的保证而不是票据保证。正确的票据保证应该写"保证"字样、保证人单位并盖章、署上日期。贴现银行在办理审查时，应避免对这种画蛇添足写上"贴现保证"的票据进行贴现。

（三）能否先进行贴现再进行承兑

先贴现后承兑的操作手法是：贴现申请人在申请贴现时并未提供票据，但能够提供可开出票据的模拟样张和票据跟单文件（如商品买卖协议和增值税发票）。贴现银行认为票据持有人一般的追索对象是承兑行、出票人和持有人前手，自己只属于整个票据流转缓解中一个不易被人追索的环节，就按照商定的贴现利率，将贴现资金打到贴现申请人在开户银行开立的账户上。贴现申请人的开户银行同时也是出票人的开户银行。该开户银行发现出票人账户里已有足够的存款，则为出票人进行了承兑。贴现银行在完成贴现后将票据经背书后卖给了其他银行，买入银行最终通过向承兑人托收实现了票据权利。转贴现买入票据的银行如果发现问题会首先找承兑行，贴现银行这种行为可能不易被外部人发现，但却是严重违背业务操作程序的做法。按照规定，持票人向银行申请办理贴现需具备以下条件：在银行开立存款账户的企业法人及其他组织；与出票人或者直接前手之间具有真实的商品交

易关系；提供与其直接前手之间的增值税发票和商品发运单据复印件。会计部门处理贴现业务时则需遵循以下基本程序：接到已经做成转让背书的汇票后，填写贴现凭证并与汇票核对相符，此后再按规定科目做账。可见上述要求需要贴现申请人必须现实持有票据，而逆向操作则是在没有看到真实的并做成背书票据的情况下进行业务操作，属于严重违反中国人民银行相关规定的行为。

在先贴现后承兑业务操作下，如果贴现申请人在拿到票据后背书转让给了贴现银行，贴现银行可能不会出现资金方面的损失，但一旦被查处，则会受到严惩；如果贴现申请人在拿到票据后没有交给贴现银行而是又向其他银行申请贴现或背书转让给下一销货方，则首先进行贴现的银行就不仅会受到监管部门的查处，实质上还会遭受诈骗所带来的资金风险。对各家银行来讲，主管部门制定的规范应该被共同遵守。为了避免受让先贴现后承兑的票据给自己带来风险，应对贴现日期与承兑日期相同的票据进行认真审查。

（四）对于出票人在票面上记载"不得转让"字样的汇票，贴现银行能否向出票人和承兑银行要求付款

票据贴现是指拥有贴现业务资格的金融机构用资金买入票据而接受转让票据的背书行为，是一种因票据购买而产生的票据权利转让行为。如果出票人出于防范交易对手到时不能按期按质交货、限制对方利用票据融同资金等目的而在汇票上记载"不得转让"字样，则该汇票不得转让。票据持有人如果进行了背书转让，则背书行为无效。背书转让后的受让人不得享有票据权利，票据的出票人、承兑人对受让人不承担票据责任。贴现银行明知汇票上记载"不得转让"字样而仍对该汇票进行贴现的，其贴现行为无效，依法不享有票据权利，无权要求承兑行支付票款。贴现银行可按照贷款规则向获得贴现资金的贴现申请人索要本金及利息。

（五）代理别人进行贴现的企业能否用自身多余资金为要求代理的企业办理贴现业务

甲企业委托乙企业代其向银行申请贴现，并签署了委托代理协议，载明"如有差错，委托方愿承担一切责任"，并且为了表示酬谢，委托方愿支付乙企业一笔酬金。交付票据时，委托方还提供了一份委托某银行作查询并查复的文书，查询查复书明确表示要素真实、确实签发、真伪自辨。乙企业由于手头正好有多余资金，不愿好处流向外人，遂将票据留下并向委托方以本票和现金支付了款项。当票据到期后，乙企业在汇票上盖章背书后，持票委托自己的开户银行向承兑人收款，但被承兑行告知以收到一份编号与此相同的票据并已作兑付，乙企业所持票据为伪造票据。乙企业此时方知受骗，向委托方索取赔偿未果后，即以假票贴现为由将委托方告到法院。

实际上，这是一起返回财产纠纷案而非票据纠纷案。乙企业持有的票据由于是假票，在假票上撰写的相关文字和加盖的印章是无法履行和承担票据责任的，在假票基础上双方签订的委托代理贴现协议也是无效的。所附的查询查复书仅作为票据识别的一个参考文件，因已注明真伪自辨，也不能追究查询查复人的责任。乙企业由于没有真实票据，是无法获得票据权力的。但它可以向委托方追偿，要求委托方归还资金。银行应该告诉自己的客户，办理贴现需要专业技术及人员，况且企业是无资格办理贴现业务的，且不可贪图小便宜而让坏分子钻了空子。

（六）对背书人在背书栏中更改出票人原意的票据，银行能否贴现

出票人在背书栏中原记载有"本汇票不能贴现、抵押贷款或背书"字样，但收款人（背书人）却通过加注"某年某月某日后"字样，从而更改了原先所设定的条件。贴现银行未注意到两段记载内容的字迹不同，并给其办理了贴现。当到期托收时，承兑行以出票人发现收款人更改背书条件、当地公安机关将票款冻结为由拒绝付款。实际上，人民法院和公安部门在审理和查处经济案件时是不能冻结止付已经承兑并经转让（贴现）的票据的。承兑银行即使被冻结票款，也无法不履行到期付款责任。时间拖得越久，承兑行最后需要支付的款项就越多。因此，承兑银行要有强烈的风险意识，在选择执行或不执行有关行政部门干预时，应权衡利弊、慎重决策，尽早摆脱关系，远离责任，不承受或减少承受不该承受的损失和风险。此外，出票人和承兑人的意思应该在票据的正面表现出来，背书栏的地方是属于背书人的，收款人可以在该背书栏中书写文字，因此，收款人加上"某年某月某日后"字样属于其有权记载的范围和行为，不属于票据变造行为（票据变造是指没有更改权力的人在有效的票据上变更票据上除签章以外记载事项的违法行为）。作为贴现银行，也不应买入具有如此瑕疵的票据，从而避免被拖入这场旷日持久的官司中，以及长时间将该票据资产计入不良资产（虽然最终能收回票款）。

本问题还涉及出票人在汇票背面记载相关事项。《票据法》规定"出票人在汇票上记载不得转让字样的，汇票不得转让"，但并没有明确要求该约定必须写在正面。从实际情况看，双方当事人对该汇票的约定，应是真实意思的表示，虽然不规范、有瑕疵，但仍具有法律效力。银行对这样的票据不应办理贴现或质押贷款，因为权利质押的标的只能是依法可转让的财产权，不可转让的权利不得设定质押，银行如果明知该汇票上有如此约定（此约定使该汇票丧失了流动性）还办理质押贷款，则明显不妥。

（七）商业银行在承办贴现或委托本行会计部门托收票据时，如果未完整补记票据的被背书人，这种疏漏是否会导致商业银行不能行使票据权利

在票据背书转让中不记被背书人而仅在背书人栏中签章是一种比较常见的情况（这种情况不属于背书不连续），背书人未记载被背书人名称即将票据交付给他人的，持票人在票据被背书人栏内记载自己的名称与背书人记载具有同等法律效力。如果没有记载，则银行的做法是有瑕疵的。因此，银行应该补齐所有记载（背书日期未做记载，视作在汇票到期日前背书，不影响背书的成立）。付款银行在接到此种票据的托收申请时，应让票据权利人指出必须补全被背书人，而不是拒绝付款。贴现凭证是商业银行接受转让票据的重要法律证据，是拥有补记被背书人栏和盖上汇票专用章资格的重要凭证，因此即使被背书人栏里没写上银行项目，银行仍是合法取得汇票，是该汇票的合法持有人。

在转让票据时，及时填写被背书人，应该成为企业与银行良好的职责习惯。这样，票据丢失也不用担心了。曾发生这样的案例，收款人在背书栏签章但没有填写被背书人，后来票据丢失。在丢失查找无果并在规定的时限内向承兑行所在地的法院申请了催示公告。但一家企业在不知情或无法获知的情况下获得了该票据，并以进货的名义支付给了另一家公司。销货公司则将票据进行了贴现。贴现银行在催示公告前审查了汇票的形式要件，并向承兑行进行查询且获得确认。丢失票据者为维护自己的利益，当发现贴现银行持有票据并要求托收时，向承兑人所在地人民法院起诉。出现此种情况，贴现银行只要向承担公示催告的承兑行所在地人民法院提供充足证据，证明自己持有票据是合法的、善意的、付出过对价的，就可申请除权判断。而票据丢失者虽然申报了催示公告，但依然没有保全自己的票据权利。可见，妥善保管票据也是非常重要的。

此外，根据相关规定，空白授权票据的持票人行使票据权利时未对票据必须记载事项补充齐全，因付款人或者代理付款人拒绝接受该票据而提起诉讼的，人民法院不予支持。

（八）背书不连续是否必然导致票据无效

《票据法》规定，以背书转让的汇票，背书应当连续。持票人以背书的连续，证明其汇票权利；非经背书转让，而以其他方式取得汇票的，依法举证，证明其票据权利。可见，背书转让是持票人享有票据权利的法定和直接证明方式，但不是绝对唯一和排他性的方式。背书不连续，并不必然导致票据无效，也不必然导致持票人丧失票据权利。只要持票人能证明支付过对价且无他人试图占有，即能举出汇票实质上背书连续的证据，则也是获得票据权利的一种方式。持票人在用背书不连续的票据主张票据权利时，不能直接主张，而是要提供以给付对价、可被审查的证据。对承兑人而言，在接到以背书不连续的票据所做的付款申请后，应重点审查持票人的持有过程、持有的合法性和正当性。如拒绝付款，则应指出持票人提供的证明不能说明其持有的合法性和合理性。如果在持票人没有提供可靠的证据能证明其是合法票据权利人的情况下,承票人付了款,则承兑人对真正的权利人仍有再付款的义务。

这一问题对贴现行和承兑行都有启发意义。对贴现行而言,应严谨、审慎地审查背书。如此这般,才能避免产生纠纷、延缓资金流转的现象出现(贴现行利益虽然最终不会损失,但在最终维权时会牵扯大量的精力,建议对此类票据不予贴现,以免卷入纠纷)。对承兑行而言,也应该以宽容的心态,允许持票人提供补救程序。对未经背书转让或背书不连续但合法持有票据的人,应要求持票人提供获得票据的证明文件或证据,以确保付款时不会付错给人。建议采取如下程序操作:提出票据背书不合规,拒付并出具拒付理由书;要求所有背书人出具证明,证明其是合法转让,不对最终持票人持有票据产生争议;要求撰写被背书人造成错误的单位提交承诺书。如果经过上述程序获得了能证明持票人合法持有票据的文件,则不可再拒绝付款,更无必要诉至法院。

(九) 银行对回头背书的票据能否贴现

回头背书是指在背书过程中,经过若干手背书,其中有一手又回到了承兑人、出票人、收款人或背书人手中,是一种特殊背书的转让现象。一般而言,回头背书不影响票据的正常使用和操作,但商业银行一定要重视回头背书问题的原因,要研究回头背书是否合理。商业银行受理持票人贴现申请时,应要求经办人员作尽职调查(查阅持票人在获得票据时操作的会计科目等,如不能发现票据是通过资产销售而获得的,就不能为其办理贴现),避免可能造成的风险。回头背书存在贸易背景难以确定的问题,银行要特别注意了解贸易背景问题(票据作为购买、支付手段被退回意味着贸易未成功),严禁对没有贸易背景或不能确认具有贸易背景的回头背书票据办理贴现。

(十) 法院在审理商业银行贴现业务案件时,一般会关注哪些方面

贴现银行只要完成了如下三项工作,一般即被认为是合法取得票据:

（1）商业银行是否审查了票据的形式要件，即票据上的绝对记载事项是否齐全、票据的背书是否连续。

（2）是否向承兑人做过真实的查询并得到肯定、明确的答复。

（3）是否给付了对价（是否对贴现申请人提交的商品交易合同和增值税发票进行了形式审查，以确定贴现申请人与其前手之间有无真实的贸易关系——只要认定材料完备，就算履行了必要的审查。至于贴现申请人与其前手之间事实上是否存在真实的、合法的交易关系，则不属于法律规定的审查范围）。

（十一）收款人以诈骗方式骗取出票人开出票据并承兑的票据后却未提供相应的货物。收款人收到票据后即办理了贴现，那么出票人能否以贴现银行办理贴现时未尽审查义务为由而让贴现银行付款呢

从一般司法程序来看，民商事纠纷与经济犯罪交叉情况经常出现，先审理民商事纠纷不利于刑事案件的侦破，或者民商事纠纷的利益分配或损失分摊，必须以刑事案件的审理终结为前提。因此，一般法院都先终止民商事纠纷案件的审理，等到刑事案件审理终结，再做民商事纠纷的审理。这就是"先刑后民"原则。因此，出票人以贴现银行办理贴现时未尽审查义务为由而让贴现银行付款的请求，法院是不会支持的。

第二节 买方与协议付息票据贴现

一、买方付息票据贴现

（一）业务含义

买方付息票据贴现业务是指根据协议约定，买方（付款人）或卖方（收款人）签发的商业汇票，在由买方或买方开户银行承兑后，买方承诺由其支付贴现利息，卖方持未到期的汇票向其开户银行办理贴现业务时，银行审核无误后，向买方扣收贴现利息，并将全额票款支付给卖方的一种授信业务。买方应当根据银行提供的贴现利息金额在贴现日当日将贴现利息汇入贴现银行。买方付息票据贴现业务项下的商业汇票包括银行承兑汇票和商业承兑汇票，银行承兑汇票的承兑人可以是一家银行的系统内分支机构，也可以是具备承兑资格的其他银行。买方付息票据贴现业务项下的票据同样可以办理转贴现及再贴现。

买方付息票据贴现业务是商业汇票贴现业务中的特殊类型。与传统贴现业务相比，除贴现利息承担人不同外，在票据的出票、承兑、贴现业务办理中，对票据关系人信用风险及贸易背景真实性的管理要求均一致。此外，其风险特质主要表现在操作风险方面：一是操作环节多，往往涉及系统内跨机构的开户行，甚至跨系统的开户行；二是操作模式多，并且该业务是一般风险授信业务、低风险业务、票据业务、同业授信业务多条业务线的延伸和交叉，管理要求较高。

（二）适用条件及业务优势

当市场弱势企业向市场强势企业购买货物并开出商业汇票时，强势企业可能不愿接受弱势企业的票据。因为收妥后，除了背书转让，在贴现时还要贴付资金。如果弱势企业愿意承担贴付因票据贴现而承付的利息时，强势企业可能会接受。在这时，买方付息票据贴现业务才能被弱势企业和强势企业共同接受。

（三）业务办理流程及要求

买方付息票据贴现业务流程如图 2-2 所示。

1. 贴现利息的支付方式

为确保买方能及时、足额支付贴现息，应通过买方提供承诺函的方式或签订三方协议的方式对贴现利息支付进行明确。

（1）买方提供承诺函的方式。由买方将买方付息票据付息承诺函及拟由其付息的商业汇票复印件交买方开户行。买方开户行仅对在承诺函中声明的商业汇票办理买方付息。

专栏 2-6

买方付息票据贴现业务优势一览表

	益处		优势
对强势企业的益处	可以减少应收款，资金当即便可回笼； 有利于扩大产品销售	相对于一般贴现业务优势	由买方支付贴现利息，规范了债权债务关系，保证交易的公平性。 由银行完成贴现息的划转，保证了操作的规范（传统贴现方式下，买卖双方直接划转贴现利息）
对弱势企业的益处	(1) 降低采购业务的融资成本。采取买方付息方式，买方的资金成本就是贴现利息，相对贷款利息要低得多，可以大幅降低财务费用。 (2) 付款效果同现金付款一样，而且可以提高市场地位，获取有利的商业折扣。 (3) 规范债权债务关系，稳固供货渠道。 (4) 比赊销能得到更大的商业优惠。 (5) 对于一个买方对应多个卖方的货款结算模式，买方可以根据票据量与银行商谈优惠贴现价格，获得规模效益	相对于贷款融资优势	操作手续简便。降低客户采购的融资成本。采取买方付息方式，买方的资金成本就是贴现利息，与贷款利息相比较低，可以大幅降低财务费用。 付款的效果同现金付款一样，买方可以获得商业折扣

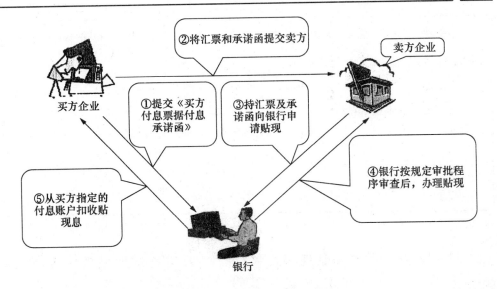

图2-2　买方付息票据贴现业务流程

专栏2-7

买方付息票据付息承诺函（样本）

××银行＿＿＿＿＿＿支行（营业部）：

　　1. 我公司将遵守贵行关于买方付息票据贴现业务方面的管理规定，及时、足额支付我公司签发票据的贴现息。

　　2. 我公司付息票据的范围包括：

　　（1）我公司委托贵行承兑的银行承兑汇票，承兑行名称：＿＿＿＿＿＿，汇票号码：＿＿＿＿＿＿。

　　（2）我公司委托其他银行承兑的银行承兑汇票，承兑行名称：＿＿＿＿＿＿，汇票号码：＿＿＿＿＿＿。

　　（3）我公司承兑的商业承兑汇票，汇票号码：＿＿＿＿＿＿。

　　（承兑汇票复印件附后）

贵行无须通知我公司，可以直接从我公司指定的账户对以上票据划款付息。指定账户名称：＿＿＿＿＿＿，账号：＿＿＿＿＿＿。如贵行对以上票据的应付贴现息垫款，我公司将承担还款义务。

3. 企业预留印鉴：

＿＿＿＿＿＿＿＿＿＿＿＿（企业名称）

＿＿＿＿年＿＿＿＿月＿＿＿＿日

（2）买方、卖方和贴现银行签订《买方付息票据贴现三方协议》的方式。

专栏 2-8

买方付息银行承兑汇票贴现三方合作协议书（样本）

贴现付息人、贴现申请人、贴现银行三方友好协商，签订本协议。

一、贴现付息人、贴现申请人分别作为商品交易活动中的买方和卖方，贴现申请人以其通过真实的商品交易从贴现付息人合法取得并持有的银行承兑汇票向贴现银行申请贴现，并由贴现付息人向贴现银行支付贴现利息，贴现银行按照协议约定将所贴现银行承兑汇票票面金额全额付给贴现申请人。

二、贴现付息人的权利与义务

1. 确保贴现汇票项下交易真实、合法，并承诺及时、足额支付贴现利息，对由于账户余额不足等贴现付息人原因导致利息未能及时、足额支付而给贴现申请人、贴现银行带来的损失承担完全赔偿责任。

2. 贴现付息人承诺至少于贴现申请人申请贴现前 1 日向贴现银行预存贴现利息资金，并保证所存资金可以满足贴现银行在贴现日收取贴现利息的需要。贴现付息人可选择以下两种方式进行：

（1）在贴现申请人申请贴现前，将贴现利息资金汇划至贴现银行账户（账户号为：　　　　　　　　　　）。

（2）在贴现银行开立存款账户（账户号为：　　　　　　　　），并于贴现申请人申请贴现前，将贴现利息资金汇划至已开立的账户上。

3. 贴现付息人承诺贴现银行可以从贴现付息人在贴现银行开立的账户上扣划贴现付息人应向贴现银行支付的贴现利息。

三、贴现申请人的权利与义务

1. 贴现申请人保证向贴现银行提供的银行承兑汇票均系合法真实的商业交易所得，汇票真实、合法、有效，并且符合贴现银行贴现汇票的条件。贴现申请人同时保证银行承兑汇票所附的合同、增值税发票等真实、合法、有效。

2. 按贴现银行要求提供贴现业务所需资料，保证资料的真实、合法。

3. 在贴现银行开立存款账户。

4. 监督、督促贴现付息人按时、足额向贴现银行支付贴现利息。

四、贴现银行的权利与义务

1. 贴现银行承诺在申请人资料符合贴现银行要求、票面要素审核无误的情况下，在最长不超过　　　个工作日内，向贴现申请人答复审批意见，并在收取贴现付息人贴现利息的前提下，为贴现申请人发放贴现资金。

2. 对于贴现付息人预存在贴现银行的贴现利息资金，贴现银行承诺，如未批准贴现申请人贴现申请，贴现银行将根据贴现付息人要求全额退还至贴现付息人指定账户（开户行为：　　　　　　，账号为：   ）。

3. 对于贴现付息人预存的贴现利息资金，贴现银行直接在贴现日按确定贴现利率计算利息进行扣收。

4. 对于贴现付息人预存在贴现银行的贴现利息资金，如贴现银行正式扣收后，仍有盈余，贴现银行应根据贴现付息人要求将剩余资金汇划至贴现付息人账户（开户行为：   ，账号为：   ）。

5. 如贴现资金不能按期回收，根据《票据法》有关规定，贴现银行向贴现付息人和贴现申请人均可行使追索权。

6. 贴现放款后，贴现付息人和贴现申请人双方在该贸易过程中的任何纠纷与贴现银行无关。

五、本合作协议是建立在现行法律、法规及中国人民银行贴现与再贴现政策基础上的，若有关法律、法规及政策出现变动，致贴现银行不得不终止本协议，贴现银行有权单方面决定提前终止本协议，且不承担由此可能对贴现付息人或贴现申请人造成的损失。

六、本协议自贴现付息人、贴现申请人、贴现银行三方法定代表人（负责人）或授权代理人签字并加盖公章后生效，有效期自   年 月 日至   年 月 日。

七、本协议一式三份，三方各执一份。

贴现付息人（盖章）：   法定代表人（或授权代理人）：

贴现申请人（盖章）：   法定代表人（或授权代理人）：

贴现银行（盖章）：   法定代表人（或授权代理人）：

2. 对买方开户行的要求

买方开户行按付息承诺函所列明的汇票金额，计算买方应付的贴现利息（贴现率以中国人民银行规定的同档次贷款利率为准，期限按汇票的出票日起至到期日止计算），要求买方将应付贴现息足额存入买方付息保证金账户。

在买方将足额贴现息存入保证金账户后，买方开户行将付息承诺函原件及承兑汇票复印件交专人保管以备贴现银行查询。

买方开户行收到贴现银行的查询通知并核实承兑汇票后，应通过查复通知函方式回复贴现银行。在买方承诺付息范围之内的承兑汇票，贴现银行将票面全款划入卖方账户，并向买方开户行收取贴现息；不在范围之内的，按普通的商业汇票贴现业务处理。

在扣划贴现息时，如买方指定账户内资金不足，买方开户行代为支付贴现息，计其他垫款科目，按逾期贷款核算并管理。

3. 贴现利息的具体划付

对于买方应付的贴现息可以采取三种方式处理：一是将应付的贴现息足额存入买方付息保证金账户；二是在贴现日，将已经确定的贴现利息划付到银行指定账户；三是对应付的贴现息核定授信额度。在核定授信额度方式下，买方开户行按付息承诺函所列明的汇票合计金额，计算买方所应付的贴现息，报行内信贷审批。审批通过后，将付息承诺函原件与承兑汇票复印件交专人保管以备贴现银行查询；审批不能通过，将以上材料退买方。贴现银行在扣划贴现息时，如果买方指定账户内资金不足，买方开户行代为支付贴现息，按逾期贷款核算并管理。

4. 对贴现申请人的要求

卖方在办理贴现时，须将拟贴现承兑汇票和买方提供的付息承诺函复印件一并提交给贴现银行。贴现银行采取查询通知函方式向买方开户行查询票据是否在买方承诺的付息票据范围之内。

专栏 2-9

××银行买方付息票据查询通知函

××银行_____支行：

1. 银行拟为客户办理由买方付息票据贴现业务，特向贵行查询以下汇票是否在买方付息的范围之内。

(1) 银行承兑汇票：承兑银行全称：_____，

号码：_____

承兑银行全称：_____，

号码：_____

(2) 商业承兑汇票：承兑付款人全称：_____，

号码：_____

承兑付款人全称：_____，

号码：_____

（承兑汇票复印件附后）

2. 请贵行核实后，尽快回复银行。

银行联系人：　　　　　　电话：

××银行　　分（支）行　　支行

年　　　　月　　　　日

5. 对买方的要求

为确保买方能够及时、足额支付贴现息，由买方将《买方付息票据付息承诺函》及拟由其付息的商业汇票复印件交给买方开户行。买方开户行在核实承兑汇票后，通过查复通知函方式回复贴现银行。在买方承诺付息范围之内的承兑汇票，贴现银行将票面全款划入卖方账户，并向买方开户行收取贴现息；不在范围之内的，按普通的商业汇票贴现业务处理。

专栏 2-10

××银行买方付息票据查复通知函

××银行_____支行：

　　贵行的《买方付息票据查询通知函（　　　　　　）号》收悉，现回复如下：

　　1. 以下的承兑汇票确系在买方承诺的付息范围之内。

　　（1）银行承兑汇票：承兑银行全称：_____，

　　　　　　　　　　　　号码：_____

　　　　　　　　　　　　承兑银行全称：_____，

　　　　　　　　　　　　号码：_____

　　（2）商业承兑汇票：承兑付款人全称：_____，

　　　　　　　　　　　　号码：_____

　　　　　　　　　　　　承兑付款人全称：_____，

　　　　　　　　　　　　号码：_____

　　2. 以下的承兑汇票不在买方承诺的付息范围之内。

　　（1）银行承兑汇票：承兑银行全称：_____，

　　　　　　　　　　　　号码：_____

　　　　　　　　　　　　承兑银行全称：_____，

　　　　　　　　　　　　号码：_____

　　（2）商业承兑汇票：承兑付款人全称：_____，

　　　　　　　　　　　　号码：_____

　　　　　　　　　　　　承兑付款人全称：_____，

　　　　　　　　　　　　号码：_____

特此通知

　　　　　　　　　　　银行联系人：　　　　　　电话：

　　　　　　　　　　　××银行　　分（支）行　　支行

　　　　　　　　　　　　　　　　　年　　月　　日

专栏 2-11

买方付息票据贴现

案例一

A公司定期从B公司购入电器经销，以银行承兑汇票为结算工具，A公司在甲银行获得4000万元授信额度。

2005年10月，客户签发共计4000万元的银行承兑汇票，全部为6个月，贴现利率3.4%。收到票据后，A公司将所有票据申请买方付息贴现，将68万元贴现利息全部支付给甲银行，甲银行将全额票款划付B公司。

通过买方付息票据，A公司获得了与现金付款一样的商业折扣。

案例二

某集团客户A在甲银行获得统一授信额度，其财务中心设立在上海，财务中心将额度切分给其北京、大连、上海三家分公司使用。三家分公司签发共计4000万元的银行承兑汇票，全部为6个月，贴现利率3.4%，收款人为B。

收到票据后，持票人B将所有票据申请买方付息贴现。客户A财务中心将总共68万元贴现利息全部支付给甲银行，汇票到期日，财务中心将所有票据款划入甲银行三家分行，解付票据。

二、协议付息票据贴现

（一）业务含义

协议付息票据贴现是指卖方企业（收款人）在销售商品后，持买方企业（付款人）交付的未到期商业汇票到银行办理贴现，并根据买卖双方协商，分担支付票据贴现利息的票据贴现业务，而不是像普通贴现那样由卖方支付贴现利息，也不像买方付息票据贴现那样由买方支付。协议付息票据贴现业务项下承兑汇票可以背书转让，可以办理转贴现与再贴现。适用于买卖双方合作关系比较紧密且融洽的企事业单位客户。

该产品对客户的益处在于，在特定商业结算模式下，满足了企业的个性化需求，根据商务结算条件，买卖双方自行商定各自所承担的票据贴现利息，灵活方便。

（二）办理要求

卖方企业授权银行将其承担的贴现利息从其票据贴现款中直接扣收，然后将实付贴现资金贷记卖方企业结算账户。对于买方应付的贴现利息，可以买方存入保证金或在贴现日将其承担的贴现利息汇入银行或为特定买方客户核定授信额度的方式办理。

银行在审查买卖双方资信状况及是否存在真实贸易背景，并对商业汇票的真实有效性进行审核后，决定能否受理该业务。

除利息支付外，协议付息票据贴现业务在业务处理流程、操作要求方面与一般贴现并无区别，但买卖双方企业需与贴现银行签订专门的《协议付息票据贴现业务协议》。该协议需由贴现申请人（卖方）、商业汇票出票人（或背书人、买方）与贴现银行共同签署。该协议的关键是明确利息分担标准。一般是在该协议中专列一款："买卖双方同意并确认按以下比例分别承担贴现利息：买方承担贴现利息的＿＿＿％，卖方承担贴现利息的＿＿＿＿＿＿％，即买方承担＿＿＿＿＿元，卖方承担＿＿＿＿＿元。"

第三节　无追索权贴现

一般而言，持票人在付款请求权无法实现时对在票据上背书签章的任一前手都具有追索权。但对于已将票据贴现给银行的企业来讲，如果仍然作为或有负债存在，从审慎的会计制度角度考虑，"或有负债"应该属于披露的内容。对贴现银行来讲，如果确信票据本身无瑕疵、贸易背景真实、承兑银行在本行有授信，则基本能够断定承兑银行到期能够付款。为此，产生了一种既便于银行控制风险、又有利于贴现申请人改善财务报表的贴现业务，即无追索权贴现业务。

一、业务含义

无追索权贴现是指银行从贴现申请人处无追索权地买入已承兑的商业汇票的行为。根据买入的票据种类不同，分为商业承兑汇票无追索权贴现和银行承兑汇票无追索权贴现两种。

（1）商票无追索权贴现是指银行根据申请人（持票人）的申请，无追索权地买入其持有的、由符合银行规定条件的企业承兑的远期商业汇票的行为。该业务以商业银行的背书形式，提高了企业的信用等级，使得该商业承兑汇票能流入银行间票据市场。

（2）银票无追索权贴现是指银行根据申请人（持票人）的申请，无追索权地买入其持有的、由符合银行同业授信管理规定的银行承兑的远期商业汇票的行为。

在该业务中，银行只有在基础交易真实且查询票据真实的情况下，才对票据进行买断。

该业务适用的客户包括：有改善财务状况需求的大型集团客户，尤其是各级国资委监管的大型国有企业；财务制度较为严格，希望降低票据应收风险的企业，主要是大型外商投资企业。

二、业务优势

无追索权票据贴现可给客户带来如下益处：

（1）银行对申请人没有追索权，降低了企业的风险。买方的最终付款风险转由银行承担，在基础交易真实合法的基础上，银行对已支付的贴现款项无追索权。

（2）卖方远期应收票据变为即期的现金收入，财务状况得到实质改善，并可以一定程度改善申请人的财务报表。

（3）卖方资金周转率提高，销售增加，成本降低，利润扩大。

（4）银行对应收票据买断，商业承兑汇票结算方式下，买方商业信用转变为银行信用，买方风险转由银行承担，银行提供100%的风险保障。

对银行来讲，也可带来如下业务收益：

（1）一定的贴现利息收入。

（2）稳定可观的中间业务收入（风险承担费）。

（3）存款沉淀。

三、业务流程

无追索权票据贴现业务流程如图2-3所示。

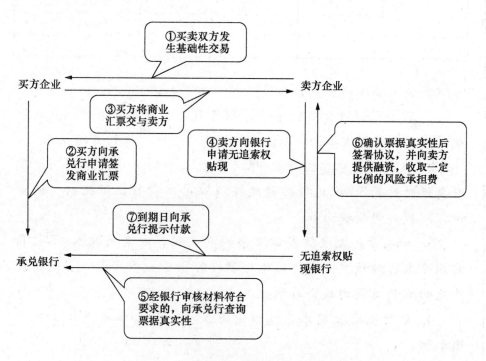

图2-3　无追索权票据贴现业务流程

在上述业务流程中，第④步是比较关键的。在第④步中，卖方需向银行提交《业务申请书》。在该《业务申请书》中，银行明确业务申请人一旦违约，银行仍可行使追索权，这是对银行权益的保护。

专栏 2-12

无追索权票据贴现业务申请书

致：××银行　　分（支）行：

根据贵行关于无追索权票据贴现业务的有关规定，我公司兹提交下述商业承兑/银行承兑汇票向贵行申请无追索权贴现，相关汇票业务交易细节如下：

汇票编号	金额（人民币）	出票日期	汇票期限及到期日	付款人（承兑行）

我公司兹承诺并保证如下：

1. 我公司通过合法的渠道、在具有真实贸易背景下以支付合理对价方式取得该票据，保证该汇票不存在任何权利上的瑕疵。

2. 我公司同意在该商业/银行承兑汇票的真实性未得到证实及贵行对付款人/承兑行的额度核准以前，贵行仅以托收行的身份代理我公司处理业务。

3. 如果贵行无法核实该汇票的真实性，或者付款人/承兑行的额度未得到核准，我公司将对贵行作出进一步指示，否则由此产生的不利后果由我公司承担。

4. 贵行在处理该业务过程中产生的一切合理费用均由我公司承担。

　　我公司若违反以上承诺，则贵行对我公司有追索权，并有权直接扣划我公司在贵行及贵行系统内开立的任何账户中的款项以归还贵行提供的融资。

　　（　　　）根据我公司与付款人约定，我公司特申请本业务项下的利息、风险承担费及其他费用由付款人承担（商票无追索权贴现项下）。

单位名称（申请人预留印鉴）：

有权签字人签字：

年　　　　月　　　　日

四、办理要求

　　银票无追索权贴现项下的承兑行，如为系统外银行，则必须在本银行规定的可以做银行承兑汇票无追索权贴现业务的承兑行名单之列，并且无追索权贴现总量应严格控制在同业授信额度范围内；如为系统内承兑行，一般应为支行级以上（含支行）的其他分支机构。

　　商票无追索权贴现业务应纳入银行对承兑人统一授信范畴进行管理，并为承兑人核定额度。在办理该业务时，可直接占用承兑人的授信额度，而无须占用申请人的授信额度。银票无追索权贴现业务应纳入银行对同业的统一授信范畴进行管理，并占用承兑行的授信额度。

　　为尽可能减少贴现银行的业务风险，贴现银行一般要求贴现申请人在其申请书中进行如下承诺：该票据通过合法的渠道取得，与直接前手间具有真实的贸易背景并付出了合理的对价；该汇票不存在任何权利上的瑕疵；在该商业/银行承兑汇票的真实性未得到证实及贵行对付款人/承兑行的额度核准以前，银行可仅以托收行的身份代理贴现申请人处理业务。

虽然贴现银行是无追索权地买入贴现申请人持有的商业汇票，但无追索权是有前提的，如存在欺诈、贸易背景不真实等情况，贴现银行仍然可向贴现申请人进行追索。对于何种情况下贴现银行可进行追索，一般都会在业务协议中特别载明。如在协议中明确，如由于基础交易存在欺诈，或者付款人拒绝付款事由符合相关法律法规的规定，申请人必须向贴现银行返还相当于汇票面值的款项，并赔偿贴现银行由此而产生的一切损失，包括但不限于利息损失、邮电费、律师费及其他费用等。

银行办理商票无追索权贴现业务的利率可按照流动资金贷款利率标准执行，银行办理银票无追索权贴现业务的利率可适当高于市场贴现利率。无追索权贴现业务中贴现银行在扣除融资利息后将贴现资金入申请人账户。鉴于该业务一经成立，贴现银行即丧失对贴现申请人的追索权，比一般贴现业务承担的风险相对要大，为此在收取贴现利息之外，贴现银行可向申请人收取一定的风险承担费。

第四节　承兑后代理贴现

传统上银行的承兑业务与贴现业务是分开向客户提供的，如果转换一下思路，按照"一站式"服务模式来提供承兑与贴现服务，则很容易会采取承兑与贴现服务一体化提供的方式。

一、业务由来

银行承兑完票据后，一般情况下，是由票据的出票人持票到销货方进货。由此带来的结果是，销货方如需资金会到其他银行办理贴现。对承兑银行来讲，只获得了5%的手续费收入和适度的保证金存款，贴现利息及相关的存款收益被其他银行拿走，风险收益严重不匹配是承兑银行不愿意看到的事情，好在我国《票据法》中有票据代理操作的相关规定，银行从中看到商机和业务的可操作性。

从市场中的供需双方来看，如果双方关系稳定，已建立起相互信任的良好关系，则购货方也不希望每次都持票到销货方进货；对销货方而言，当然比较乐意不用再到其他银行贴现直接获得资金。如果是集团公司，其及下属很多公司面对着无数的供应商，它更希望加强内部资金管理以节约资金成本，因而也有代理下属公司统一对外支付的需要。

二、业务含义

承兑后代理贴现业务是指商业汇票的贴现申请人通过与其代理人、贴现银行签订三方协议，委托其代理人在贴现银行代为办理票据贴现手续，贴现银行审核无误后，直接将贴现款项划付给贴现申请人的贴现业务。该业务涉及委托人、代理人和贴现银行三方，其中，委托人是指商业汇票的持票人，为实质上的贴现申请人，享有相应的权利和承担相应的义务；代理人为在中国境内注册，依法从事经营活动的法人，其接受委托人的委托，在委托人授权范围内在指定的贴现银行代理委托人办理贴现业务。在实际操作中，常常是收款人委托付款人办理贴现（商业承兑汇票）、收款人委托出票人办理贴现（银行承兑汇票）。

承兑后代理贴现业务对客户的益处表现在：

（1）在纸质票据情况下，能有效降低票据异地传送费用，防止了可能的丢失。

（2）收款人（贴现申请人）收到的不再是票据，而是现金。对买方来讲，就能获得标准的同现金付款一样的商业折扣。

（3）在买方办理代理贴现方式下，买方可以有效地控制支付贴现利息，操作手续简便。

承兑后代理贴现业务对银行的收益表现在：

（1）有效的封闭票据，促进票据的体内循环，使得票据承兑和贴现的收益（包括承兑手续费和贴现利息等）都能留存在本银行内部。

（2）在银行承兑汇票方式下，节省了票据的查询、辨识工作，并可以保证票据真实，便利了业务操作。

（3）在商业承兑汇票方式下，从源头上确定出票人，获得风险可控的商业承兑汇票。

三、业务流程

承兑后代理贴现业务流程如图2-4所示。

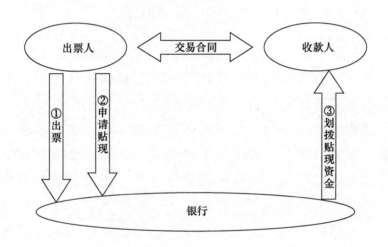

图2-4　承兑后代理贴现业务流程

（1）委托人、代理人与银行签订《三方合作协议》，明确委托人和代理人的委托—代理关系，指定银行为票据承兑后代理贴现业务的贴现银行，确定三方当事人的权利和义务。《三方合作协议》中应包含委托人授权代理人在一定期限内办理一定金额票据委托—代理贴现业务的内容。在约定期限及金额范围内，代理人可直接凭票及有关资料申请办理代理贴现业务。

若《三方合作协议》无相关内容约定，委托人需对每一批（笔）票据进行单独授权，并向代理人出具《授权书》。贴现银行根据《三方合作协议》及《授权书》办理贴现业务。

　　对于提供《授权书》的，贴现银行应将委托人发来的传真件与代理人提供的原件进行核对。核对无误后，贴现银行确认委托代理关系成立。

　　除签署《三方合作协议》外，在办理每一笔贴现业务时仍需签署专门的《贴现协议》。

专栏 2 - 13

承兑后代理贴现业务三方合作协议（样本）

　　委托人采用商业汇票方式结算货款并为商业汇票的贴现申请人，代理人为委托人指定办理票据贴现手续的代理人，贴现银行为委托人指定办理票据贴现的银行。委托人、代理人、贴现银行三方本着互惠互利、平等自愿、诚实信用的原则，在充分协商基础上达成本协议。

　　一、在本协议项下的商业汇票指第＿＿＿项：（1）商业承兑汇票；（2）银行承兑汇票；（3）商业承兑汇票和银行承兑汇票。

　　二、委托人委托代理人在委托期限内行使以下代理事项和代理权限：

　　1. 代理委托人向贴现银行申请商业汇票贴现。

　　2. 代理委托人与贴现银行确定贴现时间、贴现利率等。

　　3. 以代理人名义在贴现申请书、贴现合同、贴现凭证上签章并按规定注明代理关系，在汇票上进行贴现转让背书签章，并按规定注明代理关系。

　　4. 代理委托人持有票据并在申请贴现时向贴现银行交付票据。

　　代理关系的确立以代理人在合同对应的汇票上注明代理委托人的委托代理关系为最终成立条件。

　　三、贴现金额采取以下第＿＿＿项方式确定：

1. 委托人授权代理人在_____万元额度内可直接凭票及跟单资料向贴现银行办理贴现。

2. 委托人通过填写《委托代理贴现授权书》进行单笔（批）授权，金额以授权书所载金额为准。

四、代理人承担如下义务：代理委托人填写《贴现申请书》、《商业汇票贴现合同》、贴现凭证，对上述凭证资料签章并按规定注明代理关系；在商业汇票上作为代理方进行贴现转让背书时，在票据和贴现凭证上注明代理关系；提供给贴现银行的资料真实合法。

如代理人本身为票据当事人，除承担上述义务外，还需承担如下义务：代理人为票据出票人或承兑人时，履行票据到期付款责任；代理人为除票据出票人或承兑人以外的其他当事人，即在票据上作为代理人之外，亦为当事人时，其在票据上背书，依法承担票据连带责任。

五、委托人承担如下义务：为代理人行使代理权提供所需的所有法律文件；为代理人向贴现银行代理申请贴现时提供贴现需要的交易合同、发票等相关资料；授权贴现银行将贴现资金划入其指定的收款账号；确保贴现资金用途的合法性；具有贴现资格，并保证所提供的贴现资料的真实合法性；承担代理权限范围内行为的法律后果。

六、贴现银行承担如下义务：对符合贴现条件的商业汇票办理贴现；根据甲、乙双方的约定及授权扣划贴现利息；根据委托人授权将贴现资金划入指定账户。

七、贴现资金划转

委托人授权贴现银行将贴现资金划入以下指定收款账号：_____，户名：_____，开户行：_____。收款账号需要变更的，委托人应提前告知代理人和贴现银行。

八、贴现利率确定方式和利息支付方式

（一）甲、乙双方约定本协议项下所有票据承兑后代理贴现业务应按以下第____项规定的利率确定方式对贴现利率予以确认：

1. 委托人全权委托代理人与贴现银行协商确认。

2. 其他_____。

（二）甲、乙双方约定本协议项下所有票据承兑后代理贴现业务应按以下第____项规定的利息支付方式支付贴现利息：（1）卖方付息；（2）买方付息；（3）协议付息。在采取协议付息方式下，委托人承担____％，共计____元；代理人承担____％，共计____元。

九、代理费用

甲、乙双方约定本协议项下代理费用按以下第____项规定收取：

（一）代理人不向委托人收取代理手续费。

（二）代理人向委托人收取代理手续费，费率为每笔贴现票面金额的____。

十、其他

1. 本协议有效期____年，自签署之日起生效。到期时甲、乙双方未提出书面异议并书面告知贴现银行，则代理期限按同样期限顺延。

2. 本协议一式三份，甲、方、丙三方各执一份，每份均具有同等法律效力。

代理人单位盖章：　　委托人单位盖章：　　贴现银行单位盖章：
法定代表人或　　　　法定代表人或　　　　负责人或委托
委托代理人签字：　　委托代理人签字：　　代理人签字：
　年　月　日　　　　　年　月　日　　　　　年　月　日

（2）代理人接受委托人的委托，收集并提交相关资料，向银行申请贴现。银行则对委托人和代理人进行贷前调查，核实双方委托—代理关系的合法性、真实性，审查委托人的相关条件，落实申请材料和商业汇票交易基础的真实性。

代理人、委托人在银行办理代理贴现业务需提交的基本资料包括：

①营业执照副本、企业法人组织机构代码证及公司章程等。

②法人代表证明书和法人代表身份证；如委托他人办理，提供法人代表授权委托书和法人代表授权代理人身份证；贴现银行留存法定代表人授权书及相应身份证件的复印件。

专栏 2-14

授权书（样本）

××银行：

　　兹委托　　　　　　　　　　　全权向贵行办理承兑后代理贴现业务，金额　　　　　　　　　万元，票号详见附件清单。

　　　　　　　　　　　　　　　委托单位盖章

　　　　　　　　　　　　　　　负责人签字：

　　　　　　　　　　　　　　　　年　　月　　日

---

③贷款卡和中国人民银行信贷登记系统记录清单。

④三方合作协议。

⑤拟贴现的已背书的商业汇票。

⑥贴现申请书和贴现合同。

⑦贴现凭证。

⑧商品交易合同。

⑨商品交易发票。

⑩银行在办理贴现业务时认为需要的其他有关材料。

其中，委托人需提供第①～④项资料。代理人需提供第①、②和第⑤～⑩项资料，同一委托人再次办理代理贴现时，仅须代理人提供上述资料。

（3）按照银行授信审批流程批准后，银行放款审核机构审核，无误后办理出账。

四、办理要求

（1）对承兑后代理贴现业务来讲，更应把防范风险放在首要位置，在办理承兑后代理贴现业务前要认真了解企业的真实意图，关注票据的贸易背景真实性审查，确保买入的票据有真实贸易背景和债权债务关系，严格防止企业利用无对价票据套取银行信贷资金。一般情况下，承兑后代理贴现业务代理人限定在：委托人的直接前手或直接前手的集团公司（目前，很多集团公司都采取资金、票据集中管理模式，因此，通过集团总公司集中系统内所有票据统一向银行申请贴现）。除此之外的代理人申请的此类业务银行不予办理。办理承兑后代理贴现业务的票据限定在：银行承兑的银行承兑汇票及符合银行商业承兑汇票贴现要求的商业承兑汇票，同时要求出票人与贴现申请人为异地。出票人与贴现申请人或委托人与代理人为异地。

（2）贴现银行需对委托人及代理人的合法资格、委托人与代理人之间的真实委托—代理关系严格审查，并通过专门的协议确立委托—代理关系，明确各方的权利和义务。委托人要保证贴现资料的真实合法性、贴现资金用途的合法性，授权银行将贴现资金划入指定的收款账号，并承担代理人在代理权限内行为的法律后果。

（3）代理人以委托人的名义办理贴现业务时，在《票据贴现申请书》中申请人名称、贴现凭证中申请人名称、《票据贴现合同》中客户名称，应填写委托人名称。在贴现凭证、拟贴现的商业汇票背面的背书栏、贴现申请书和贴现合同中需委托人签章的地方，加盖代理人自身的签章，并在商业汇票背书栏内签注"由××代理××"表明代理关系。

（4）将代理贴现业务与买方付息票据贴现业务捆绑营销，两项业务的结合将为客户提供更大的便利，在出票人承担贴现利息并代理贴现模式下，出票人使用票据的付款效果同现款一样，而财务费用将大大降低，对于重视降低财务费用的大型优质客户非常适用。

承兑后代理贴现业务项下，利息支付方式由供需双方自主协商确定，具体包括买方付息、卖方付息和协议付息三种方式。

代理人代理委托人向银行申请贴现，可根据双方协商的结果向委托人收取一定的代理费用，也可不收取。如收取的话，一般按代理贴现票面金额的一定比例计收。

（5）贴现银行在办理贴现业务时，应严格将贴现款划入《三方合作协议》及《票据贴现合同》中指定的委托人账户。

专栏 2 - 15

案例：珠海××公司向大连保税区××国际贸易有限公司购入天然气，希望采取银行承兑汇票方式支付以降低成本，但是大连保税区××国际贸易有限公司一直认为贴现手续过于复杂，不愿意接受票据。

该银行珠海分行向珠海××公司推荐银行承兑后代理贴现业务，由珠海××公司签发银行承兑汇票，并通过与大连保税区××国际贸易有限公司签订《三方合作协议》，珠海××公司代理大连保税区××国际贸易有限公司办理票据贴现，买方付息，大连保税区××国际贸易有限公司收到票据全款。截至目前，珠海××公司在银行签发了近3000万元的银行承兑汇票，并在该银行广州分行办理了承兑后代理贴现业务。

通过承兑后代理贴现业务，珠海××公司有效地降低了财务费用，并获得了与现金结算一样的商业折扣，银行不但有承兑手续费收入，还实现了票据的体内循环，获得了较为丰厚的贴现。

五、一种特殊的承兑后代理贴现业务——集团贴现

集团贴现业务是指集团成员单位将票据全部背书转让给集团结算中心，集团结算中心统一向银行申请贴现，银行将贴现后余款划付结算中心。

办理集团贴的集团客户一般具有如下管理特点：集团成员单位基本都在一个省，集团资金实行全部集中管理。一般为规模较大的制造业集团客户，如大型的电器制造商、大型的电器设备制造商、公路开发经营集团、大型地方石化集团等。

1．对客户益处

（1）客户集中系统内的票据，获得批发贴现的优惠，降低贴现成本。

（2）便于集团公司对成员单位全口径资金的集约管理。

（3）系统内票据集中由财务结算中心统一管理、操作，节省了人力成本。

2．操作流程

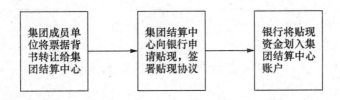

3．业务要点

集团企业内设的资金管理类机构作为贴现申请人申请贴现时，可要求其提供证明其前手与再前手之间具有真实贸易背景的商品交易合同和相关税务发票、加盖公章的书面情况说明，做完整背书后可以买入。

书面说明需包含：集团对申请人的授权（或集团公司的批准文件）、申请人业务操作模式、具体职责、资金管理特点、与集团成员单位之间的票据业务操作规定。

4．银行收益

（1）银行可以获得稳定的贴现利息收入。

（2）银行可以获得稳定的沉淀存款收益。

（3）通过集团结算中心可以深入挖掘整个集团庞大的票据资源。

专栏 2-16

案例：青岛××集团下属有电视公司、空调公司、冰箱公司等众多子公司，公司在集团内成立了结算中心。每年，集团这些成员公司都会收到大量的银行承兑汇票，以往都是成员公司各自在银行办理贴现，存在贴现利率较高及部分公司挪用贴现资金等问题，总公司迫切需要将这些下属企业的票据进行集中管理。

对此，银行推出集团贴现业务，集团下属公司将票据背书转让给××集团公司结算中心，集团结算中心持其前手与再前手之间具有真实贸易背景的商品交易合同和相关税务发票、加盖公章的书面情况说明，做完整背书后在银行办理集中贴现业务。

目前，青岛××集团结算中心在银行办理了超过 4000 万元的集团贴现业务，节省了相当的财务费用。

专栏 2-17

依托核心企业营销其配套客户

一、核心企业基本情况

某交通集团是经省人民政府批准设立的大型国有独资公司，旗下拥有多家全资、控股、参股公司。该集团实行资金集中管理，下属公司全部在集团结算中心开户，归集资金，下属公司账户仅保留日常开支的资金。为了降低财务费用，集团要求下属单位开立商业汇票对外支付。由于该交通集团在产业链中处于优势地位，各上游企业愿意接受交通集团开出的商票。银行为该交通集团公司核定 10 亿元商业承兑汇票贴现额度、5 亿元流动资金及 5 亿元银行承兑汇票承兑额度。

二、业务操作

1. 集团公司结算中心代理贴现模式

集团总公司将商业承兑汇票贴现额度全部授权给下属的分子公司使用。双方确定如下操作模式：下属公司签发商业承兑汇票，收款人（工程公司）将票据转给交通集团公司结算中心，交通集团公司结算中心在银行统一申请贴现。银行获得可观的存款沉淀。

2. 下属公司代理贴现模式

该交通集团下属企业某高速公路公司有融资需求，高速公路公司的上游客户包括材料供应商、施工企业等。施工企业中标后，一般设立负责各高速公路路段的项目经理部，具体承揽工程。业务操作基本流程为：高速公路有限公司在银行签发承兑银行承兑汇票，收款人为该路段项目经理部；该路段项目经理部用预留印鉴背书后，持票到银行办理贴现，贴现申请和贴现协议使用该路段项目经理部的公章，贴现凭证使用预留印鉴章，与背书印鉴保持一致；银行相关业务部门在审查无误后，按权限和规定流程进行操作，使用施工企业的贷款卡录入贴现信息；银行将贴现款划入该路段项目经理部账户内，并监控贴现资金的合理使用。

相关业务要求包括：

（1）由高速公路有限公司提供各路段项目经理部名称。

（2）由施工企业提供该路段项目经理部（贴现申请人）内部法律关系合法成立的文件。

（3）提供各路段施工协议。

（4）由施工企业对项目经理部出具授权书，内容包括：同意项目经理部使用施工企业的所有法律文本资料在银行开立账户，户名为该路段项目经理部；同意使用项目经理部的公章、财务专用章和项目经理名章作为该账户预留印鉴章；同意项目经理部使用该账户及预留印鉴章在银行办理高速公路公司签发并由银行承兑的银行承兑汇票的贴现业务；同意使用施工企业的贷款卡录入贴现信息。

3. 贷款额度授权使用模式

该交通集团下属交通建设供应公司承担着省内大部分公路建设沥青的物资供应，是省内最大的沥青经营国有企业，具有流动资金需求。供应公司作为借款人，由交通集团出具授权委托书。

三、启示

（1）商业承兑汇票收款人（工程公司）借助代理贴现得到贴现优惠，获得了同银行提供给交通集团这样的优势企业一样优惠的贴现利率。

（2）交通集团对系统内的票据进行了强化管理，避免了负债的失控，实现了资金的全部集约管理。

（3）对银行而言，借助交通集团成功开拓了交通集团的关联企业，包括分子公司及分子公司的上下游配套企业，如各施工单位、各供应商、各公路公司等，实现了业务的体内循环，提高了银行收益。

专栏 2 - 18

关于票据代理的法律规定

1. 《票据法》

第五条 票据当事人可以委托其代理人在票据上签章，并应当在票据上表明其代理关系。没有代理权而以代理人名义在票据上签章的，应当由签章人承担票据责任；代理人超越代理权限的，应当就其超越权限的部分承担票据责任。

2. 《最高人民法院关于审理票据纠纷案件若干问题的规定》

第六十八条 对票据未记载事项或者未完全记载事项作补充记载，补充事项超出授权范围的，出票人对补充后的票据应当承担票据责任。给他人造成损失的，出票人还应当承担相应的民事责任。

3. 《民法通则》

第六十三条　公民、法人可以通过代理人实施民事法律行为。

代理人在代理权限内，以被代理人的名义实施民事法律行为。被代理人对代理人的代理行为，承担民事责任。

依照法律规定或者按照双方当事人约定，应当由本人实施的民事法律行为，不得代理。

第六十四条　代理包括委托代理、法定代理和指定代理。

委托代理人按照被代理人的委托行使代理权，法定代理人依照法律的规定行使代理权，指定代理人按照人民法院或者指定单位的指定行使代理权。

第六十五条　民事法律行为的委托代理，可以用书面形式，也可以用口头形式。法律规定用书面形式的，应当用书面形式。

书面委托代理的授权委托书应当载明代理人的姓名或者名称、代理事项、权限和期间，并由委托人签名或者盖章。

委托书授权不明的，被代理人应当向第三人承担民事责任，代理人负连带责任。

第六十六条　没有代理权、超越代理权或者代理权终止后的行为，只有经过被代理人的追认，被代理人才承担民事责任。未经追认的行为，由行为人承担民事责任。本人知道他人以本人名义实施民事行为而不作否认表示的，视为同意。

代理人不履行职责而给被代理人造成损害的，应当承担民事责任。

代理人和第三人串通，损害被代理人利益的，由代理人和第三人负连带责任。

第三人知道行为人没有代理权、超越代理权或者代理权已终止还与行为人实施民事行为给他人造成损害的，由第三人和行为人负连带责任。

第六十七条　代理人知道被委托代理的事项违法仍然进行代理

活动的，或者被代理人知道代理人的代理行为违法不表示反对的，由被代理人和代理人负连带责任。

第六十八条　委托代理人为被代理人的利益需要转托他人代理的，应当事先取得被代理人的同意。事先没有取得被代理人同意的，应当在事后及时告诉被代理人，如果被代理人不同意，由代理人对自己所转托的人的行为负民事责任，但在紧急情况下，为了保护被代理人的利益而转托他人代理的除外。

第六十九条　有下列情形之一的，委托代理终止：

（一）代理期间届满或者代理事务完成。

（二）被代理人取消委托或者代理人辞去委托。

（三）代理人死亡。

（四）代理人丧失民事行为能力。

（五）作为被代理人或者代理人的法人终止。

第七十条　有下列情形之一的，法定代理或者指定代理终止：

（一）被代理人取得或者恢复民事行为能力。

（二）被代理人或者代理人死亡。

（三）代理人丧失民事行为能力。

（四）指定代理的人民法院或者指定单位取消指定。

（五）由其他原因引起的被代理人和代理人之间的监护关系消灭。

第五节　承兑与无追索权贴现组合

一、业务含义

承兑与无追索权贴现组合业务是指银行应客户的申请，以客户签发并由银行承兑的银行承兑汇票作为支付对价，无追索权地买入客户持有的应收银行承兑汇票。其中，应收银行承兑汇票是指客户合法持有、未到期的银行承兑汇票，是业务申请人用来向银行申请办理业务的基础；应付银行承兑汇票指客户签发并由银行承兑的银行承兑汇票，属于以应收银行承兑汇票为基础的对外支付工具。

承兑与无追索权贴现组合业务对客户的益处表现在：

（1）可以在一定程度上改善申请人的财务报表。

（2）实现票据业务外包，保证客户可以将精力集中于日常经营。

对银行的益处表现在：

（1）可以极大扩展银行买入的票源。

（2）承兑与无追索权贴现组合业务由于能给客户带来实实在在的收益，将成为银行营销高端客户的有力工具。

承兑与无追索权贴现组合业务如图 2 - 5 所示。

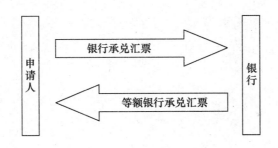

图 2 - 5　承兑与无追索权贴现组合业务

二、办理要求

由于银行对于应收银行承兑汇票属于买断性质，为尽可能减少银行的风险，银行应加强审查，确保买入的票据没有任何法律瑕疵。均要求应付银行承兑汇票到期日必须晚于应收银行承兑汇票。同时，也是因为银行已买断了应收银行承兑汇票，故在应付银行承兑汇票到期后，客户无须向银行再交存票款，通过托收应收银行承兑汇票获得的款项即可用于支付应付银行承兑汇票，即在保证应收银行承兑汇票款项能够托收回来的情况下，应付银行承兑汇票的付款责任由银行承担。虽然申请人已将应收银行承兑汇票卖断给银行，并承诺对申请人签发的银行承兑汇票给予承兑，但银行为避免法律风险，仍需规范操作，不得对无真实贸易背景的票据进行承兑。

基于应收银行承兑汇票而承兑的应付银行承兑汇票，可以是一张，也可以是多张，但其总金额应不高于应收银行承兑汇票总金额。承兑时，应向申请人收取承兑手续费。银行对于受让的应收银行承兑汇票，应妥善登记台账，与承兑的票据一一对应。根据业务申请人的申请，为银行对应付银行承兑汇票承诺有条件放弃对出票人的追索权。

在实际业务中，有些银行不但支付给客户等额的应付银行承兑汇票，同时还结合银行从票据中获得的收益，支付给客户一定的现金价差。现金价差的计算公式为：现金价差 = 保证金账户金额 × 存款利率 × 应收银行承兑汇票到期日至应付银行承兑汇票到期日之间的天数（应收银行承兑汇票为异地的，减 3 天）/360。其中，存款利率可以使用 1（或 7）天通知存款利率，也可使用协定存款利率或 3 个月定期存款利率。

但是，对支付所谓价差的做法始终存在异议。有人认为，银行既然无追索权地买入了票据，就拥有了该票据项下托收回来资金的支配权，此笔资金产生的收益应该归属银行，而不应作为理财收益归属客户。实际上，这涉及如何看待理财收益的问题。如果能支付客户一笔比普通贴现利息略高的收益，客户当然愿意来办理业务，因此这里的关键是要让这笔现金支出符合银行财务制度的管理要求。如果能使这笔现金支出以合规的方式支出，则无疑更能增加此业务对客户的吸引力。在此种情况下，现金支付的多少是能否吸引客户的关键。但支付的现金也并非越多越好，对银行来讲，这里还有个业务成本问题。基本原则是价差金额按银行根据应收银行承兑汇票产生的收益确定。应收银行承兑汇票到期后托收回来的资金实际上可以由银行支配使用，理论上银行能够产生实际的收益，而这收益的一部分可以返还给客户，返还给客户的这部分收益就是向客户支付的现金价差。收益的产生方式可以是投资，也可以是贷款，但在实际计算时，可按存款考虑，即托收回来的资金如果放在银行作为存款可以获取的存款利息就是该部分资金产生的收益。按照银行与客户市场地位的高低及谈判的最终结果，银行支付给客户的现金对价可高可低，但最高不能高过这部分资金存款带来的利息。在应付银行承兑汇票金额与应收银行承兑汇票金额相等的情况下，银行除支付（承兑）等额应付银行承兑汇票外，再支付相应的现金价差即可。在应付银行承兑汇票金额低于应收银行承兑汇票金额的情况下，除支付（承兑）应付银行承兑汇票、现金价差外，还应把应付银行承兑汇票金额与应收银行承兑汇票的差额款项返还给客户。

专栏 2-19

案例：目前，浙江××集团在国内外拥有 20 多家公司，净资产达 48 亿元，在彩电、空调、手机、冰箱、计算机及服务器等数码设备方面在国内处于领先地位。2004 年，公司销售收入 273 亿元，在中国电子信息百强企业中名列前茅。

该集团在银行办理了 2 亿元承兑与无追索权贴现组合业务，根据票据的期限，银行分别承诺给予 7 天、3 个月的定期票据价差。客户则给银行带来较高的业务回报，包括 5000 万元日均存款、近 6300 万美元的国际结算、25 亿元网上银行结算和 8 亿元票据贴现。此外，集团下属空调、股份等公司也都在银行开立账户，并办理银行业务。

第六节　商业汇票转贴现与再贴现

商业汇票转贴现是指银行与其他金融机构就已贴现、尚未到期的商业汇票进行转让给以融通资金的业务行为。就其实质来讲，转贴现是一种金融同业间的资金交易行为。其中，其他金融机构包含系统内分支机构、政策性银行、商业银行、大型集团财务公司等。

商业汇票转贴现的交易方式包括买断和回购两种。凡取得贴现业务资格的金融机构均可按规定办理转贴现业务。对转贴现票据的政策要求基本等同于对贴现票据的政策要求，如贸易背景真实性、承兑人在异地的转贴现利息计算要加 3 天划款期等。

一、转贴现的价格及其确定

转贴现业务的关键是交易价格是否合理。交易价格一般由双方自主协商确定。客户经理平常应多关注票据市场利率变动情况（如票据网反映的价格变动情况、工商银行票据价格指数变化情况等），要熟知国内当前主要票据交易市场的成交价格、沿海发达地区的票据成交价格、主要城市的票据交易价格、各大商业银行的票据买入价格、中央银行央票价格变化情况、银行间同业拆借市场价格以及其他货币市场价格。除每日上网查看价格情况外，还应与各地的业务伙伴勤联系，了解对方的情况及对市场的看法，尽量多掌握信息资源。客户经理最好把市场上各种价格用趋势图的形式反映出来，再与本机构的成交价格拟合起来，以观察业务的变动趋势。

客户经理尤其要了解不同地区、不同银行在票据成交价格上的差异，以从中寻求业务盈利机会。一般来讲，经济发达地区，资金供应、需求量均较大，信息沟通顺畅，金融机构间竞争激烈，因而带动票据市场总体利率水平的下降。相反，经济欠发达地区，因金融机构竞争不充分、信息沟通有困难、金融运行成本较高，因此票据利率也处在较高的水平上。对大型银行来讲，买卖票据主要是为了填补流动性过剩而以持票为主，故转贴现买入票据的定价相对较低；股份制银行以快进快出增加盈利为目标，其往往在寻求买卖之间的利差。

作为客户经理，应掌握"模拟盈利测算"和"价格变动弹性测算"等工具，以使银行在做出价格决策时更加理性。卖方希望以尽可能高的价格转让票据以增加盈利，为此需要确定自己持什么价位、期限和票据种类才能达到最佳满意值。要算出不同价位对自己盈利水平的影响程度，从而选择出让票据的最佳期限、价位和种类组合。买方希望以尽可能低的价格受让票据以增加盈利，因而要研究价格下跌的弹性。当然决定商业银行作出票据买卖决策的理由还包括投机及对未来的预期等，实际的价格确定是个很复杂的过程。

二、商业汇票转贴现买断式买入与卖断式卖出业务

商业汇票买断从交易方式上可分为买入和卖出两种。按交割地点可分为买入地交易和卖出地交易。从业务实践看，一般采取买入地交易方式，由卖出方持票在买入方所在地进行交易。卖出地交易由于需要买入方上门收票，风险较高，一般不被银行采取，即使采取也需制定严格的风险防范措施。

（一）转贴现买断式买入

转贴现买断式买入业务是指银行从其他金融机构买入其他金融机构已经贴现、尚未到期、要式完整的商业汇票并融出资金的业务行为。对于一笔商业汇票能否买入，除票据本身无瑕疵、贸易背景真实外，关键是看该票据的承兑人是否在本银行的授信名单范围内且是否剩余有授信额度。如果银行对该汇票承兑人没有核定授信额度或核定的授信额度不足，则无论交易对手在银行是否有额度，都不应买入该承兑人承兑的票据。因为商业汇票的承兑人为第一付款人，只有第一付款人到期不付款时，银行才能依《票据法》规定向其前手行使追索权。买入的票据如不再转让，则到期由买入行负责收款。

办理转贴现买断式买入业务，除审查申请机构有无资格、有无被授权、承兑人是否有授信额度、经办人是否被授权、持有的票据是否能提供已给付对价的合法证明（贴现凭证）等，关键是要做好同办理贴现业务一样做好商业汇票本身的审查，并特别注意以下几点：申请单位在其背书时，应加盖汇票专用章；查询查复书及贴现凭证齐全、真实；不应买入经收款人回头背书给出票人，并对出票人办理贴现的商业汇票，对贴现人位于商业汇票第三背书人（含）之后且其名称与出票人一致的已贴现票据，客户经理应了解或调查其回头背书原因，辨识其是否合理，在确保真实贸易背景的前提下方可转贴现买入；系统外支行级（包括其下属各机构之间）自己承兑、自己贴现的商业汇票不应买入；慎重对待承兑、贴现为同日的商业汇票，一般不应买入。

目前，办理转贴现买断式买入业务已无须提供贴现申请人与其直接前手之间的交易合同、增值税发票或普通发票，但需对票据的要式性和文义性是否符合相关法律、法规和规章制度的规定承担审核责任。

在做转贴现买断式买入业务时，还应注意以下几点：商业银行之间的票据交易属于银行间同业往来，可不缴纳印花税；票据虽然已经转卖，但买入方对转卖方仍有追索权；应特别在交易合同中注明：若出现票据存在瑕疵、假票、已被公示催告、托收不付等情况，转卖方应承担相应的法律责任；如票据存在瑕疵，应及时做好补救工作；慎重对待背书路径不合理的商业汇票，如很短时间内经多省机构背书；凡盖有"结算专用章"的票据只能作为持票托收而不能用于票据交易，已盖有"结算专用章"的票据不应买入；对政府、监管部门明确调控或限制行业的客户提交的票据一般不应买入，以免受政策性干预而带来损失。

（二）转贴现卖断式卖出

转贴现卖断式卖出业务是指银行将已贴现、尚未到期、要式完整的商业汇票转让给其他金融机构以获取资金的业务行为。

办理转贴现卖断式卖出业务一般遵循如下流程：

报有权人批准后，卖出银行首先要根据转买行要求和票据库存情况选定符合转卖条件的票据，并借入票据及配套资料，做好交接。

按照买入方提供的信息管理系统格式、要素、要求填制票据清单表，便于买入方系统导入。

填写委派交易人选的单位介绍信和授权委托书，并通知持票交易人员带好本人工作证和身份证。

填写对方提供的交易合同、申请审批书并在交易合同和指定的会计凭证上加盖本单位与收款账户相同的"财务专用章"或法人授权名章。

办妥完内部相关手续后，按照洽谈商定的时间，按照"行踪保密、双人同行、安全携票、票款两清"的原则，将归类整理的票据及相关资料送交票据购买行，并办理资金入账手续。对于购买行不同意受理的票据，应仔细审辨对方不愿接受的原因，在补齐背书手续后连同相关资料，按规定带回卖出银行退给票据保管人。对已经卖出的票据则凭实收资金凭证注销原"借票"程序。

在从事转贴现卖出业务时，还应注意以下几点：

探询国内票据市场成交价格及未来走势，选择最有利于自己利益最大化的买家和价格成交。

尽可能选择固定的合作伙伴，以利于在达到一定交易量后享受价格等方面的优惠。

对买入方提供的交易合同逐条研读，要做到十分明确和清楚，因为卖出方一般要到买入方从事交易并使用买入方提供的交易合同。

尽量满足双方洽谈达成的交易条件，避免在实际交易过程中因发生争执而终止交易被迫带回票据的风险。

业务结束后，应将相关法律文件、业务凭证进行归档，包括借（还）票证明、成交清单、交易合同、交易审批书等。

（三）双买断或双卖断业务

如果转贴现买断式买入时就与转卖银行约定好在一定时间到期后由转卖银行再转贴现买断式买入，习惯上称为双买断业务；如果转贴现卖断式卖出时就与转买银行约定好在一定时间到期后再由转卖银行进行转贴现买断式买入，习惯上称为双卖断业务。

在贴现余额仍作为信贷余额组成部分进行考核的情况下，利用双买断或双卖断业务可有效地达到调节信贷结构的作用。如遇到信贷紧缩政策时，银行需要调低信贷规模，虽然也可通过信贷资金转让业务将一般贷款转让出去来达到目标，但所需时间一般较长，这时就可通过双买断或双卖断将票据转让出去，很快达到降低信贷规模的目标。这种业务的另一好处是，转卖银行只损失了转卖期间的贴现利息，双买断或双卖断业务到期日至票据到期日这段时间的利息仍归转卖银行。如果单纯采取转贴现卖断式卖出或转贴现买断式买入方式，则随着票据的转让，相应的贴现利息也一并归入转买银行，这是转卖银行所不希望的。所以说，在贴现划入贷款的统计口径下，双买断或双卖断业务能起到既有效调节信贷规模、又使贴现收益最大化的作用。

三、商业汇票转贴现回购

商业汇票转贴现回购是指银行与其他金融机构就已贴现、尚未到期的商业汇票进行转让，并按约定的时间、价格和方式将商业汇票赎回的业务行为。回购的目的是为了解决金融机构出现的临时性资金周转困难，实质是以商业汇票做质押而从事的资金融通行为。

（一）买入返售和卖出回购

买入返售（或称逆回购）是指银行实施对商业汇票的限时购买，回购方按约定的时间、价格和方式将票据赎回的业务行为，具体又包括权利买断式买入返售和权利未转移买入返售两种交易方式，前者指交易过程中，票据权利发生转移的回购交易；后者指交易过程中，票据权利不发生转移，仅发生与票面金额相符的资金交易，票据权利在整个交易过程中仍属于卖出方。

卖出回购（或称正回购）是指银行将商业汇票转让，并约定时间、价格和方式将票据赎回的业务行为。

买入返售与卖出回购业务由于到期均需将商业汇票再转移给卖出者，因而必须对到期返售进行谨慎操作。在票据到期的前一工作日，通知资金融入方将资金划回至资金融出方。在确认回购资金按时到账并查明取票人身份后，从票据保管人员处取出票据交付给取票人并办理交接手续。

（二） 实物交割和非实物交割

实物交割是一种传统的业务模式，是将商业汇票实物由卖出回购方现实交付给买入返售方，回购到期再将票据实物赎回。非实物交割是指卖出回购方与买入返售方在办理回购业务时，按照双方事先签订的协议，不进行票据实物的转移，而是由双方认可的第三家银行共同就地封存保管，回购期满买入返售方凭卖出回购方的电传票据清单划付资金，再将票据解封。

四、商业汇票再贴现

（一） 再贴现的含义与作用

商业汇票再贴现是指金融机构为了取得资金，将已贴现或转贴现、尚未到期的商业汇票再以贴现方式向中国人民银行转让的票据行为。

从商业银行角度讲，当其资金不足时，可将已经贴现的商业汇票通过再贴现业务从中央银行获得最后融资，因而是商业银行流动性管理和头寸管理的一种重要工具。当再贴现利率低于市场资金利率时，商业银行还可从业务中获取利差收益。从近几年商业银行的业务实践看，由于对外融资渠道较多，再贴现利率实际较高，商业银行已很少使用这一工具从中央银行再融资。加之中央银行在 2002 年后开始发行中央银行票据，也已很少使用再贴现政策工具。

从中央银行角度看，再贴现是调节货币供应量的重要工具，是实现货币政策的重要手段，在整个宏观经济运行中发挥着独特的调节功能。中央银行通过变更再贴现利率，直接影响商业银行的放款规模进而控制整个信用。基本原理是，当中央银行需要减少货币投放、收缩银行流动性时，将提高再贴现利率，通过增加商业银行向中央银行融资的成本，商业银行便减少向中央银行借款，即减少其决定信用额度的准备金，从而压缩对客户发放的信用。当中央银行需要增加货币投放、增强银行流动性时，将降低再贴现利率，通过降低商业银行向中央银行融资的成本，商业银行便增加向中央银行借款，即增加其决定信用额度的准备金，从而对客户发放更多信用。中央银行通过调节再贴现利率，还能间接影响市场利率的升降，从而实现调节社会信用规模的目标。一般的做法是，在经济高涨时期通过提高再贴现率以压缩信用，在经济不景气时期通过降低再贴现利率以扩大信用，即通常说的反经济周期政策。

（二）再贴现的办理要求

再贴现的对象是在中国人民银行及其分支机构开立存款账户的商业银行、政策性银行及其分支机构，以及经批准的非银行金融机构。办理再贴现业务的金融机构，须健全有关业务统计和原始凭证档案管理制度，并按规定向其上级行和中国人民银行或其分支机构报送有关业务统计数据。

再贴现的票据是指已经贴现的银行承兑汇票和商业承兑汇票。再贴现的商业汇票应以真实、合法的商品交易或劳务交易为基础，付款人具有到期付款的资金能力，已在商业银行进行贴现但尚未到期。再贴现的期限，最长不超过四个月。

再贴现应当遵循平等、自愿、公平和诚实信用的原则，应当有利于实现货币政策目标，中国人民银行根据金融宏观调控和结构调整的需要，不定期公布再贴现优先支持的行业、企业和产品目录。

再贴现利率由中国人民银行不定期制定、发布与调整。再贴现的金额应为票面金额的全部，不能将一张票据的部分金额再贴现。

中国人民银行总行对各级中国人民银行的再贴现实行总量控制，并根据金融宏观调控的需要适时调增或调减其再贴现限额。各级中国人民银行办理再贴现的总量不能突破总行和上级行确定的限额。

中国人民银行总行设立再贴现窗口，受理、审查、审批各银行总行的再贴现申请，并经办有关的再贴现业务。中国人民银行各一级分行和计划单列城市分行设立授权再贴现窗口，受理、审查、并在总行下达的再贴现限额之内审批辖内银行及其分支机构的再贴现申请，经办有关的再贴现业务。

（三）再贴现的业务办理

商业银行及其分支机构在初次办理再贴现业务时，必须到当地中国人民银行办理再贴现开户手续。商业银行持有关证明材料到当地中国人民银行货币信贷部门提出申请，并填写开户申请书，经审查同意后，到当地中国人民银行营业管理部办理开户手续，领取账户并预留印鉴。

商业银行在办理再贴现业务前，先向当地中国人民银行申请再贴现额度，并在当地中国人民银行核定的额度内报送再贴现资料。然后通过卖断方式将商业汇票转让给中国人民银行，中国人民银行在商业汇票到期时向付款人提示付款（回购方式已被暂时停止）。

商业银行准备齐全再贴现资料后，报送中国人民银行信贷管理部门，接受中国人民银行业务专管员的资料审查。商业银行提交的材料包括：

（1）已经贴现、背书的商业汇票。

（2）再贴现凭证。

（3）承兑银行汇票查询查复书。

（4）再贴现申请书、再贴现申请一览表和或大额再贴现申请书。

再贴现申请人不需要再提供其与出票人或其前手之间的增值税发票、普通发票和提货单、商品交易合同，但要对票据的要式性和文义性是否符合法律规定承担审核责任。

再贴现资料报送后，商业银行应随时与中国人民银行联系，询问审批情况，对有关资料向审批人员做出解释。

中国人民银行审批通过后，商业银行在票据再贴现台账上进行登记，并将再贴现计息清单交会计人员，以便到账后进行核对。再贴现利息计算公式：

再贴现利息 = $\sum$ 汇票金额 × 再贴现天数 × 再贴现利率

其中，再贴现天数为计息日至到期日前一天（节假日顺延，承兑人在异地的另加3天划款日期），再贴现利率应换算到日利率。再贴现的实付金额为汇票票面金额减去再贴现利息。

对审批未获通过的票据，商业银行应将票据和相关资料带回，写出退回原因说明，将票据交还票据管理人员并办理交接手续。

专栏 2-20

商业汇票衍生业务

一、代查询

为了更好地服务客户，银行对持票人经营活动中收到的银行承兑汇票可以代为鉴别票据要素、背书和办理查询，并尽快将查询结果反馈给持票人。同时，银行可代理商业汇票收款人向付款人收取票据款项。

商业汇票代查询及代保管业务是指总、分行票据中心及各营业网点在正常为客户办理商业汇票的贴现、托收等业务的基础上，增加对客户持有尚无贴现需求的商业汇票进行查询和代理保管服务项目。

光大银行提供全要素实时查询。查复行应明确描述是否有他行查询、是否有法院止付通知、是否挂失止付。系统内承兑的汇票通过资金汇划清算系统向承兑行查询。系统外银行承兑的商业汇票，营业部门即时向承兑行发出电报查询，或委托承兑行的同系统行代理查询。对票面金额大的或存疑的票据可进行实地查询。在电报查询和实地查询后，另安排人员进行电话复查。

二、代保管

为企业法人客户持有的尚未办理的商业汇票办理代保管服务时，要设置专门登记簿及商业汇票查询与代保管凭证，做好票据的交接传递，防范操作风险。

商业汇票查询与代保管凭证及代保管品登记簿由会计人员负责，银行视客户对银行创造的综合收益情况决定是否收费。

第三章

运 营 管 理

票据融资业务属于票据业务的一种。除票据融资外，承兑也属于票据业务的重要范畴。很多业内人士把票据承兑也纳入票据融资的范畴。这本身并没有错，只不过笔者从另一个角度把票据承兑纳入了银行融信业务的范畴。为了让大多数读者对票据业务管理有个统一的认识，下面把票据承兑业务的运营管理一并纳入来进行介绍。如希望了解具体的票据承兑业务，可参考本系列丛书的《银行融信》。

第一节　组织管理

一、国内银行票据业务管理模式比较

国内商业银行在票据业务运作实践中，根据自己业务发展的战略取向，逐步形成了特点各不相同的业务管理架构。主要有以下五种：

1. "独立机构、垂直管理、专业运作" 模式

"独立机构、垂直管理、专业运作" 模式是指在不改变原有经营体系的基础上，让"票据"成为一个专营的机构或者部门，使其依附于原有的经营体系上。在银行内部，它是一级独立经营或承受考核的专业机构，对外以"票据专卖店"的形式存在。它主要以贴现和转贴现业务为主，并不开展承兑业务。目前，这类模式在运作上的一大特

点就是集中化，即银行把已贴现的票据移存到专营机构，然后将下级专营机构经营的票据汇聚到上级专营机构。

"独立机构、垂直管理、专业运作"模式是目前最具革命意义的票据业务管理模式。但在实践中对银行操作的要求较高，往往是在银行票据业务有了很大规模、取得一定经验的基础上采取的一种模式。中国工商银行票据营业部是在郑州华信支行取得全国性声誉且中国工商银行具备雄厚资金实力的特殊背景下，于2000年11月9日首家经中国人民银行批准成立，是全国性、专业性的票据经营机构，为中国工商银行总行直属机构，下设北京、天津、广州、西安、重庆、郑州、沈阳七个分部。总部和分部现有干部、员工200多人。

票据营业部最高决策层为总部总经理室，总部下设综合管理部、计划内控部、财务管理部、营销管理部、资金营运部、风险管理部、会计结算部、研究发展部、人力资源部和业务部10个职能部门，分部设置综合部、市场部和清算部3个部门，形成了决策层面、管理层面、业务研究、业务层面和业务支持等职能均具备的专业化票据业务经营管理架构。工商银行票据营业部全面实施票据业务的统一归口管理，实际上是一家票据银行。

中国农业银行也按照专营模式在上海成立了票据营业部。

2. "资金营运中心"模式

采取"资金营运中心"模式的商业银行主要是兴业银行。早在2003年底兴业银行就将全行资金管理与资金经营职能进行了分离。在上海设立资金营运中心，作为总行专设部门，业务范围涵盖了本外币同业拆借、同业存放、债券回购、票据贴现与转贴现、信贷资产转让、债券发行、本外币债券承销与买卖、外汇买卖以及金融衍生产品等各类资金业务。

2005年初，兴业银行资金营运中心经监管部门批准在上海正式注册成立，成为国内第一家领取金融许可证、本外币一体化经营的专业化资金营运机构，并在国内银行中率先实行了前、中、后台相分离的业务处理流程，并采用业务逐级授权制度和两级投资决策机制。内设业务管理处、债券业务处、货币市场处、票据业务处和市场销售处等部门，票据市场业务与本外币债券类业务、本外币货币市场业务共同构成资金营运中心的三大板块。

3. "总行票据中心（一级部门或二级部门）"模式

目前国内大部分银行采取该种模式，只不过有的银行将总行票据中心设为一级部门，有的银行将总行票据中心设为二级部门。作为二级部门的总行票据中心，一般设在总行公司业务部内部或者资金营运部内部或者同业机构部内部，有些也设在总行资产负债管理部内。

4. "各分行票据中心分散经营"模式

有些银行在总行层面并未成立专门的票据中心，对票据业务的运营管理分散在各职能板块中。很多分行出于业务发展的需要自行成立了票据中心，独自开展票据业务。

5. "综合式票据经营"模式

"综合式票据经营"模式是指以票据产品为核心，建立并实施事业部制或类似事业部制的一种经营体系，一般都囊括如下业务职能：票据发行业务，如票据承兑、发行承销企业融资券、包买商业承兑汇票等；票据买卖与转让业务，如贴现、转贴现、回购、双向买断等；再贴现业务。这种模式具有专业化、扁平化和集中化的管理优势，包括可以便利风险控制，有利于独立规划市场及未来发展，便于衡量与考核业务效果等。

二、"总行票据中心"模式的运作架构

"总行票据中心"模式是当前国内银行的主流业务模式。下面从功能定位、组织框架、人员配备和职责范围等方面予以介绍：

（一）功能定位

1. 总行层面的票据中心

各商业银行总行的票据中心主要分三种类型：管理型、经营型和经营管理型。单纯管理型主要是出政策、定方向和搞检查，但由于票据业务是市场化程度比较高的产品，管理必须与市场价格、发展趋势、

监管要求密切结合起来，因而都在向经营管理型转变。同样，单纯经营型在总行层面也不适应，因为作为一个银行的重要产品和利润来源，必须有部门和人员进行规划，它也在向经营管理型转变。总之，经营管理型的票据中心是票据中心模式共同演变的目标。

作为经营管理功能齐备的总行票据中心，主要是以管理为主，通过经营实现管理目标。总体来讲，应具备如下职责：

负责全行票据业务发展的统一协调规划及实施工作，提高全行商业汇票贴现、转贴现、再贴现等所有票据业务的办理水平。

（1）经营职责。扩大票据市场开发与运作力度，牵头进行票据的集中转出与转入，以优惠利率为系统内分支机构办理转贴现，以统一的对外窗口集中与同业办理转贴现业务或与中国人民银行办理再贴现业务，发挥其协调和带动全行票据业务发展的"龙头"和"枢纽"作用。总行票据中心首先通过市场手段引导票据系统内循环，然后开拓系统外票据资源。

（2）管理职责。制定和实施票据业务发展规划及票据业务操作实施细则，强化全行票据业务管理，规范业务操作实现票据集约化经营和集中化管理，提高营运效率，规范票据业务操作，防范票据业务风险，推动全行票据业务稳健发展。

（3）支持职责。通过提供贴现专项资金、创新票据新产品等手段支持全行拓展票据业务。根据全行的资金宽紧程度决定票据的吞吐和持有量，使票据业务成为流动性管理的重要手段与工具。

2. 分行层面的票据中心

分行层面的票据中心大都以经营为主，负责在总行票据中心的授权范围内开展转贴现、直贴等业务，通过自身的业务操作成为分行的一个重要利润来源。当然，有些银行的分行票据中心不全是经营，规划、协调、管理整个分行的票据业务也是其主要职能，尚负责对辖属支行开展票据承兑业务、贴现业务等进行指导、检查；有些银行的分行票据中心则是专门从事经营，管理职责由会计、资金等相关部门负责。

3. 总行、分行票据中心的关系

总行票据中心一般作为全行票据业务的归口营销管理部门，由总行票据中心实施对各分行票据中心的指标下达与业务指导。各分行票据中心则向总行票据中心和分行经营班子双线汇报。

（1）垂直管理。总行票据中心通过制定年度发展规划、考核指标下达等方式调控全行票据业务行为。

（2）属地经营。分行票据中心在总行票据中心授权范围内开展经营。

（3）影子利润考核。分行票据中心既接受分行的业务考核，利润计入分行损益，也接受总行票据中心的影子利润考核。

（4）资金统一供给。总行资金部门根据年初业务规模为总行票据中心核定资金量，各分行票据中心开办业务所需资金，由总行根据各地区票据业务实际情况统一拨付。

（5）价格统一平衡。总行通过系统内市场化运作，转贴首先通过系统内统一询价确定交易对手，本着先内后外的原则进行业务操作。

（二）组织框架与人员配备

每家银行的票据中心的职责都有所不同，其内部机构设置也略有差别。但总体上均采取如下原则：一是总行票据中心自身的业务职能与全行票据业务的管理、指导分设；二是总行票据中心的业务操作、客户营销与后续管理分设。在此原则下，业务处、管理处和综合处三个处室是必不可少的。其中，业务处主要负责商业汇票的买入、卖出及市场开发；管理处主要负责规章制度建设与全行票据业务检查；综合处主要负责会计统计分析、档案及票据实物保管及联系资金划转。基本情况是全行业务管理与业务经营分开，商业汇票买卖与汇票复查、监督分开。

票据中心一般实行主任负责制，业务及管理人员应采取系统内选拔与对外公开招聘并行的方式进行配备，人员的具体数量则根据职能到位情况及业务开展需要适当配置。

1. 票据中心负责人

票据中心负责人的主要职责是根据票据业务发展和管理的需要，确定票据中心总体工作思路，组织和带领票据中心人员完成各项票据经营指标，推动票据贴现、转贴现业务健康、稳定、快速发展。

2. 综合管理岗位

综合管理岗位的职责是：

（1）负责拟定票据业务发展战略，编制票据业务中长期发展规划和年度业务经营计划并组织实施（计划的分解、下达及执行的动态监测与调整）。

（2）负责制定相关管理制度和办法，制定调整票据业务政策并组织落实。

（3）负责制定票据业务的培训计划及组织实施工作。

（4）负责收集、分析、整理、发布监管机构和市场、同业的相关信息（业务政策、市场动态、客户需求、同业竞争等）并及时通过基本制度更新和营销指引加以运用。

（5）负责票据业务管理体制建设工作，推进票据业务的集中化管理。

（6）负责向下属机构及时做出风险提示，发布内部公示控制名单。

3. 客户经理岗位

客户经理的职责是：

（1）对票据业务的买卖进行统筹安排，把握合理的时机进行业务操作，以确保利润目标的实现。

（2）办理系统内外商业汇票的买入、卖出业务，审查票据及跟单资料，票据查询、计算利息、填制凭证和合同。

（3）商业汇票到期托收，并和营业部门核实到账情况。

（4）自主完成或与其他部门共同进行票据业务新产品及服务的设计、开发及市场推广工作。

4. 会计统计及资金调度岗位

会计统计及资金调度岗位的职责是:

(1) 对资金的使用进行匡算和预测,对票据占用资金及存贷比进行实时监控,根据资金状况进行调整和管理,与资金部门协调票据专项资金的调度。

(2) 部门账务的建立与管理,包括业务日记账、流水账、总分账的设置与核算。

(3) 对内外报送报表生成及综合评价分析。

(4) 买入业务清单利率复审、导入系统及票据交易系统中各类业务的复核。

5. 票据及档案实物管理岗位

票据及档案实物管理岗位的职责是:

(1) 票据的复审、保管、进出库存管理。

(2) 逾期票据的催收和追索工作。

(3) 票据转贴现档案资料的管理和使用。

(4) 各类票据业务专用印章的管理与使用。

(5) 票据交易业务合同管理以及非票据交易业务合同的审核工作。

(三) 职责范围

"票据中心"是习惯性的称呼,从业务内涵上看,票据中心最确切的称谓应该是"商业汇票贴现业务营销管理中心"。可从以下的分析中得出这个结论。

1. 承兑业务与贴现业务

承兑业务属于表外业务,可由银行的客户经理按一般授信业务报批渠道办理,不建议纳入票据中心管理。贴现业务实质上是票据发行市场之后的二级市场业务,在统计口径上算作贷款,这是票据中心的业务主体。从这个意义上讲,票据中心的确切称谓应该是"票据贴现中心"。

2. 汇票、支票与本票业务

支票、本票和汇票中的银行汇票就其实质来讲，是一种支付结算工具，而票据中心所从事的票据贴现业务主要是对商业汇票的贴现，因而，票据中心更确切的称谓应该是"商业汇票贴现中心"。

3. 票据业务营销、审批与票据业务操作

票据贴现业务一般有营销、识别票据真伪、跟单资料审核、贴现放款审查、放款、入账、票据保管、查询查复等多个环节。上述环节大致分为三类：营销环节、业务审批环节和业务操作（后台）环节。为了防范业务风险，操作环节大都有专门的部门负责，如查询查付和票据保管一般由柜台负责，贴现业务档案一般由风险管理部门负责。近年来，国内银行纷纷借鉴国外银行的经验推行运营中心或操作中心建设。作为银行的重要业务品种，票据贴现业务的相关操作环节也随着运营中心的建设被并入运营中心进行管理，而票据业务的营销及审批工作仍旧留在了票据中心。

第二节　风险管理

一、票据业务面临的风险类型

票据业务面临的风险主要有：信用风险、市场风险、操作风险、政策性风险和道德风险。

1. 信用风险

信用风险主要是指承兑行风险，也包括承兑申请人和贴现申请人的信用风险。在办理承兑业务时，要对承兑申请人的信用状况进行详细的了解，根据风险大小决定保证金缴纳比例，如果到了付款期而承兑申请人没有将风险敞口部分的资金交存银行，则银行就需垫款乃至形成不良后果，因此，承兑业务面临的风险主要是承兑申请人的信用风险。在办理贴现业务时，由于贴现银行在票据到期前不将票据转让出去而是自己持有，则在到期前需向承兑银行托收，如果承兑银行按时付款，则此笔业务就此解迄，与贴现申请人已无任何关系。即使在票据到期前又以转贴现方式卖给其他银行，转买银行在到期前也只是向承兑银行申请付款，只有在承兑银行拒绝付款的情况下，转卖银行才作为被追索人之一承担付款责任。根据以上分析，贴现业务面临的风险主要是承兑行的信用风险。在票据回购业务项下，由于按协议约定日贴现申请人要将票据回购，因此，贴现申请人的信用风险也必须予以关注。

2. 市场风险

市场风险主要体现在转贴现业务中，当转贴现市场价格一路上扬时，市场利率风险体现得最为明显。如银行在基期以较低价格转贴现买进一批票据，后来转贴现价格上升，银行如果再将票据转出，则会存在价格倒挂，形成实际收益减少的局面。再如，直贴买进的价格较低，而转贴现市场的价格较高，则银行就存在要么卖不出去、要么卖出去就会减少收益的情况。随着金融市场的日益开放，票据业务面临的市场风险也在加大。在经济调控和流动性紧缩的经济环境下，由于资金吃紧而使价格上扬，由于转贴现市场作为货币市场的重要组成部分，其价格形成机制与国债市场、央票价格息息相关，也就存在价格上涨的可能从而使银行票据业务面临较大的市场风险。

3. 操作风险

操作风险是银行办理承兑、贴现业务时非常容易忽略的风险。从事票据业务的人员常常认为票据业务属于低风险业务，因为做银行承兑汇票承兑业务时，一般对承兑申请人都有保证金比例要求；做贴现业务时，只要对承兑银行有空余授信额度，一般都可买进。其实不然，由于操作环节把控不严造成的风险比比皆是，有些甚至酿成社会影响很坏的案件。操作风险正在引起监管部门和商业银行的重点关注。如贴现放款环节缺少复核；票面审核不严格，没将假票、克隆票堵截住；保证金没入账就对银行承兑汇票进行承兑；上门取送票时由一个客户经理独自前往；票据保管条件不具备，存在被盗可能；票据交接不按制度进行，责任不易区分；凭借传真件或电话口头通知即进行放款等。

4. 政策性风险

政策性风险是指由于政策理解不到位或没有严格按政策操作而引起监管部门予以处罚的风险，主要包括贸易背景真实性风险、贴现资金走向风险和利率政策执行风险。按我国政策规定，商业汇票的签发与转让必须以真实的贸易关系和债权债务关系为基础，严禁签发或流转融资性商业汇票。但是在实际工作中，有些客户利用签发票据套取银行信用，银行如果疏于防范，就会面临政策性风险。我国的贴现资金按规定不能流入股票市场、期货市场，如果贴现资金经过银行进入了股票市场和期货市场，那么银行就难辞其咎。此外，贴现利率按规定是在再贴现利率基础上加点生成，但贴现的实际利率往往低于再贴现利率，一旦监管部门严格按规定检查，则政策风险就不可避免。

5. 道德风险

道德风险在票据业务的所有环节和所有从业人员身上都不同程度地存在着，只不过对有的人员和环节控制得较为有效。在实际工作中，具体操作人员的道德风险由于有完备的制度、监督和技术手段而较易控制；而对于像支行负责人这一级别的管理人员来讲，由于缺乏制约或制约得不彻底，加之上一级检查力度不够，就容易成为道德风险的高发人员。虽然绝大部分支行负责人都能够兢兢业业、努力工作，但也有极少数品行不端者，或者受私利驱动、外力胁迫而置国家利益于不顾，沦为犯罪分子或犯罪分子的帮凶。如按银行制度规定，票据作为重要凭证应该入库保管，而实践中的确有支行负责人将票据留下由自己保管，甚至擅自将该票据借与他人使用，最终酿成风险的情况存在。

二、票据业务风险管理的一般措施

1. 强化票据从业人员风险意识，树立稳健的票据业务发展观

如果认识不到位，低风险业务也会转化为高风险业务。业务人员

在办理票据业务时，应克服麻痹大意的思想，要始终将风险控制放在重要位置。各银行也应加强对票据业务人员的风险意识教育，让每一位票据业务人员真正意识到票据业务风险之大、危害之严重以及防范之重要。所有票据人员要充分认识票据业务可能存在的潜在业务风险，做到防范在先，恪尽职守，促进业务发展与风险控制的统一，绝不能只顾加快业务发展而忽视对风险的防范。

2. 科学定位，合理规划，理顺票据业务管理体制

管理体制不顺，银行的票据业务经营管理举措就不能自上而下得到有效贯彻，也就不能在市场经营中形成高效的对外一致性。票据业务经营管理机构要认真梳理本机构的业务职责，在内部组织架构、业务范围、市场定位上作进一步细化，并统筹安排配备票据专业人才，建立以市场为导向、以客户为中心、以防范风险为重点的票据业务经营管理架构。要最终实现票据业务的专门机构、专业人员、专项管理和专业化经营，以彻底改变贴现等票据业务分散经营、粗放管理和风险点多的状况，努力将业务风险降至最低。

要处理好票据业务经营管理部门与其他相关部门的关系。市场营销部门、业务审查审批部门、会计核算部门、资金划付部门及有权签批人要各司其职。市场营销部门主要审查业务事由、业务背景、实物票据及跟单文件；业务审查审批部门主要审查保证金、担保落实等情况，是对业务部门初审的复审；会计核算部门主要是对承兑协议、承兑汇票、保证金进账单和汇票要素进行复核，确定无误后，完成承兑手续，并负责会计账物处理及票据实物保管；资金划付部门负责认真审核各流程环节的签批情况，并待领导批准后执行资金划付手续。

3. 梳理票据业务规章制度，从制度上防范业务风险

依靠制度而不是靠人来防范风险。针对票据承兑、贴现、转贴现、再贴现、交易电子化及各种票据创新产品制定严密的产品类管理制度和操作细则，针对授信审批、额度管理与领用、授信后管理、风险评估等制定严密的流程类管理制度与操作细则，形成完整统一、规范合理的防范风险制度体系。

当前，商业银行对各种票据产品一般都制定有专门的规章制度，但对所有票据产品的管理往往缺乏统一规划。为体现票据产品的专业性和业务操作的标准化，应对所有已经印发的、涉及票据业务的所有现行规章制度、管理办法、操作规程进行认真梳理，注重过程控制与监督，做到对票据业务涉及的每一个环节都有明确的操作要求和防范措施，以确保业务人员在办理票据业务全过程中都有章可循。各具体经营机构要根据票据业务涉及的诸多环节合理设置业务岗位，明确岗位职责，使票据业务的承兑、查询查复、审批发放、到期收款等工作及时、规范、有序，确保票据真实、交易真实和资金安全。

4. 加强培训，从提高从业人员的素质、技能出发，防范人员风险

票据从业人员的技能有高有低，素质参差不齐，加之商业银行推出票据新产品的步伐加快，这些都对银行票据从业人员提出了更高的要求。为此，积极加强培训很有必要，在培训方式上，做到基础知识培训与票据业务专项培训相结合；在培训内容上，产品操作培训与风险警示教育相结合，以提高从业人员的风险防范意识。

对从业人员实行上岗资格认证与动态管理，对每个工作岗位都提出明确的岗位职责与从业要求，不定期交流人员的工作岗位，在丰富个人经历、增长个人才干的同时，防范岗位固定化可能带来的风险。

5. 加强交流经验，构筑票据业务风险防火墙

做好系统内票据业务信息的交流与共享。目前，我国商业汇票业务还未完全实现电子化，各地区的票据业务信息尚无法充分交流，但从银行总行层面上看，要尽可能收集更多的信息，做好系统内充分共享，使业务成本收益最大、成本最低。要切实发挥票据管理部门的作用，组织各机构之间及时进行风险防范方面的经验交流。利用《票据业务动态》、《票据快报》等书面信息传递平台以及内部办公系统、内部网站等电子信息传递系统，传播票据业务知识、风险防范理念、他行先进经验。要通过介绍票据案例，用鲜活的案例帮助从业人员认识风险的危害，做到警钟长鸣。各级管理机构要将票据业务最常见的风险点逐条列示，让从业人员在进行业务操作时铭记在心。

6. 加强票据业务处理系统建设，用先进技术手段防范业务风险

利用先进的业务处理系统进行票据业务风险防范具有手工管理所无法比拟的优势。国内各银行或者自己开发或者外购改造，都纷纷加快票据业务管理的技术手段建设。从国内商业银行运行票据业务的实践看，票据业务系统具有业务受理、业务审批、票据保管、查询查复、信息收集、额度管理、统计分析等功能。

7. 针对票据业务风险的不同类型实行不同的风险防范举措，推进票据业务精细化管理

票据业务风险归纳起来主要有：票据本身的风险，即申请贴现的承兑汇票出现票据虚假、非法取得、融资性票据以及存在瑕疵等情形；信用风险，即出票人恶意挂失、出票人与承兑人联手诈骗；操作风险，即审核风险、查询风险、授信风险、审查风险、贷时风险、管理风险抵押及托收风险；针对以上风险，各分支行要采取不同措施加以彻底防范。如针对票据本身的风险，加强对票据本身真伪的审核；针对信用风险，严格执行总行对同业的授信管理规定；针对操作风险，要督促票据人员严格按照规章制度办理业务，并增加对票据业务的检查频率。

8. 组织业务检查，对发现的问题及时提出整改建议并督促落实

票据业务检查要做到全面、细致、有针对性，并有具体的、可操作的整改建议。检查之前，要有详细的检查方案。为确保业务检查常抓不懈，一年内检查次数一般应不少于两次。要做到自查、上级检查与复查相结合。检查人员可从系统内其他分行选派，一般要具备业务经验丰富、与被检查分行无密切关系等要求。通过多频度的检查，以消除风险隐患，确保业务健康、规范发展。

检查要点包括：

（1）承兑行及交易对象是否符合银行要求，可以通过票据系统自动检查并剔除不符合要求的承兑行。

（2）汇票交易对象是否符合银行确定标准，可通过商业汇票业务处理系统查找是否有不符合要求的转贴现行或承兑人。

（3）业务查询方面常见的问题包括：没有经过两种以上的查询方式就办理直贴业务、初次办理业务未经证实身份、审批表上遗漏签名、查询书要素不全等。为防范这些问题，应查看每笔业务审批表中的查询栏签名、核对查询要素和签字记录。

（4）票据交换方面常见的问题包括：汇票交接无签收、随意摆放等。应根据办理业务批次检查代保管品交接登记簿是否一一对应；抽查业务办理期间的业务录像。

（5）汇票审核程序方面常见的问题包括：单人负责汇票审核、在审批表或凭证上遗漏签字和盖章、凭经验不使用仪器等。应通过抽查审批表、原始凭证、营业录像和实地观察其业务操作等途径进行检查。

（6）汇票验审方面常见的问题包括：字迹模糊、印章不全、背书不规范等。可通过托收反馈因票面原因导致逾期、拒付等情况来判断票面审核的质量，或通过抽查对库存汇票进行复验。

（7）资料审核方面常见的问题包括：资料不全时，采用"事后补件"形式，补件资料的完成情况不佳。资料齐全时，逐笔审查各种业务品种的存档资料（合同、发票、贴现凭证和查询查复书）以及补件清单和补件完成情况。

9. 加强商业汇票业务内部控制机制建设，依靠机制落实风险管理措施

商业汇票业务内部控制要点包括：汇票经营机构应对各项商业汇票业务制定全面、系统、成文的制度和程序，并保持统一的业务标准和操作要求，避免因管理层的变更而影响其连续性和稳定性；汇票经营机构应建立涵盖全业务、全流程的风险管理系统，对各类风险进行持续的监控；汇票经营机构应建立内部控制的评价制度，对内部控制的制度建设、执行情况进行回顾与研讨，并根据法律法规、组织结构、市场环境变化进行修订和完善；汇票经营机构在商业汇票业务经营过程中，应对以下业务及人员实行恰当的责任分离制度。

在商业汇票内控机制建设方面，应该着重建设：

（1）部门责任分离制度，包括资金业务的管理和其业务的核算，

资金调拨和授权，业务计划的制订与执行，汇票买卖业务经办、审查和会计核算，业务处理系统的软件开发与业务经办及软件操作，各项资金及财产损失的确认与核销。

（2）岗位分离制度，包括商业汇票业务的授权审批与业务经办，资信调查、风险评估与票据交易的授权审批，商业汇票业务会计核算与事后监督，会计印章、密押、凭证的保管使用，综合业务处理系统、票据综合管理系统、中国人民银行电子联行天地对接应用系统等电子数据处理系统的维护管理与业务操作，市场开拓与业务处理，对负责账务处理的人员与负责资金划转（含审批）人员，对资金调度、验票、票据交易文件验审等重要及关键岗位人员必须具备适当的人员备份。

（3）转授权体系。转授权应适当、明确、书面。

（4）有效的信息交流和反馈机制，确保每一项信息能够传递给相关员工，各部门和员工的信息能够顺畅反馈。

（5）重大事项报告制度。

（6）岗位培训与资格认证制度，对重要岗位人员实行定期轮换制度。

（7）建立自控（流程上各个环节的控制）、互控（部门间相互制约机制）、上级监控（不定期业务检查）三位一体的内控检查制度，及时堵塞漏洞、消除隐患、防止案件及损失的发生。三道内控防线包括：①自控防线——内控的"第一道防线"：会计验票、汇票保管、综合柜员、资金调度等一线岗位要有相应的前台监控和后续监督机制；各部门应根据防范所辖部门经营风险的需要，组织开展管辖业务内控执行的情况的检查、监督和控制，并对控制效果承担控制责任。②内控防线——把严格的授权分离和部门间的相互监督制约机制作为内部控制的"第二道防线"，明确签字责任。③监控防线——把定期或不定期的监督检查和评价作为内部控制的"第三道防线"。建立以内部稽核部门对岗位及岗位各项业务实施全面监督反馈的监控防线。

10. 完善票据业务风险防范的执行体系建设

票据业务的风险防范必须落实到执行层面，由职业化的执行主体，依托严明的制度与流程控制要求，对票据业务风险实施标准化统一管理。

建设执行的组织机构，配备专职人员。由专门的机构来制定票据业务风险管理与控制的目标和重大政策措施，确定票据业务风险管理的中长期战略、年度工作计划及阶段性工作计划，对涉及全局性、突发性、倾向性的票据风险事件进行分析、决策、通报各分支机构，对各分支机构的票据业务风险管理举措及成效进行评价、监督检查和跟踪分析，制定票据业务风险管理所需要的各项规章制度并定期重检。具体到操作层面，则由具体工作人员负责审查与票据买卖相关的法律文本、业务文件并妥善保管，审查实物票据的合规、合法与要素的完整性，对发现的风险点及时上报并研究治理对策。

业务控制程序严谨合规，授信实行统一管理。商业汇票的授信管理一般分为四种情况：商业承兑汇票的授信对象是出票人，属于对企业的授信；银行承兑汇票的授信对象是承兑银行，属于对同业的授信；对转买已贴现的票据，既可占用承兑人的额度，也可占用交易前手的额度；对买入返售方式下的票据，只占用交易前手的额度。

对商业汇票业务操作的各个环节、各种行为都制定规范化的作业标准，对不符合标准规范的业务行为通通摒弃在业务操作行为之外。当然，作业标准需要不断修订以适应新的情况，确保业务发展与风险控制的有机统一。

加强划付资金账户的管理，确保资金划付到合法的持有人账户中，严禁将资金划付到信用卡等私人账户中，对基础交易违法、票据本身违法等情况，要特别注意，避免形成损失。

确保交易合同合法有效、双方权利和义务对称。按照约定俗成的规则，一般采取买入方认可的交易合同。如果采取他人制订的合同，则必须报本银行有关机构审核同意。要重点关注利息计算公式、违约责任限定、被追索和赔付规定等内容。

三、商业汇票保管与商业汇票业务档案保管

（一）票据保管

票据保管是指银行对买入的未到期商业汇票在其持有期间入库、在库和出库的妥善管理过程。票据保管应严格执行"双人接票、双人管库、双人出库"的管理原则。

1. 建立票据出库、入库的交接登记制度

票据出库、入库时应办理交接登记手续，未经分行票据中心有权审批人书面批准，已贴现（转贴现）的票据不得出行。

（1）买入票据的入库。已贴票据入库前应在最后一手背书人背书的地方载明受让人名称，同时相关人员要做好备查记录，在监交人的监督管理下移交人员和接交人员之间要做好交接登记；需要密封保管的要先做到封包、编号、登记后再进行保管交接。

在每日营业间隙或营业终了，将实物票据、台账和会计账从金额和笔数两方面进行核对，无误后方可入库。

在非营业期间，票据须实行寄库箱方式入库保管。

（2）库存票据的清分、整理。认真勾兑当日买入票据、卖出票据、到期赎回票据的目录清单，要求做到实物票据的票号、金额及排列顺序与清单一致。

在每日营业间隙或营业终了，清分、整理有关发生业务的票据。对票据进行分类排序，按票据到期日由近到远排序，并入库管理。

2. 规范票据及相关业务凭证的传递程序

（1）转贴（买进票据）。客户经理将转贴现票据交与票据管理人员，双方在"代保管品登记簿"上签字确认。票据管理人员保管票据时，应按到期日专夹配对保管。视同现金保管，入专用金柜。内控人员应定期检查票据实物与表内、实物与表外、表外与表内是否相符。会计人员应于票据到期日前匡算出邮程，提前进行托收，将托收票据以特快专递的形式发出。交接时，会计人员与票据保管人员应登记"代保管品登记簿"，并签字确认。其出库、入库及交接登记按《中国

光大银行抵质押品会计核算办法》执行。

（2）转贴（卖出票据）。客户经理联系好买入行后，到票据管理人员处领取票据，双方签字确认。退回的票据，由票据管理人员办理入库手续，成功卖出的票据，由其销记"代保管品登记簿"，客户经理签字确认。转贴现办理完后，将转贴回单交给会计人员记账。

（3）再贴现。如果已贴现的票据需要向中国人民银行进行再贴现时，由客户经理到票据管理人员处领取票据，票据管理人员销记"代保管品登记簿"，客户经理签字确认。退回票据同转贴。

3. 科学设置票据保管人员岗位，落实票据保管责任

指定双人共同管理已贴现票据，实行A、B岗双人负责制，A岗负责票据的接收、保管与出库管理，B岗负责保险库的密码管理与票据的监交。每日上午上班时，一人以密码开启，另一人以钥匙开启；下班后由两人共同关闭保险柜。

4. 建立票据保管日常检查制度，保证账实相符

会计人员每周核对一次台账和票据实物，并在核对单上签字；会计人员负责人每月自查一次，并在核对单上签字；内控部门每季度检查一次并签字，对检查中出现的问题及时纠正，并将相应整改措施上报有关部门。

5. 优化票据保管条件，提高票据保管安全性

票据保管的环境要做到防火、防水、防潮、防虫、防爆、防盗等符合一般现金库房基建的管理要求，并配备报警配套设施，达到防盗防抢的监管要求，同时要定期不定期进行检查。

6. 空白银行承兑汇票凭证授权少数经营单位会计结算部门集中保管

获得授权的经营单位会计结算部门应该将按本出售的空白银行承兑汇票凭证予以登记，并与下级未获授权的经营单位建立严格的交接制度，防止空白银行承兑汇票丢失。

（二）商业汇票业务档案管理

商业汇票业务档案分为贴现资料档案、转贴现资料档案和其他票据产品档案资料。银行对商业汇票业务档案应实行"分类处理、集中

保存、统一管理"，指定专职或兼职档案管理员，档案管理人员对票据档案的完整性、准确性、系统性负责。

1. 应归入档案管理的资料范围

（1）承兑档案资料。包括：客户提交审查的相关资料、申请审批书、商品交易合同和发票、承兑协议、相关担保合同、保证金进账单、银行承兑汇票复印件、到期偿还记录、垫付及清收记录等。

（2）贴现档案资料。包括：申请人营业执照副本或正本复印件、企业代码证复印件、经办人授权申办委托书、经办人身份证原件及经办人、法定代表人身份证复印件、经办人工作证或介绍信、贷款卡（原件或复印件）、商业汇票正反面复印件、贴现申请人与其前手签订的交易合同原件及其复印件、与贸易合同配套的增值税发票复印件、上年度和本年度经审计的财务报表（年度内首次办理业务时提供）、贴现申请书、贴现凭证、票据收执、贴现审批表、贴现协议书。

（3）转贴现客户资料。包括：加盖公章的营业执照、组织机构代码证和金融机构营业许可证、上级机构出具的有效授权文件（或授权证实书）、经办人授权申办委托书、经办人身份证原件及经办人、负责人身份证复印件、经办人工作证（或提供介绍信）、商业汇票正反面复印件、前手贴现凭证、查询查复书原件或复印件、建立转贴现关系申请书（首次办理业务时提供）、转贴现凭证、转贴现票据清单、商业汇票转贴现审批表、商业汇票转贴现合同。

（4）其他票据产品的档案资料。参考贴现、转贴现档案内容，但需同时加上能反映该业务特点的相关资料。

2. 档案的具体保管措施

档案管理人员应建立归档登记本对所管理和经办的票据档案进行登记，妥善保管。档案管理员须定期清点档案，确保在库的档案与档案归档登记本登记的卷数相符，每卷档案的归档资料齐全。

档案管理员应及时对已结清的项目档案及两年内与银行无业务往来的客户的档案进行整理、装订与归档。整理档案时，应进行核对、补充。票据资料档案应采用卷盒方式，并按卷盒及案卷脊背的各项目逐项填写清楚。

更换档案管理人员或因业务需要进行移交时，需办理交接手续。交接时，持档人应填写档案交接档案，与档案一并移交给接档人。交接双方在交接清单上签字以示负责。有关交接文件资料需建档保管备查。

四、风险防范的具体着力点

1. 对贸易背景真实性风险的防范

（1）经办人员做好尽职调查，加强对增值税发票、普通发票、商品交易合同、货运单据以及营业执照核定经营范围等资料的审查，确保交易真实、合法、交易行为事实清楚。应查验贴现申请人提交的与该汇票相对应的增值税发票或普通发票和贸易合同及其他资料的原件，并留存复印件。重点查看各种文件之间有无逻辑性错误。

（2）注意合同金额、增值税发票金额必须等于或大于贴现汇票金额。

（3）加强贴现资金流向监控，确保贴现资金合规、合法使用。

（4）做好客户信用调查，查看企业的信用记录，了解客户的资信，看有无在贸易背景不真实情况下办理承兑和贴现业务的历史记录。

（5）查看客户的经营记录，销售额、采购额与承兑或贴现金额是否明显不符。

（6）深入客户现场，加强对客户的实地考察与了解。

（7）合同载明的付款日期、增值税发票开票日期与承兑汇票的出票日期、承兑日期是否明显不一致。

（8）对有违规记录的客户及时予以内部通报，并在一定期限内禁止与该客户进行业务往来。

2. 对票面伪造、变造、票面要素不全情况的防范

（1）提高从业人员素质，增强伪假票据的识别能力。通过中国人民银行核准的票据印制机构了解票据印制技术的基本构成以及各家商业银行的印模、防伪特点。

（2）认真鉴别商业汇票的真伪，鉴别方法是：一"看"、二"摸"、三"照"。注意各版商业汇票的启用与废止时间，并特别注意汇票号码是否有涂改迹象，应经客户经理初审和票审人员复审，如有疑问，须经集体会审或送中国人民银行进行鉴别。

（3）实行"双人审查制"，做好票据实物的审查，主要包括：汇票上的记载事项和签章必须符合《票据法》、《票据管理实施办法》、《支付结算办法》和中国人民银行的相关规定；背书必须连续、规范；银行承兑汇票上的付款行行号应与汇票专用章的行号一致，如不一致，应查明原因；商业汇票正面记载"不得转让"或在背书人栏记载"不得转让"、"委托收款"、"质押"字样的不予贴现。

（4）加强对票据承兑机构的查询。票审人员按中国人民银行规定办理查询，并将汇票复印件附在查询书后，请签发行与第一联核对后签章答复银行。必要时进行双人同行实地查询，并共同签字。实查时，尽量核对汇票底卡，必要时应复印汇票底卡。查询回复后，客户经理必须通过签票人所在地 114 号台查出签票单位会计部门的电话进行复查。

（5）加强对票据贴现申请人的资格、企业实际情况、财务报表的审查以及给付对价取得票据过程的审核。

3. 对持票人恶意诈骗情况的防范

（1）认真审查贴现申请人资格，特别是对第一次或自动上门的持票人应高度关注。

（2）对持票人有效身份证件进行登记并向所在单位财务负责人核实该持票人是否系授权经办人员，并查验授权委托书。对固定客户的固定经办人员，原则上在每次办理贴现时也应向所在单位财务负责人核实。

（3）认真核对贴现凭证上的财务专用章、汇票背书人签章与预留开户印鉴是否一致。

（4）票据交银行后如因各种原因退还持票人，持票人再将汇票交银行时应注意防止"调包"。卖票人员严加看管汇票，票随人走；坚持票款两清原则；及时甄别汇票真伪。

（5）对已公示催告或已通报的被盗、被骗、遗失的汇票不予贴现并扣留汇票。

（6）设立专职的查询、验票岗位；双人交叉审验汇票；配备先进的电子设备和审验工具。

（7）提高安全防范意识，加强对携带汇票的保管。

（8）双人卖票，行踪保密。

（9）票据丧失后及时挂失。

（10）丰富业务经验，提高警惕，防范误收伪造、变造及"克隆"的汇票。

（11）对已经人民法院公示催告的商业汇票、上级行发文明确应进行公示控制的有关承兑人（行）等签发或背书的商业汇票进行过滤和排查，以确保交易的安全性。

4. 对内部人员违规操作情况的防范

（1）票面审查必须经过客户经理初审和汇票管理人员复审，并以汇票管理人员复审意见为最后结论。

（2）按规定办理查询，系统内银行承兑汇票还必须通过传真查询；如有必要，客户经理必须双人实地查询；电报查询或实地查询后，业务部门应另行安排非实查人员对承兑行进行电话复查。

（3）汇票管理人员对查询期间的汇票或已贴现汇票视同有价值品保管，汇票保管箱需双人开启；应定期查库，核对账实，以防遗失、挪用和调包。

（4）客户经理如当日未能办理完汇票贴现手续，应将汇票原件送汇票管理人员入库保管。

（5）贴现手续办妥后，应立即在已贴现汇票被背书人栏填写贴现行名称，防止遗失、挪用和盗用。

（6）对商业汇票业务人员进行严格的资格审查和法律、职业道德教育，制定相应的奖惩措施。

（7）重要客户或大额客户上门取票时，需严格挑选人员，至少有两名以上客户经理同行方可办理。并与客户签订协议，填写交接清单，在汇票被背书人栏必须填写银行全称。汇票取回后，由柜台会计主管登记台账，马上作为重控入库保管。稽核人员要把未到期汇票是否入库作为风险点重点核查，对异常资金流向也要作为审查内容。

（8）严格按审批权限和操作程序办理业务。不得超过授信额度办理贴现。

（9）经常学习、检查，进行警示教育，保证制度和操作规程得到落实，定期进行法规制度培训和案例分析。

（10）汇票丢失、被抢、被骗等，立即挂失止付，向法院申请公示催告，或向法院提起诉讼。

（11）加强保险柜管理，防止发生内盗和调包。

5. 对内外联手恶意诈骗情况的防范

（1）业务部门加强控制：双人资料审查；双人票面审查；留存汇票正反面复印件及有关证件和资料；对急需办理的或存疑的汇票双人实地查询（商业承兑汇票贴现必须双人实地查询）；复审查询结果；计算利息；复审利息；办理报批手续；审核贷款专用章和有权审批人的签章；划款。

（2）加强法制教育，提高法制观念和职业道德观念；严格授权和审批制度，加强各环节安全监控；汇票专管员严格按照审批程序行事；内控部门加强事后监督，定期检查。

6. 对汇票到期后承兑行不及时划款风险的防范

（1）对首次在银行办理贴现业务的客户应严格审查其资信状况，进行信贷咨询系统查询和企业信用评级，履行正常的授信审批程序。

（2）对风险管理部门定期公布的经常无理由拒付的商业银行和经济金融秩序欠佳地区的商业银行应进行内部信用评级，合理确定贴现规模。对高风险地区的贴现申请客户要从严审查。

（3）事前对承兑行资信进行调查评估，实行"黑名单制裁"制度，对信誉不佳屡次延付票款的承兑人列入黑名单，对其承兑的汇票不予贴现。

（4）注意信息收集，及早研究对策。

（5）托收人员将汇票按到期日排序，提前与承兑行联系，匡算足邮程，提示对方到期付款，并按照中国人民银行规定提前发出委托收款，保证在到期日前将汇票邮寄至承兑行。

（6）到期日前1天，托收人员应主动打电话与承兑行联系，再次提示付款。

（7）若承兑行不按期划款，客户经理应协助托收人员视情节不同向承兑行领导打电话或发催收函，也可向承兑行上级行和当地人民银行、银监会发函，请求协助催收票据款项和滞纳金。

（8）发生诉讼纠纷、结算纠纷电话不能解决、逾期15天以上、对方无付款诚意等情况，必须设置专职催收人员上门催收。

（9）承兑行如拒绝付款，可向汇票上所有背书人追索，也可提起诉讼，通过法律手段解决。具体情况可咨询律师商定。

（10）对收到的有瑕疵票据进行仔细辨析，并直接与承兑人进行沟通，取得承兑人的书面认可，避免日后承兑人再以此为借口延付票款。对未获得承兑人认可的票据（或与承兑人在认识上有明显差异的票据），一律不予办理贴现。

（11）对在月末、季末、年末到期的票据要加强事前沟通，确保在重大节日前不发生恶性延付事件。

7. 对由于保管汇票不慎（在途保管和库存保管）发生遗失或毁损情况的防范

（1）每张汇票的原件由档案实物管理岗人员入库保管。

（2）每张汇票的正反面复印件由客户经理妥善保管。

（3）若出现汇票原件遗失或毁损等意外事故，必须立即按复印件填写挂失止付申请书并签章向承兑行或承兑人申请挂失止付。

（4）在3日内向人民法院申请公示催告并通过人民法院及时向承兑行或承兑人发出挂失止付通知书。

（5）防火、防水防潮、防虫蛀、防爆等，定期、不定期检查保险柜。

（6）指定专门人员管理资料，使用专用档案室，实行交接借用制度。

8. 对瑕疵票据的辨识与处理

（1）票面上打印有其他无关字样。应与承兑行及出票人联系，并要求出具票据到期不因此而拒绝承兑、给付票款的书面承诺函。

（2）字迹潦草、自造字。要由前手背书人出具说明。

（3）被背书人名称被涂改。应当由被背书人的前手背书人将涂改的被背书人名称划红线并签章（该背书人的完整签章）作废，并在划线上方填写正确的被背书人名称（粘框），且与承兑行沟通后由被背书人的前手背书人出具书面承诺证明。

（4）粘单未盖骑缝章。应由粘单第一手背书人补盖骑缝章。

（5）章盖在背书框外。原则上由该背书人出具说明。

（6）背书未盖财务专用章或公章。应与背书人联系加盖财务专用章或公章，并出具书面说明函。

（7）金额无荧光反映。凡票据正面的格式问题或者防伪出现的争议问题，应立即通知承兑行，取得承兑行的反馈意见，并尊重承兑行的意见。

（8）背书印章模糊和背书签章重叠。应由背书人补盖或与承兑行沟通后出具承诺说明。

（9）转贴现业务中转出票据时被背书栏已记载"委托收款"字样。应由转出银行将"委托收款"字样划线、盖章，并附书面承诺说明。

（10）骑缝章不清晰。由粘单第一背书人出具书面说明并承诺承担责任。

（11）第一背书人签章与票据收款人名称不符。如果是出票时填写有误，应由出票人及承兑行出具承诺到期付款的书面承诺函；如果是收款人变更户名，应出具工商管理部门的企业更名通知，并确定其变更的时间是在出票以后。

9. 对犯罪分子易采取的手段进行有针对性的防范

犯罪分子多选择临近下班、周末或节假日进行诈骗。节假日前往往是银行办理业务的高峰期，需要处理的业务繁多，员工的精力分散，审验票据也容易疏忽，诈骗行为容易蒙混过关。

业务繁忙时人声嘈杂，眼、耳、手、脑都处于高度紧张的状态，审验票据时容易出现疏忽。

犯罪分子在实施票据诈骗前，往往选择人员熟悉、环境熟悉的机构为目标，而金融从业人员认为是熟人，往往在思想上放松警惕，在审验时出现疏忽，给不法分子以可乘之机。

10. 对公示催告票据的风险防范

经常在《人民法院报》网站和《中国票据网》网站了解公示催告相关信息，并将该信息录入本行的票据业务管理系统中，避免本行再度买入已经公示催告的票据。

了解公示催告的法律程序，使业务人员了解公示催告对于保护票据权利人的作用。

在与前手的交易协议中约定："一旦发生、发现已办理贴现的票据已经或可能发生其他人的公示催告，其有责任和义务将原票据赎回。"

与金融同业一同构建公示催告等业务信息交流平台，及时沟通信息。

11. 对票据案件的风险防范

票据业务不发生案件则已，一旦发生均为大案、要案，涉案金额较大，给银行带来的经济损失和造成的社会影响也很大。从已发生的票据业务案件来讲，普遍具有地域跨度大（在短时间内频繁办理背书转让，连续、多笔集中办理贴现，部分背书人与被背书人地区跨度大）、作案手法多种多样且内外勾结团伙作案者居多等特点。如利用银行内部印章管理的漏洞，伪造保证金进账单签发汇票；承兑汇票尚未开出即申请贴现，取得贴现资金后再交存保证金，开出承兑汇票送交贴现行补办审批手续（即典型的逆程序操作）；利用"倒票公司"套用企业信用，使用少量保证金滚动签发承兑汇票；利用虚假贸易合同，伪造增值税发票，套取银行信用；利用银行"重要空白凭证使用销号登记簿"的管理漏洞，伪造承兑汇票底联骗开承兑汇票；利用"大头小尾"方式，在签发汇票时，虚开承兑汇票第二联金额进行诈骗。

造成票据业务大案、要案的原因主要是：①背离审慎经营原则，盲目将票据业务作为低风险业务实行"超常规"发展。②风险意识淡薄，进行违规操作，如违反印、押、证管理规定，银行单位负责人领用重要空白凭证自行保管，私自取用专用钢印，造成大量票据非法流入市场；在未见到真实票据的情况下，仅凭业务员的传真和电话就办理贴现，违反票据查询查复规定，使票据查询查复制度形同虚设；在企业跟单资料不完备、未严格审查商品交易真实性以及审批手续不全的情况下违规签发承兑汇票；从业人员责任心不强，不按规定程序进行票据查询，不按规定要求进行票据审验；允许客户经理随身携带印章，凭传真和电话指挥划款，事后再补办贴现资料和划款凭证等。③职业素质和职业操守较低，风险识别能力较差。如部分从业人员不能有效识别票面存在明显疑点的汇票，为虚假票据办理贴现；有些从业人员对票据真伪的鉴别仅限于纸张质量是否完好、要素是否齐全、图案暗记是否规则等方面，而对汇票号码等细节缺乏必要的关注。

银行要防范大案、要案的发生，要从员工个体和银行总体两个层面上下工夫。从员工层面上讲，要增强紧迫感，提高风险意识，苦练业务本领，增强识别假票的能力，掌握票据业务操作要求，不因业务操作失误和职业操守有问题而给银行带来风险。当然，员工的技能与操守虽然经教育可以提高，但防范风险从本质上讲要靠制度。因此，银行层面上的工作更为重要。主要包括：

（1）按监管部门要求严格落实问责制，对有关责任人员、负有管理责任的领导及机构都要严肃处理，使相关人员都能吸取教训。

（2）加强内部检查和稽核审计力度，对票据业务实行全过程、多角度的检查，提高检查的覆盖率与检查频度，确保不走过场。如要对每日发生的会计业务于次日进行全面检查，按月进行账账、账据、账实、账款、账表和内外账的全面检查。

（3）对主要工作岗位实行轮岗轮调和强制性休假制度，并做好休假后内部审计工作。

（4）加强对下属机构与人员票据业务开展状况的评估，根据检查评估结果和实际管理水平实行差异化的转授权工作。

（5）完善业务管理制度，做好制度执行，确保制度能真正贯彻落实，严防操作风险，包括加强对重要空白凭证的管理，严格执行出入库、领取、使用、作废和销毁制度；完善印、押、证分管制度，杜绝一人多岗、相互兼岗情况的出现；确保承兑、贴现业务管理，加强交易背景真实性审查。

（6）完善票据业务绩效考核机制，规范市场营销手段，用正确的激励导向和业务规范保证票据业务的健康发展。

（7）做好警示教育与业务培训，帮助员工树立正确的业务理念，提升从业人员的业务水准和责任感、责任心。

（8）强化银行内部监督制约机制建设，利用会计经理委派制等创新管理方式及管理信息系统等创新管理手段，提高票据业务的风险识别、计量、监测、控制和化解能力。

第三节　营销管理

客户经理在营销工作中应该注意的是，向客户推介的是一套全方位的票据理财方案，而不是单一票据产品。这就需要客户经理尽量准确地把握该客户所属产业链条，针对企业进货、生产、销售、回款等环节，通过对授信主体上下游企业的分析，主动寻求不同的合作方式，目的在于保证企业资金结算的畅通。

一、宣传策略

1. 做好宣传是推动票据业务发展、实现票据营销目的的重要保证

银行在做票据业务宣传与品牌塑造过程中，应从两个层次上分别下工夫。从银行层面上主要采取标新立异战略做好整体形象推广和产

品包装，从客户经理层面上则针对客户着重宣传票据产品的低成本特性。

（1）银行的整体形象推广。银行往往会利用一切可能的渠道，如报纸、媒体、电视、网络等，来宣传自己的票据业务特色。如中国工商银行在票据营业部成立 5 周年时，在各大媒体宣传自己五年来取得的业绩；民生银行在媒体上专门发表专题文章，如在《21 世纪经济报道》中发表"民生票据三板斧"；兴业银行在其网站以"票据服务，一站融通，可靠的资金运作快车道"为口号提出"票据快车"；深圳发展银行则创新性地提出以票据业务为核心的企业短期融资方案（深发票据 CPS）。

（2）银行产品的组合包装。票据产品创新千变万化，层出不穷。如民生银行较早开发出买方付利票据、厂商一本通、本外币一本通、票据包买和票据置换，中国工商银行推出代理贴现，广东发展银行推出票据厂商银、厂厂银、厂商银四方协议，兴业银行推出票据保兑仓、票易票，招商银行推出票据通——网上票据业务、商业汇票赎回、商业承兑汇票保贴、商业承兑汇票保证。在产品的实际营销工作中，银行往往将其冠以新异的名称，以达到吸引客户的目的。

（3）客户经理的产品推介。客户经理要强调给客户带来的收益，而不能只算银行自己的账。收益没有绝对的，都是相对于其他业务而言的，如介绍一般贴现时，可与同期贷款相比较；介绍买方付息票据贴现时，可与一般贴现相比较；介绍票据组合服务时，可与单一票据产品相比较。为增加说服力，客户经理最好与客户一起计算各类业务的实际收益。

2. 做好票据业务需要讲求特色，要多种措施齐头并进

单一票据营销往往效果不好，应提供"一揽子"票据金融服务方案或包括其他银行产品的综合金融服务方案，进行综合票据营销。

针对不同客户采取不同的营销策略。对大客户、强势客户，可实现优先服务、优先安排资金和提供优惠待遇等政策，采取低利率、上门收票、上门送单等具体措施；对小客户、普通客户，可采取高利率

政策，并适度向这些客户介绍票据的特性与业务办理要点。

在银行内部，要对票据业务及票据经理进行专项考核；要整合内部系统资源，给业务部门根据其风险控制能力匹配审查审批单笔票据的金额；要开拓信息来源，互通有无，增强对市场反应的敏感度；把握市场脉搏，合理确定贴现价格，使银行和客户实现"双赢"。

要把握好票据买卖的时机。票据买卖（转贴现）的时机与银行的头寸管理、规模管理和利率管理政策有关。商业银行应该依据自己的经营战略、经营理念，在规模有空间、头寸有富裕、市场价格有利的情况下，抓紧买进票据，以快速周转实现盈利。当需要调整信贷结构、保持一定信贷规模的时候，则有意识地阶段性持有票据。当信贷投放不足时，应加大票据买入和持票力度；当信贷投放处于加速期时，则保持合理票据融资余额结构；当信贷投放处于旺盛期，则有意识地腾出票据规模加速信贷投放。商业银行要充分发挥票据在增加盈利、调节流动性、调整信贷结构等多方面的综合作用。

二、市场认知

票据市场（主要是商业汇票市场）是短期资金融通的重要场所，是在商品交易和资金往来过程中产生的以商业汇票的发行、担保、承兑、贴现、转贴现、再贴现来实现短期资金融通的市场，是直接联系产业资本和金融资本的枢纽。票据市场将社会的无形信用转换为有形信用，从一般意义上讲，票据市场具有促进企业融资、加速社会资金流动、传播业务信息、辨识企业信用、解决交易成本、优化银行资产培植、实现国家宏观调控等功能，有助于社会商品交易活动的进行。对中小企业而言，票据业务更是解决其融资难问题的主要途径：大企业通过签发票据向小企业进行支付，小企业拿到票据后再向银行申请贴现，从而获得资金；对商业银行而言，票据业务是其进行资产经营和流动性管理的重要工具，对其调节资产结构、存贷比、降低不良资产率、减少风险资产占用都有好处。

按照业务生成顺序，票据市场可分为一级市场、二级市场和三级市场。一级市场是指票据的承兑市场；二级市场是指票据的流通市场，即票据的贴现市场与转贴现市场；三级市场是指票据的再贴现市场。一般所称的票据市场实际上是转贴现市场，它同国债回购市场、同业拆借市场同为货币市场的子市场，它们之间具有很强的关联性：转贴现市场利率高于国债回购市场利率和同业拆借市场利率，但存在一定的时滞。总体来看，这三个市场的利率变化趋势是基本一致的。

作为货币市场的子市场，票据市场在整个货币体系中是最基础和交易主体最广泛的组成部分。票据市场的交易工具主要是银行承兑汇票和商业承兑汇票。参与这一市场的主体包括：

（1）各类商业银行以及商业银行的票据专营机构。这是票据市场上最活跃的成分。它一方面通过提供银行信用（承兑）帮助企业完成支付或通过贴现直接向企业发放资金，另一方面通过转贴现或再贴现筹措资金。

（2）非银行金融机构。如信用社、财务公司等。

（3）企业。企业由于临时性和季节性资金需要，常常通过签发商业汇票进行信用支付，或通过贴现直接筹措资金。

（4）中央银行。这是再贴现的资金融出方。中央银行常常采用再贴现等形式吞吐基础货币，调节市场供求，完成货币政策目标。

票据市场的交易价格表现贴现利率、转贴现利率和再贴现利率。票据贴现利率受中央银行的管制，采取的是在再贴现利率基础上加百分点的方式生成，上限按照不超过同期贷款利率的原则确定，即贴现利率以再贴现利率为下限、贷款利率为上限，金融机构在此幅度内拥有自主权。再贴现利率作为中央银行调节金融机构利率的一种手段，则由中央银行根据货币政策目标具体确定。中央银行通过实施再贴现利率对市场利率产生"告示效应"，引导票据市场发展。转贴现利率是上述三种交易价格中市场化程度最高的一种，由买卖双方根据各自资金宽松程度自主协商确定。一般而言，商业银行从事票据业务，采取贴现与转贴现业务联动方式。在资金较为富余的情况下，一般通过买进商业汇票或中央银行票据进行投资，而在资金进展时则卖出票据以融入资金。

目前，我国商业汇票交易方式主要采取"点对点"、"门对门"式的直接交易方式，即转卖方到买入方所在地进行交割（企业上门到银行进行贴现申请、转出方到转入方办理转贴现）。在个别银行内部，已经开始从承兑到付款进行电子化——无实物票据的运作，但受整个社会技术手段和运作环境的限制，跨金融机构间进行电子化票据流通尚需一定的时间。从长期看，实现商业汇票流通的无纸化将是趋势。

从改革开放以来我国票据业务发展的实践看，还是存在一些问题的，有些问题还相当严重。问题主要包括：个别市场参与者违规经营，如违规办理业务无法向前手行使追索权、买入手续及资料不全的票据后无法卖出、票据欺诈案件屡次出现、缺乏真实贸易背景的票据循环空转虚增放大货币信贷增长等；票据市场工具有限、基础设施建设落后于发展需要，实物票的风险防范始终是个待解决的难题；缺乏统一的登记保管和交易清算体系，票据的跨系统、跨地区转移困难较大，全国统一的票据市场尚未形成；商业承兑汇票发展远远滞后于银行承兑汇票发展、发达地区票据市场比较活跃而欠发达地区票据市场发展滞后。

三、客户选择

选择哪些客户来提供商业汇票服务，为商业汇票业务的客户定位问题。对不同的客户可在分类基础上进行取舍。任何客户都可分为目标客户与现实客户。对现实客户来讲，又可根据既有业务量分为维护类、发展类和退出类。对商业汇票业务的客户还可根据商业汇票业务种类进行分类，如贴现客户、转贴现客户等。

在业务实践中，很多客户不单需要银行的商业汇票服务。商业汇票服务往往是和其他银行服务结合在一起的。因此，商业银行选择商业汇票客户时还应考虑该客户带给银行的综合贡献度。一般而言，承兑业务主要是向有保证金存款或实力较强的客户提供，贴现业务则看承兑银行是谁。

对客户经理而言，做好商业汇票业务的客户选择要讲求策略，主要包括：

（1）通过市场分析，了解本地票据市场的总规模、主要市场活跃主体和票据使用大户。

（2）运用营销手段，尝试与票据使用大户建立联系，形成若干关系紧密、贡献度大的基本客户群体。

（3）围绕承兑客户，追踪票据流向，开展贴现业务。

（4）相对固定转贴现客户，以获得稳定的资金融通渠道和谋求相对优惠的交易价格。

四、利率策略

票据交易利率虽然有中央银行的政策限定，但在政策限定范围内，商业银行可按照票据业务交易品种与方式确定具体的交易价格。一般是由商业银行利率管理部门不定期发布，由业务人员根据具体情况与客户谈判，并报相关部门审批后执行。为确保利率政策的科学性，应定期对利率水平的执行效果进行跟踪分析，避免因决策不科学给业务发展带来负面影响。跟踪分析内容包括利率政策执行后业务量、客户数量、收益水平等指标是否有变化，以及变化幅度是多大。

商业银行在确定具体交易利率时，应参考如下因素：

（1）经营策略。票据业务既属于企业短期融资业务，又属于资金业务。商业银行如果希望加大票据持有量以维持贷款规模，则可适当采取较低的贴现利率。如果信贷投放顺利或者希望卖出票据，则较高的价格也可接受。

（2）资金状况。商业银行自身资金状况直接影响利率水平。资金富余时，降低利率以买进票据，增加票据持有量；资金紧缺时，提高利率或卖出票据，减少票据持有量。

（3）资金成本。这是银行进行产品定价的基础。筹资成本高，则产品价格也较高。

（4）货币市场利率水平。这是判断票据市场价格水平的重要依据。一般而言，票据交易价格与其偏离度不会太大。

（5）市场同类产品/同业价格水平。为提高本银行的市场竞争力，就不可能采用过分高于同业的价格水平。

（6）票据贴现期限和票据信用状况。对信用程度高、经常有业务往来的客户，可采取优惠的价格。

防范利率风险是实施利率策略的重要内容。随着利率市场化的推进，利率风险正日益凸显。商业银行应该运用资产负债匹配管理的缺口理论及衍生工具对冲利率风险。在业务实践中，要加强对市场利率走势的预测分析，把交易利率管理与控制建设在正确的利率预测基础之上。同时，合理调整票据资产负债结构，锁定利差，缩小风险敞口，确保实现稳定的收入。中国工商银行票据营业部编制的工银票据价格指数是票据市场价格水平及变化程度的重要反映，银行及客户经理在办理业务时应加以参考。

五、产品策略

1. 注意事项

具体来说，客户经理在开展票据理财产品营销的各个环节中应把握以下几个方面的问题：

（1）客户经理在向客户推介银行票据业务时，应充分说明票据产品的优势。与传统贷款业务相比，利用适当的票据产品不但能降低客户融资成本，而且能帮助客户合理有效地安排自有资金，方便资金账务的结算，节约时间成本，增加客户价值。

（2）客户经理应避免单纯向客户介绍银行的票据产品，而应该在充分了解客户财务特点及资金运作情况的基础上，为其提供一套综合性的票据理财方案，灵活运用银行现有票据业务产品帮助客户合理安排资金运作，达到节约成本开支、提高相关收益的目的。

（3）客户经理要注重业务风险的控制。实际上包括全额保证金开具银行承兑汇票、银行承兑汇票贴现在内的大多数票据业务均属于低风险业务，在办理这类业务时要格外重视对道德风险、信用风险的有效控制，慎防操作风险。切不可为了短期利益而放松对过程风险的控制与管理，不然最终会导致将低风险业务办成高风险业务的不良后果。客户经理在意识中要形成风险防范观念，在大力开展营销工作的同时，平衡业务发展与风险防范两者之间的关系。

（4）客户经理对处于不同行业类型、具有不同经营能力的客户要进行细致划分，分析各自所处环境特点，了解行业市场结构，在此基础上为客户提供几种不同的票据理财方案，满足市场及客户个性化的需求。这样有助于将银行创新业务品种及时应用于目标市场，发挥银行产品的市场主导优势。

（5）票据业务风险低，收益稳定，是银行利润增长的主要来源之一，对推动全行各项业务的发展具有重要作用。为了进一步将票据业务做深做透，客户经理可以采取多种形式向客户推介银行票据产品，增强客户的认知度。例如，有针对性地举办银企交流会，将已成功应用的合作模式向更大的客户群体推广；也可以由各分行公司业务部不定期组织多种形式的产品说明会，把同一行业类型的客户集中在一起，进行现场介绍及解释，这样客户对银行就会有一个比较直观的认识，达到宣传推广的目的。

（6）客户经理应紧紧围绕核心客户向其上下游客户开展营销，通过银行票据业务产品寻求与上下游厂商的合作切入点，以此建立起与上下游优质客户的业务联系，扩大银行的基本客户群，为日后开展深度营销及客户结构调整提供有力保障。

（7）客户经理要具备过程营销的意识。从购进原料、生产加工、分销渠道至售后回款的整个经营过程跟踪客户，针对不同的经营环节，向其推介不同的票据产品。力争实现由出票购货到收票回款的资金运作流程，均采用银行为其量身制定的"一揽子"票据融资理财方案。这样既能够保证客户得到方便快捷的金融服务，节约资金成本，同时银行也能实现过程化管理，有效控制风险，确保信贷资金的安全，增加相关收益。

（8）客户经理应该全面掌握银行票据产品各自的特点，根据不同的市场状况，及时调整相应的营销策略，提出切实可行的理财建议，满足不同层次客户的需求。

2. 产品适用条件分析

（1）客户所需产品在市场上供不应求，具有卖方市场特征，面对众多竞争对手，预付账款可以获得商业折扣机会，而企业此时流动资金不足，若利用自有资金支付货款难以保证经营正常进行。这种情况下，银行客户经理可建议客户采取"买方付息票据贴现"方式向供应商（卖方）签发商业汇票。卖方持未到期的汇票向开户行办理贴现业务时，银行审核无误，从买方账户扣收利息。这样既可以有效降低客户采购时的融资成本，又可以获得短期的资金融通。另外，提前预付货款可以无形中提高卖方地位，获取一定比例的商业折扣。

（2）对于买方市场特征明显的客户，可建议其开立银行承兑汇票或商业承兑汇票，占用上游企业的资金，延期付款。客户经理在对客户进行营销的过程中，应把开票与贴现业务结合起来，通过授信主体的产业链条主动寻求与上下游企业合作的切入点。

（3）卖方不急于使用资金，可持票到期通过银行托收。若卖方需要使用资金或减少垫付资金，就会在到期日前到出票行办理贴现业务。客户经理应该与企业相关负责人沟通，争取让企业到银行办理贴现业务，并根据不同需要向企业推荐适宜的票据产品。

①若客户比较注重财务费用的开支，从节省财务费用角度考虑，客户经理可向其推荐"可回购式票据贴现"业务，重点说明该产品优势在于客户可根据自身资金安排的需要，随时将该票据进行回购，银行根据其实际用款天数，将已经收取的剩余时间的贴现利息返还客户。这种产品使用起来更加灵活方便。资金短缺时，通过票据贴现融资；资金宽松时，随时将已贴现票据回购，减少财务费用支出，合理控制成本。

②若客户有调整报表的需求，客户经理可向其推荐"国内票据包买"业务。重点强调银行作为包买商从申请人处无追索权地买入已承兑的商业汇票，可以达到调整财务报表的目的，同时降低了申请人的

资金风险，也能为银行进一步营销上游优质客户开辟渠道。

③卖方在销售商品后接受买方承兑的商业汇票，为获取流动资金，通常将商业汇票背书转让给银行，但买卖双方都不愿承担过多的利息，同时也不愿破坏搭建在彼此之间的合作伙伴关系，客户经理可以向其建议在银行办理"协定付息票据贴现"业务。通过签订三方协议，确定贴现利率及买卖双方利息承担份额。此类业务能够体现出交易双方平等、自愿的原则，也可以最大程度地满足特定企业的个性化需求。

（4）对于一些有商业承兑汇票贴现需求，但承兑人资信不足的客户，可以将其营销至银行办理"商票第三方保兑贴现"业务。这是一种第三方企业以其自身资信为承兑人提供保证，承担保证付款责任的商业承兑汇票贴现业务，采取这样的服务方式，可以为有资金需求的特殊企业提供融资便利，降低其融资费用。客户经理应该充分理解这项业务的要求，即第三方保证人对承兑人有追索能力，并对银行有到期支付能力。有计划、有针对性地对一些目前规模较小、但具有一定发展潜力的中小企业客户开展营销，争取其结算业务，扩大银行未来核心客户群体范围，同时也为下一步与保证人建立业务联系奠定基础。

第四章

知 识 测 评

学习本身从来不是目的，而是提升技能的手段。为此，在本章设计了选择题、简答题和分析题，供读者对自己在前面学习的内容进行测试。需要说明的是，票据业务技能的提高，不是单靠测试就能解决的。票据业务是实践性非常强的业务，就拿识别票据真假来讲，读再多的书、学习再多的知识，不如亲手摸一摸票面好。因此，读者应该在掌握了基本知识与技能后，主要在业务实践上下工夫。

第一节　测试范围

一、法律规章制度

1. 《中华人民共和国票据法》，自 1996 年 1 月 1 日起施行。

2. 《中国人民银行关于施行〈中华人民共和国票据法〉有关问题的通知》，1995 年 12 月 7 日发布。

3. 《票据管理实施办法》，1997 年 6 月 23 日发布。

4. 《商业汇票承兑、贴现与再贴现管理暂行办法》，1997 年 5 月 22 日发布。

5. 《支付结算办法》，1997 年 9 月 19 日发布。

6. 《最高人民法院关于审理票据纠纷案件若干问题的规定》，

2000 年 11 月 14 日发布。

7. 《最高人民法院关于认真学习、贯彻票据法、担保法的通知》，1995 年 8 月 30 日发布。

8. 最高人民法院研究室对《票据法》第十七条如何理解和适用问题的复函，2000 年 9 月 29 日发布。

9. 《中国人民银行关于完善票据业务制度有关问题的通知》，2005 年 9 月 5 日发布。

10. 《中国人民银行关于切实加强商业汇票承兑、贴现和再贴现业务管理的通知》，2001 年 7 月 24 日颁布。

二、相关论著

我国已经出版的关于《票据法》的书籍非常多，但大都属于围绕《票据法》进行解释性的教科书类型，偏重于司法理论，对业务实践人员不是非常适用。以下是从大量的《票据法》书籍中筛选出来的，可供票据从业人员进行参考。

1. 《中国票据法律制度研究》

王小能主编；北京大学出版社 1999 年版。王小能是北京大学教授、著名《票据法》专家。该书是国内较为系统性论述票据法律制度的专业书籍，出版后曾多次重印，至今仍是最受欢迎的票据专业书籍之一。

2. 《商业银行票据业务》

应俊惠主编，中国金融出版社 2006 年版。应俊惠长期担任中国最大票据专营机构——中国工商银行票据营业部的负责人。该书主要以中国工商银行票据营业部的业务实践为基础，主要从业务操作角度论述票据业务，为中国金融出版社所出版的商业银行业务丛书之一种，在分析基础上，配以练习题，具有较强的实用性。

3. 《商业银行票据经营》

徐星发编著，中国人民大学出版社 2006 年版。徐星发以自己在工作中的积累为基础，从票据经营生态、经营理念、票据战略与实现保障、业务风险与规避及票据的发行、贴现、转贴现等方面探讨了票据经营问题。书中附有近年来全国发生的一些票据大案介绍。

4.《票据法新论》

王开定著,法律出版社 2005 年版。该书以不同于常规票据书籍的体例,从持票人、票据债务人、正当持票人等角度介绍了我国《票据法》的相关内容,并与国外法律进行了相应比较。本书还收入了大量的司法实践中出现的案例,这些案例均以各级人民法院判决书的形式反映,具有较强的权威性与可参考性。

5.《瑕疵票据手册》

中国工商银行票据营业部编著,中国金融出版社 2005 年版。该书对业务实践中经常出现的一些票据瑕疵进行了归类分析,包括缺少记载事项、背书用章、背书章出框、骑缝章、印章不清、日期简写或涂改、书写不规范、重复背书、抬背不付等问题。书中对上述各种问题列出具体的瑕疵表现,在发表法律专家、会计专家、资产保全专家、营销专家意见的基础上,进行了综合解析。

6.《票据法教程》

徐学鹿主编,首都经济贸易大学出版社 2002 年版。本书采取了一般《票据法》教材所采取的常规体例,按照总论、汇票、支票与本票的分类,对《票据法》所涉及的基本内容进行了论述,但本书的特点在于汇总各家之长,具有较强的资料性。书中还分类介绍了大量的票据案例,可供参考。

7.《中国票据市场制度变迁》

阙方平著,中国金融出版社 2005 年版。这是一本主要从理论角度分析中国票据市场制度变迁的专著,从中可了解我国票据市场的形成历程、发展现状与运行的内在机理。

8.《支付结算制度汇编》

中国人民银行会计司编,新华出版社 1997 年版。该书是在票据法颁布实施时对相关票据法律制度的汇编,包括《票据法》、《票据管理实施办法》、《支付结算办法》、《支付结算会计核算手续》等。该书可与时任会计司负责人梁英武主编的《中华人民共和国票据法释论》（立信会计出版社出版）配合阅读。《中华人民共和国票据法释论》由票据法起草小组人员，以逐条解析的方式对票据法进行了讲解，具有较强的权威性。

9. 《票据纠纷》

祝铭山主编，中国法制出版社 2004 年版。该书是"典型案例与法律适用丛书"之一种，收集了人民法院关于票据纠纷的若干审批案例，并进行了点评。该书具有很强的适用性，是票据从业人员通过判例学习业务的好教材。

第二节　测试题

一、选择题

1. 下列属于我国《票据法》规定的票据是（　　）。

A. 银行承兑汇票　　B. 商业承兑汇票　　C. 银行本票　　D. 银行汇票

E. 转账支票　　　　F. 现金支票　　　　G. 发票　　　　H. 提单

I. 存单　　　　　　J. 仓单

2. 票据保证可以不记载（　　）。

A. 保证字样　　　　　　　　　　　B. 保证人名称与住所

C. 被保证人名称与住所　　　　　　D. 保证人签章

3. 汇票的付款人拒绝承兑时，（　　）为主债务人。

A. 付款人　　　　B. 保证人　　　　C. 出票人　　　D. 背书人

4. 汇票属于（　　）。

A. 委付证券　　　B. 自付证券　　　C. 信用证券　　D. 支付证券

E. 物权证券

5. （　　）是出票人签发的，委托付款人在见票时或者在指定日期无条件支付确定金额给收款人或持票人的票据。

A. 支票   B. 本票   C. 汇票   D. 提货单

E. 完全票据

6. （   ）属于银行以外的其他人为出票人的票据。

A. 银行票据   B. 商业票据   C. 银行承兑汇票

D. 商业承兑汇票   E. 银行汇票   F. 银行本票

7. 记名票据和无记名票据是按是否记载（   ）来区分的。

A. 收款人名称   B. 付款人名称   C. 持票人名称

D. 承兑人名称   E. 背书人名称

8. 完全票据与不完全票据是按是否将（   ）记载完整来区分的。

A. 绝对应记载事项   B. 相对应记载事项

C. 任意记载事项   D. 应记载事项

9. 依《票据法》理学上的分类，票据可以分为（   ）。

A. 委付证券和自付证券

B. 信用证券和支付证券

C. 记名票据和无记名票据

D. 完全票据、不完全票据和空白票据

10. 根据付款日期确定方式的不同，汇票可分为（   ）。

A. 即期汇票和远期汇票

B. 信用证券和支付证券

C. 记名票据和无记名票据

D. 完全票据、不完全票据和空白票据

11. 汇票的出票人、付款人、收款人三种身份分别由不同人担任的，称为（   ）。

A. 变式汇票   B. 一般汇票   C. 担保汇票   D. 融资汇票

12. 汇票基本当事人的身份是（   ）。

A. 出票人   B. 付款人   C. 收款人   D. 背书人

E. 承兑人

13. 银行承兑汇票和商业承兑汇票是（   ）。

A. 按照签发人不同进行的分类　　B. 都是商业汇票

C. 按照承兑人不同进行的分类　　D. 按照出票人不同进行的分类

E. 分别是银行汇票和商业汇票

14. 依据票据行为的种类可将票据关系分为 （　　）。

A. 出票关系或发行关系　　　　　B. 背书关系

C. 承兑关系　　D. 付款关系　　E. 保证关系

15. 以下 （　　） 关系是汇票所特有的。

A. 付款关系　　B. 背书关系　　C. 承兑关系　　D. 保证关系

16. 票据关系中的当事人主要依据 （　　） 而称谓。

A. 票据行为　　B. 票据权利　　C. 票据瑕疵　　D. 票据救济

17. 出票关系的当事人是 （　　）。

A. 出票人和收款人　　　　　　　B. 付款人和承兑人

C. 付款人和持票人　　　　　　　D. 承兑人和收款人

18. 承兑关系的当事人是 （　　）。

A. 付款人和收款人　　　　　　　B. 持票人和承兑人

C. 付款人和承兑人　　　　　　　D. 付款人和持票人

19. 保证关系的当事人是 （　　）。

A. 保证人和被保证人

B. 保证人、被保证人和保证关系债权人

C. 被保证人和保证关系债权人

D. 保证人和保证关系债权人

20. 票据关系的特点包括 （　　）。

A. 是一种独立的债权债务关系　　B. 基于票据行为而产生

C. 是一种无因性法律关系　　　　D. 属于民法关系

21. 付款关系的当事人是 （　　）。

A. 付款人　　　　　　　　　　　B. 持票人

C. 背书人　　　　　　　　　　　D. 票据款项收受人

22. 依据是否享有票据权利和享有的票据权利情形为标准，可将持票人分为三种，包括 （　　）。

A. 完整权利持票人　　　　　　　B. 无权利持票人

C. 瑕疵权利持票人　　　　　　　D. 被背书人

23. 清偿完票据债务全部票据关系即归于消灭的债务人，被称为（　　）。

A. 从债务人　　　　　　　　　　B. 主债务人

C. 第一序位债务人　　　　　　　D. 最终债务人

24. 对票据债务承担连带责任的债务人，被称为（　　）。

A. 主债务人　　　　　　　　　　B. 从债务人

C. 第二序位债务人　　　　　　　D. 后序债务人

25. 持票人应先向主债务人行使的票据权利是（　　）。

A. 付款请求权　　　　　　　　　B. 追索权

C. 利益返还请求权　　　　　　　D. 票据返还请求权

26. 汇票中付款人经过（　　）就成为主债务人，必须承担到期付款的责任。

A. 承兑　　　　B. 出票　　　　C. 背书　　　　D. 保证

27. 我国《票据法》上的非票据关系包括（　　）。

A. 票据返还关系　　　　　　　　B. 利益返还关系

C. 损害赔偿关系　　　　　　　　D. 保证与被保证关系

28. 票据基础关系是指票据关系所赖以建立于其上，但却不是基于票据行为，而是作为产生票据行为的基础的法律关系，也称票据的实质关系或《民法》上的非票据关系，包括（　　）。

A. 票据原因关系　　　　　　　　B. 票据资金关系

C. 票据预约关系　　　　　　　　D. 票据权利关系

29. 出票是指（　　）。

A. 专指票据的做成　　　　　　　B. 专指票据的交付

C. 票据的做成与交付　　　　　　D. 按规定格式填写票据凭证

30. 票据债务人之间承担（　　）。

A. 连带责任　　　B. 保证责任　　　C. 一般责任　　D. 无责任

31. 在汇票已获得承兑的情况下，主债务人是（　　）。

A. 承兑人　　　　B. 被背书人　　C. 付款人　　　D. 出票人

32. 在汇票未获承兑的情况下，持票人应先向（　　　）请求付款。

A. 付款人　　　　B. 背书人　　　C. 保证人　　　D. 票据权利人

E. 出票人

33. 付款人对合法提示付款的持票人应该出具拒绝证明，不予出具的，应赔偿由此给持票人造成的损失，这是（　　　）。

A. 《民法》上的非票据关系　　　B. 《票据法》上的非票据关系

C. 《票据法》上的票据关系　　　D. 资金关系

34. 因票据时效或票据记载事项欠缺而丧失票据权利时，持票人与出票人或承兑人之间发生的关系为（　　　）。

A. 利益返还关系　　　　　　　　B. 票据返还关系

C. 损害赔偿关系　　　　　　　　D. 票据原因关系

E. 票据预约关系

35. 对最终持票人而言，票据关系中的票据债务人包括（　　　）。

A. 出票人　　　　B. 承兑人　　　C. 背书人　　　D. 保证人

E. 付款人

36. 票据转让的原因包括（　　　）。

A. 商品交易　　　B. 赠予　　　　C. 清偿债务　　D. 借贷

E. 担保

37. 票据关系与非票据关系的基本区别在于（　　　）。

A. 是否基于票据行为而发生　　　B. 是否产生票据权利义务

C. 依据的法律不同　　　　　　　D. 是否依据《票据法》

38. 作为票据发行、转让的原因而发生的法律关系，被称为（　　　）。

A. 原因关系　　　B. 预约关系　　C. 基础关系　　D. 资金关系

39. 属于无权利持票人的情况是（　　　）。

A. 受让出票人禁止转让的票据的持票人

B. 取得无效票据的持票人

C. 偷窃他人票据的持票人

D. 因赠予而获得票据的持票人

40. 属于瑕疵权利持票人的情况是（   ）。

A. 受让变造票据的持票人

B. 因票据原因关系违法的持票人

C. 因非法借贷而取得票据的持票人

D. 票据本身未获银行承兑

41. 以下判断正确的是（   ）。

A. 票据原因关系存在欠缺或者被解除或者无效并不影响已经发行或者流通的票据和票据权利的效力

B. 持票人行使票据权利一般仅以持有票据为要件而无需证明自己取得票据的原因

C. 票据债务人不得以原因关系欠缺来对抗完整权利持票人

D. 接受票据的直接当事人之间，可以用原因关系抗辩票据权利请求

E. 无对价取得票据的持票人不得享有优于前手的权利

F. 持票人明知前手的原因存在抗辩事由，但仍然取得票据的，因接受知情抗辩

42. 关于票据关系和票据预约关系的相互关系，以下论述正确的是（   ）。

A. 票据预约关系是否成立或生效或违约，对票据本身的效力发生影响

B. 票据预约关系的消灭对票据关系产生影响

C. 票据预约关系的当事人一旦履行票据预约关系，票据预约关系即消灭

D. 票据预约关系与票据关系不存在联系

43. 票据返还包括（   ）。

A. 无权利持票人的票据返还   B. 已获付款时票据缴回

C. 已获清偿时票据交付   D. 因商品交易而取得票据

44. 损害赔偿包括（   ）。

A. 怠于通知而产生的损害赔偿，如票据权利人及其前手未在规定

期限内向有关票据债务人发出追索通知而造成损失时承担的赔偿，此项赔偿以汇票金额为限

B. 付款人或承兑人拒绝付款或承兑时，因未做成拒绝证明或退票理由书而给持票人造成损失时应承担的赔偿

C. 伪造、变造票据而给他人造成损害时应承担的赔偿

D. 变造票据的票据责任与变造票据而产生的赔偿责任实质上是一回事

45. 以下论述正确的是（　　）。

A. 汇票中的付款人承担必须付款的义务

B. 汇票中的付款人是否承担付款义务，取决于是否做出承兑行为

C. 付款人是否承兑，完全由自己决定

D. 付款人与出票人之间没有资金关系，就不能进行承兑

E. 付款人与出票人之间存在资金关系，就必须进行承兑

46. 《票据法》上的票据关系与非票据关系的区别在于（　　）。

A. 票据关系中的权利产生于票据行为，非票据关系中的权利直接产生于法律规定

B. 票据关系中的权利为票据权利，权利内容是票据上所记载的票据金额；非票据关系中的权利内容是票据作为物或权利财产的返还或交换利益的返还，以及因违反义务而产生的损害赔偿

C. 票据关系中的权利，是票据上的权利，以持有票据为依据；非票据关系以持有票据以外的原因为依据

D. 两者权利产生的原因、权利的内容以及权利行使的依据均有所不同

47. 以下属于票据资金关系的情形有（　　）。

A. 出票人在付款人处存有资金，约定由付款人以该项资金代为支付票据款项

B. 出票人与付款人订有信用合同，付款人承诺以自有资金为出票人垫付票据金额

C. 付款人欠有出票人债务，约定以支付票据款项作为偿还债务的

替代方式

D. 同预约关系、原因关系一样，同属基础关系

48. 狭义的票据行为，仅指能够发生票据债务的法律行为，主要包括（   ）。

A. 出票   B. 承兑   C. 保证   D. 背书

E. 付款

49. 无民事行为能力人或限制民事行为能力人在票据上签章的，其签章人（   ）票据责任。

A. 承担   B. 不承担

C. 承担，也可不承担   D. 视具体情况决定

50. 属于基本票据行为的票据行为是（   ）。

A. 出票   B. 承兑   C. 保证   D. 背书

E. 付款

51. 票据行为的实质要件包括（   ）。

A. 票据能力   B. 意识表示   C. 记载事项   D. 记载格式

52. 票据行为的形式要件包括（   ）。

A. 记载事项   B. 记载格式   C. 签章   D. 交付

E. 意识表示

53. 因实质要件欠缺而无效的出票行为主要有（   ）。

A. 无民事行为能力人的出票行为

B. 限制民事行为能力人的出票行为

C. 伪造签章的出票行为

D. 签章时未用本名的出票行为

54. 票据行为的特性包括（   ）。

A. 要式性   B. 文义性   C. 无因性   D. 独立性

E. 协同性

55. 票据行为的要式性体现在（   ）。

A. 签章   B. 书面   C. 款式   D. 内容

56. 票据签章是指（   ）。

A. 签名　　　　B. 盖章　　　　C. 签名加盖章

D. 属于绝对必要记载事项　　E. 指印

57. 票据的记载事项可分为（　　　）。

A. 绝对必要记载事项　　　　B. 相对必要记载事项

C. 任意记载事项　　　　　　D. 不得记载事项

E. 不具有票据法效力记载事项

58. 基本票据行为与附属票据行为的关系是（　　　）。

A. 基本票据行为如欠缺法定形式要件，则票据无效，且在票据上的全部附属票据行为无效

B. 基本票据行为如欠缺实质要件，则仅基本票据行为本身无效，在票据上进行的附属票据行为仍然独立生效

C. 基本票据行为与附属票据行为互为因果关系

D. 二者没有关系

59. 以下关于票据金额记载规定正确的是（　　　）。

A. 票据金额为必须记载事项

B. 金额必须确定

C. 中文大写与数码必须同时记载，且必须一致

D. 票据金额不得更改

E. 违反上述规定之一的，票据无效

60. 票据代理的形式要件只有齐备，才能产生票据代理效力。形式要件包括（　　　）。

A. 必须显示于票据上　　　　B. 必须写明被代理人名称

C. 必须由代理人签章　　　　D. 必须表明代理的意旨

E. 必须由被代理人签字

61. 以下关于越权代理的论述，正确的是（　　　）。

A. 必须显示于票据上

B. 越权代理实质上是一种无权代理

C. 常见的越权代理是金额越权

D. 越权代理人仅就其超越权限的部分承担票据责任

E. 必须有代理授权，且超过代理授权

62. 法人超越经营范围所进行的票据行为是（   ）。

A. 无效   B. 有效

C. 违反《票据法》的行为   D. 效力视具体情况而定

63. 票据上大小写金额不一致时，票据（   ）。

A. 无效   B. 行为无效

C. 以数额较小者为准   D. 以数额较大者为准

64. 票据代理人（   ）。

A. 承担票据责任   B. 承担代理事项的票据责任

C. 与被代理人承担相同的责任   D. 不承担票据责任

65. 关于票据上记载论述正确的是（   ）。

A. 法律上规定票据上必须记载，如果不记载，票据或票据行为将因此而无效的记载事项是绝对必要记载事项

B. 法律上不强制当事人必须记载，但当事人记载时可以产生票据效力的记载事项为任意记载事项

C. 法律规定不得在票据上记载，一旦记载将使票据或票据行为无效的记载事项为不得记载事项

D. 虽然在票据上记载，但不具有票据效力的记载事项为任意记载事项

66. 有害记载事项是指该事项（   ）。

A. 减少被背书人的票据权利   B. 使票据变为无效票据

C. 使票据行为的效力归于无效   D. 本身不符合法律或道德的要求

67. 不影响票据行为效力的行为包括（   ）。

A. 以合法形式掩盖非法目的

B. 违反法律规定及社会公益的民事行为

C. 无民事行为能力人的票据行为

D. 恶意串通损害国家、集体及他人利益的民事行为

68. 在同一张票据上进行的各个票据行为均独立产生效力，具体表现是（   ）。

A. 各个票据行为均单独发生，不因某一票据行为而当然发生其他票据行为

B. 各个票据行为一般只因自身原因而无效，不因其他票据行为的原因而无效

C. 各个票据行为均独立生效，不因其他票据行为的有效而当然生效

D. 在同一张票据上进行的各个票据行为各有自己的基础关系，在实质上是独立进行的

69. 票据行为的文义性体现在（   ）。

A. 票据债权人不得以票据文义没有记载的内容主张票据权利

B. 除直接当事人外，票据债务人不得以票据文义没有记载的内容抗辩票据权利

C. 不得以票据记载以外的其他事实、证据或信息去推断票据行为人的真实意思

D. 不能以票据记载内容以外的信息去任意补充、变更票据行为人的意思

E. 如果文字记载与实际情况不符，仍以文字记载为准

70. 票据行为的无因性体现在（   ）。

A. 票据行为以具有经济内容的法律行为为前提，但票据行为成立后，作为其前提条件的原因关系存在与否、其原因关系是否有效，对票据关系不产生影响

B. 票据行为的效力与其基础关系可以分离

C. 持票人不负给付原因的举证责任

D. 票据债务人不得以原因关系对抗非直接的善意持票人

71. 票据签章的独立性表现在（   ）。

A. 票据上无民事行为能力人或限制民事行为能力人在票据上签章无效，但是不影响其他签章的效力

B. 票据上有伪造签章的，被伪造签章人不承担票据责任，但是不影响票据上其他真实签章的效力

C. 票据上有变造签章的，被变造签章的人应依照变造前的签章效力和记载事项承担票据责任，但是不影响票据上其他真实签章的效力

D. 票据上的签章可以独立于票据上记载的文句而存在

72. 票据无效是指票据因违反形式要件要求而整体上不产生票据效力，致使票据权利自始不存在，所有票据行为人都不承担票据责任，其实质是票据行为违反了强制性的票据外观的要式性要求。票据无效的情形包括（   ）。

A. 因形式欠缺必要记载事项而无效

B. 因更改不可更改事项而无效，如更改金额、出票日期和收款人名称

C. 票据款式违反强制性要求而无效，如大小写金额不一致

D. 记载内容与票据本质特性根本接触而无效，如记载有条件付款

73. 票据权利是指持票人向（   ）请求支付票据金额的权利。

A. 出票人　　　B. 承兑人　　　C. 背书人　　　D. 保证人

E. 付款人　　　F. 票据债务人

74. 下列论述正确的是（   ）。

A. 《票据法》上所规定的权利可分为票据权利和《票据法》上权利

B. 票据权利是指持票人向票据债务人请求支付票据金额的权利

C. 《票据法》上权利是指根据《票据法》的特别规定，与票据行为或票据关系有关，但又并非票据权利的权利

D. 票据权利包括付款请求权和追索权

E. 付款人依法足额付款后，全体债务人责任解除

75. 票据权利绝对消灭的情形有（   ）。

A. 清偿追索　　　B. 除权判决　　　C. 善意取得　　　D. 正确付款

E. 付款到期

76. 因企业分立而取得票据和从拾得者手里取得票据分别属于（   ）。

A. 非《票据法》上的继受取得，间接恶意

B. 《票据法》上的继受取得，直接恶意

C. 发行取得，善意取得

D. 原始取得，直接恶意

E. 原始、善意取得，间接恶意

77. 明知前手是以非法手段取得票据，但以对价取得票据时或者重大过失取得不合乎《票据法》规定的票据时，该人（　　）。

　A. 享有票据权利　　　　　　　B. 享有票据抗辩权

　C. 不得享有票据权利　　　　　D. 享有优于前手票据权利

78. 属于重大过失取得票据的情形包括（　　）。

　A. 取得出票时绝对应记载事项未记载完全的票据

　B. 取得不可更改事项已更改的票据

　C. 取得到期后背书转让的票据

　D. 取得金额记载不合规则的票据

　E. 取得出票人签章不合规则的票据

　F. 从无处分权人手中取得票据

　G. 取得无效票据

　H. 以瑕疵方式取得票据

79. 取得票据但不享有票据权利的方式包括（　　）。

　A. 欺诈　　　　B. 胁迫　　　　C. 偷盗　　　　D. 单纯交付

　E. 拾遗

80. 我国《票据法》中的"对价"是指（　　）。

　A. 客观对价　　B. 主观对价　　C. 金钱对价　　D. 即期对价

　E. 实物对价

81. 票据权利的要件包括（　　）。

　A. 持有合法票据　　　　　　　B. 向票据债务人行使

　C. 请求支付一定金额　　　　　D. 仅能向企业法人行使

82. 票据取得与票据权利取得的关系主要体现在（　　）。

　A. 取得票据并享有票据权利，如因发行、背书、单纯交付或债务清偿而取得票据

　B. 取得票据但不享有票据权利，如恶意取得票据或重大过失取得

票据

C. 虽取得票据但是否享有票据权利要依前手情形而定，如无偿取得票据、依破产分配等法律规定方式取得票据

D. 两者之间不存在关系

83. 因发行而取得票据并享有票据权利一般应具备的要件是（　　　）。

A. 票据形式上有效，绝对必要记载事项记载齐全

B. 出票人自愿将票据交付给持票人

C. 除偷盗外，可以任何方式将票据交付给持票人

D. 票据权利随票据的取得而丧失

84. 善意取得是指当事人从无处分权人手中取得有效票据并享有票据权利，要件包括（　　　）。

A. 从无处分权处取得票据　　　B. 以《票据法》规定的方法取得

C. 取得的票据为有效票据　　　D. 以善意取得，并给付了对价

85. 票据权利行使与票据权利保全的关系是（　　　）。

A. 两者有一定内容是共同的，权利行使是票据权利人为行使票据权利而进行的行为，权利保全则是票据权利人为防止票据权利丧失而进行的行为

B. 内容包括依期提示票据、依期做成拒绝证明等

C. 持票人对票据债务人行使或保全票据权利，应在票据当事人的营业场所进行，无营业场所的，应当在其住所进行

D. 持票人对票据债务人行使或保全票据权利，应在票据当事人的营业时间内进行

E. 两者没有关系

86. 虽然取得票据，但是否享有票据权利，视前手情形而定的情况有（　　　）。

A. 因发行取得票据　　　B. 无偿取得票据

C. 因欺诈取得票据　　　D. 因背书取得票据

E. 受捐赠取得票据

87. 《票据法》规定，（　　　）依法足额付款后，全体债务人责任

解除。

A. 出票人　　　　B. 承兑人　　　　C. 付款人　　　D. 被追索人

88. 依《票据法》原因而致使票据权利消灭的情形包括（　　　）。

A. 债务抵消　　　B. 票据丢失　　　C. 法律规定　　D. 票据时效届满

89. 属于票据行为相关权利的情形包括（　　　）。

A. 票据抗辩权　　　　　　　　　B. 损害赔偿权

C. 空白票据补充权　　　　　　　D. 票据丧失救济权

E. 更改权　　　　　　　　　　　F. 涂销权

90. 重大过失取得有效票据的情形包括（　　　）。

A. 取得背书人签章不合规则的票据

B. 以空白背书取得票据

C. 取得记载有害背书事项的票据

D. 取得出票人签章不合规则的票据

E. 取得出票人明确记载禁止转让文句，背书人又将其转让的票据

91. 票据时效中断的方法有（　　　）。

A. 当事人一方同意履行　　　　B. 依据法律规定进行债权申报

C. 提起诉讼　　　　　　　　　D. 当事人一方提出要求履行债务

92. 对价依给付的时间为标准，可以分为（　　　）。

A. 即期对价　　　B. 已付对价　　　C. 远期对价　　D. 客观对价

E. 主观对价

93. 下列关于票据权利取得表述正确的包括（　　　）。

A. 票据权利的取得是指依合法方式或法定原因而取得有效票据从而享有票据权利

B. 票据权利的原始取得是指持票人不依据前手权利或直接依据法律规定而取得票据

C. 继受取得是指依据前手票据权利而受让票据从而享有票据权利

D. 善意取得是指持票人虽然从无票据权利人的手中取得票据，但基于善意并无重大过失，依法仍享有票据权利，为原始取得的一种方式

E. 发行取得是指持票仍基于出票的发行行为而取得票据权利

94. 无权限仍更改票据，属于（　　　）。

A. 票据更改　　　B. 票据变造　　　C. 伪造　　　　D. 涂销

95. 出票仍划去汇票上记载的付款地并在旁签章，这一行为属于（　　　）。

A. 票据更改　　　B. 票据伪造　　　C. 票据变造　　　D. 票据涂销

96. 《票据法》规定不可更改的事项包括（　　　）。

A. 付款人　　　　B. 付款地　　　　C. 出票地　　　　D. 收款人名称

E. 出票日期

97. 以下论述正确的包括（　　　）。

A. 票据更改是指《票据法》规定的可以更改的事项在票据上已经记载后，由享有更改权的人依法定更改款式所进行的变更

B. 票据伪造是指不以自己的真实名称而是假冒他人名义而进行票据行为

C. 票据变造是指没有更改票据记载事项的人变更票据上除签章以外的其他记载事项

D. 票据涂销是指将票据上已记载事项以涂抹的方式予以消除

98. 以下关于票据更改论述正确的包括（　　　）。

A. 票据更改为有权限人所为，否则为票据变造

B. 只能对可以更改的事项进行更改，否则将导致票据无效

C. 以法定款式进行，否则不能产生可更改效力

D. 有些票据更改属于不合法行为

E. 对可更改的事项进行更改后，应该由原记载人签章证明

99. 关于票据伪造效力论述正确的是（　　　）。

A. 伪造人和被伪造人均不承担票据责任

B. 伪造人承担侵权损害赔偿责任或不当得利责任，构成犯罪的则承担刑事责任

C. 伪造的签章不影响票据上其他真实签章的效力

D. 付款人对伪造出票或伪造承兑的票据付款，应属于错误或重大过失付款

E. 付款人对伪造背书但仍显示背书连续的票据付款，则为正确付款

100. 关于票据变造责任论述正确的是（　　）。

A. 票据变造如果对不可更改事项进行变造并显示痕迹的，票据无效

B. 对可更改事项的变造，其票据责任效力为：变造之前签章的人对原记载事项负责，在变造之后签章的人对变造之后的记载事项负责

C. 票据变造人除以票据责任效力承担票据责任外，如果给他人造成损失，还应承担相应的民事责任或刑事责任

D. 对可更改事项的变造，如不能辨别签章时间的，视同在变造之前签章

101. 关于票据涂销效力论述正确的是（　　）。

A. 有权利人的故意涂销，产生涂销效力，被涂销事项失去票据效力

B. 有权利人的无意涂销，应为无效涂销

C. 无权利人的无意或故意涂销，均为无效涂销

D. 票据涂销均导致票据权利丧失

102. 票据伪造和无权代理、票据变造的关系是（　　）。

A. 票据代理有严格的形式要件要求，而票据伪造在票据上不显示代理关系

B. 代理的结果体现了被代理人利益，而伪造则是为了伪造人的利益

C. 票据伪造主要针对票据上的签章事项，目的在于变更票据责任的内容；票据变造主要针对签章以外的其他事项，目的在于变更票据责任内容

D. 票据变造人无更改权，所做行为为违法行为

103. 下列有关票据关系的说法，正确的是（　　）。

A. 票据关系是一种独立的债权债务关系

B. 票据关系是基于票据行为产生的

C. 票据关系以票据基础关系的存在为前提

D. 票据关系是分离于票据基础关系的无因性法律关系

104. 承兑行为发生于（   ）。

A. 本票关系中   B. 汇票关系中

C. 支票关系中   D. 所有票据关系中

105. 关于票据伪造和变造，下列说法中错误的是（   ）。

A. 票据伪造主要是伪造签章

B. 票据伪造仅指伪造出票

C. 票据伪造是假冒或虚构他人名义的票据行为

D. 票据变造主要是变更签章以外的其他事项

106. 下列可能成为票据利益返还关系中偿还义务人的是（   ）。

A. 承兑人   B. 背书人   C. 收款人   D. 付款人

107. 甲公司向乙公司签发金额为 200 万元的商业承兑汇票，则
（   ）。

A. 甲公司必须事先在银行有 200 万元的存款

B. 甲公司必须在签发汇票后的 10 日内向银行提供 200 万元的付款保证金

C. 汇票到期日时甲公司存款余额不足支付的，该汇票无效

D. 只要在汇票到期时能支付 200 万元即可

108. 汇票出票人因背书受让票据而成为持票人时，（   ）。

A. 票据权利义务关系消灭

B. 不得再背书转让汇票

C. 对前手仍可以以被背书人身份享有追索权

D. 对前手无追索权

109. 阳光公司签发一张以太木公司为收款人的银行承兑汇票，不慎将收款人误写成大木公司，则（   ）。

A. 该票据为无效票据，当太木公司提示付款时，银行可以拒绝付款

B. 太木公司可以自行改正后请求银行付款

C. 经阳光公司出具证明后，银行应承认太木公司的票据权利

D. 因票据行为的独立性，如果太木公司背书转让该票据，则被背

书人享有票据权利

E. 因出票行为无效导致该汇票无效，并使后续的票据行为无效，因此被背书人不享有票据权利

110. 持票人因无时间亲自到银行提示付款，请乙代替，则（   ）。

A. 乙持票即可行使票据权利

B. 乙在说明与持票人的关系后要求银行付款

C. 持票人应在票据上表明乙为被背书人，并注明"委托收款"字样

D. 银行可以以必须由本人亲自提示付款为由拒绝向乙付款

111. 持票人甲公司将面额 200 万元的汇票背书转让给乙公司，由丙公司充当保证人，汇票未继续转让。后承兑人丁银行查明该汇票金额被人从 20 万元改为 200 万元，从而拒绝付款。乙公司向丙公司行使追索权时，则（   ）。

A. 由于主债务因欺诈无效，从债务也消灭，丙公司保证责任自始不成立

B. 丙公司仍应承担 220 万元的保证责任

C. 丙公司只需承担该汇票真实数额 20 万元的保证责任

D. 票据由变造人承担责任，丙公司不需要承担责任

112. 出票地在越南，背书行为发生在日本，持票人为德国人，付款地在上海。依据我国《票据法》，决定持票人追索权行使期限的法律是（   ）。

A. 越南法   B. 日本法   C. 德国法   D. 中国法

113. 我国《票据法》规定，票据上大小写金额不一致时，则（   ）。

A. 以大写金额为准   B. 以小写金额为准

C. 以两者中金额较大者为准   D. 票据无效

114. 票据权利的保全措施包括（   ）。

A. 承兑   B. 保证   C. 提供拒绝证明   D. 追索

E. 遵期提示

115. 关于票据抗辩定义，理解正确的是（   ）。

A. 票据抗辩权是票据债权人享有的权利

B. 票据抗辩权是票据债务人享有的权利

C. 票据抗辩是票据债务人对票据债权人拒绝履行义务的行为

D. 票据抗辩制度的建设，主要目的是在《票据法》上对票据债权人和债务人的利益进行平衡保护

E. 票据抗辩权利可以不分场合地使用

F. 可以对票据上的部分金额进行抗辩

116. 票据抗辩的成立，将导致（　　　）。

A. 持票人追索权的丧失

B. 背书人背书资格的丧失

C. 持票人和票据上记载的债务人之间的票据债务债权关系消灭（持票人与其前手、出票人之间的债务债权关系并不必然消灭）

D. 票据无效

117. 属于任何票据债务人都可以对任何持票人行使抗辩的情况是（　　　）。

A. 票据上欠缺有关当事人的名称、签章以及出票日期

B. 无效票据或票据权利已经失效

C. 票据上记载的到期日未到

D. 票据上记载的付款地与持票人请求付款的地点不符合

E. 票据上记载的债务人为欠缺民事行为能力的人

F. 票据上记载的债务人是在变造前签章

118. 票据债务人不得以自己与出票人或（　　　）之间的抗辩事由对抗持票人。

A. 持票人的前手 　　　　　　B. 票面载明的收款人

C. 汇票第一手背书人 　　　　D. 汇票第一手被背书人

119. 以下属于票据丧失情况的是（　　　）。

A. 被撕扯成无法复合的纸屑 　B. 被火烧成纸灰

C. 不慎丢失或被人偷盗 　　　D. 锁在保险柜中无法取出

120. 票据丧失的补救方法包括（　　　）。

A. 挂失止付　　B. 公示催告　　C. 提示付款　D. 提起诉讼

121. 关于挂失止付论述正确的是（　　　）。

A. 挂失止付是票据丧失后采取的一种临时性救济措施

B. 未记载付款人或者无法确定付款人及代理付款人的票据也可办理挂失止付

C. 没有承兑的商业汇票不能办理挂失止付

D. 付款人收到挂失止付通知后，对已经付款的，要承担相应的责任

122. 关于挂失支付效力论述正确的是（　　　）。

A. 挂失支付的有效期间为 12 日

B. 挂失票据尚未支付的，付款人应予以挂失

C. 因公示催告，法院发出止付通知书的，具有接续挂失止付期间的效力

D. 但挂失期间如持票人要求支付，付款人仍应给予支付

123. 公示催告的作用主要有（　　　）。

A. 暂时停止支付　　　　　　　B. 防止善意取得

C. 查明利害关系人　　　　　　D. 恢复票据权利

124. 申请公示催告的票据所应具备的条件包括（　　　）。

A. 票据确已丧失　　　　　　　B. 所失票据为可背书转让票据

C. 已知所失票据为某人取得　　D. 不知票据被何人持有

125. 公示催告在出现以下（　　　）情况时宣告终结。

A. 利害关系人申报权利　　　　B. 申请人撤回申请

C. 期限届满　　　　　　　　　D. 申请人又取得票据

126. 以下事由属于《票据法》上物的抗辩的是（　　　）。

A. 持票人以欺诈手段取得票据　　B. 票据未到期

C. 持票人的前手不履行约定义务　D. 票据到期日未到

E. 票据权利已消灭的抗辩

127. 下列属于不可以挂失止付的票据有（　　　）。

A. 未记载付款人的票据　　　　B. 无法确认付款人的票据

C. 未承兑的商业汇票　　　　　D. 未背书的银行承兑汇票

128. 挂失支付后，可能出现的情况是（　　　　）。

A. 善意取得　　　　　　　　B. 票据金额被冒领

C. 票据失效　　　　　　　　D. 恢复票据权利

129. 以下不能申请公示催告的情况包括（　　　　）。

A. 票据被盗　　B. 票据被骗　　C. 票据遗失　　D. 票据灭失

130. 可以申请公示催告程序的申请人应为可转让背书的（　　　　）。

A. 票据权利人　　B. 票据占有人　C. 最后持有人　D. 被背书人

131. 票据的复权方法包括（　　　　）。

A. 挂失支付　　B. 公示催告　　C. 提示承兑　　D. 提示付款

132. 票据丧失的失票人主要包括（　　　　）。

A. 委托收款背书的被背书人

B. 付款人

C. 尚未完成票据交付行为的出票人和背书人

D. 空白背书的出票人和背书人

E. 原持有票据并享有票据权利的人

133. 票据丧失后可以挂失止付的失票人包括（　　　　）。

A. 票据权利人　　　　　　　　B. 委托收款背书的被背书人

C. 已做成票据的出票人　　　　D. 已完成背书的背书人

E. 空白票据持有人

134. 所失票据不能申请公示催告的有（　　　　）。

A. 该票据不可背书转让　　　　B. 该票据已被付款人支付

C. 该票据时效已结束　　　　　D. 该票据持有人已无票据权利

E. 该票据已不存在

135. 失票人进行挂失止付时，应办理的手续主要包括（　　　　）。

A. 填写挂失止付通知书

B. 失票人在挂失止付通知书上签章

C. 到出票人处陈述

D. 将挂失止付通知书交给付款人或代理付款人

136. 按照抗辩效力和对象的不同，票据抗辩可分为（　　　　）

A. 人的抗辩和物的抗辩　　B. 绝对抗辩和相对抗辩

C. 客观抗辩和主观抗辩　　D. 对事抗辩和对人抗辩

137. 票据抗辩限制例外的情形包括 （　　）。

A. 间接恶意抗辩　　B. 无对价抗辩

C. 人的抗辩　　D. 知情抗辩

138. 《票据法》中对票据债务人保护的内容包括 （　　）。

A. 票据抗辩限制　　B. 票据权利

C. 利益返还请求权　　D. 挂失止付

139. 票据抗辩限制主要是指票据抗辩中的 （　　）。

A. 对人抗辩　　B. 对物抗辩

C. 不允许抗辩　　D. 有条件的抗辩

140. 下列关于票据抗辩特点论述中正确的是 （　　）。

A. 票据抗辩仅是对票据债权人请求权的对抗

B. 票据抗辩不适用抗辩延续原理，而适用对人抗辩的切断原理

C. 票据抗辩仅是否认请求人享有票据权利的抗辩

D. 票据抗辩的不延续原理是为保护债权人利益

141. 一切票据债务人均可以主张的对物的抗辩包括 （　　）。

A. 签章不合规则　　B. 票据金额与请求金额不符

C. 背书不连续　　D. 无权代理

E. 到期日未届满

142. 王某以自己为无民事行为人为由，拒绝对持票人张某承担票据责任，王某的抗辩属于 （　　）。

A. 对人的抗辩　B. 对物的抗辩　C. 绝对抗辩　D. 民法上的抗辩

143. 票据债务人不得以自己与出票人或者持票人的前手之间的抗辩事由对抗持票人，这里的前手是指 （　　）。

A. 持票人的直接前手　　B. 持票人的所有前手

C. 所有票据债务人　　D. 出票人以外的所有债务人

144. 属于特定票据债务人可以主张的对人抗辩的情形有 （　　）。

A. 原因关系无效　　B. 无对价转让票据

C. 票据是赠送所得　　　　　D. 票据尚未交付给相对人

E. 当事人之间不存在资金关系

145. 以下属于对人的抗辩的情形有 (　　)。

A. 直接恶意抗辩　　　　　　B. 基于原因关系的抗辩

C. 欠缺对价的抗辩　　　　　D. 欠缺交付的抗辩

146. 以下关于知情抗辩论述正确的是 (　　)。

A. 是指票据债务人得以主张的对持票人明知存在抗辩事由而取得票据的抗辩

B. 属于物的抗辩

C. 属于人的抗辩

D. 知情持票人因知情而继受前手的票据权利瑕疵

147. 以下关于间接恶意抗辩论述正确的是 (　　)。

A. 是指以持票人出于恶意取得明知是他人恶意取得的票据作为抗辩事由而进行的抗辩

B. 间接恶意持票人能够享有票据权利

C. 间接恶意持票人不享有票据权利

D. 持票人持有的票据不一定是恶意取得

148. 下列关于票据抗辩论述正确的是 (　　)。

A. 票据抗辩的意义在于在保障债权人合法权益的同时，也公平地保障票据债务人的合法权益

B. 票据抗辩不仅是对票据债权人请求权的对抗，而且包含了根本否认请求人享有票据权利的抗辩

C. 票据权利不具有延续性

D. 票据抗辩一般仅限于直接当事人之间

149. 关于《民法》上的抗辩与《票据法》上的抗辩两者之间的关系，以下论述正确的是 (　　)。

A. 《民法》上的抗辩并非彻底否认请求权的存在，而《票据法》上的抗辩则是从根本上否认请求人享有票据权利的抗辩

B. 《民法》上的抗辩具有延续性，而《票据法》上的抗辩不具有

延续性

C. 《民法》上的抗辩具有随着债权债务流转次数的增加而产生更多抗辩的特点

D. 两者没有区别

150. 以下说法正确的是（　　）。

A. 甲乙在协议中约定甲以支票向乙付款，则甲乙之间存在票据关系

B. 甲以汇票向乙设定质押，则甲乙之间存在票据关系

C. 甲和银行签订承兑协议，则甲和银行之间存在票据关系

D. 甲签发一张承兑汇票给乙，则乙和付款银行之间存在票据关系

151. 票据的设立，必须遵循诚实信用的原则，具有真实的（　　）关系，票据的取得必须给付对价。

A. 商品交易　　　B. 物资劳务　　　C. 债权债务和交易　　　D. 支付

152. 支付对价善意取得票据的受让人，可以获得优于其（　　）的权利，前手对票据的权利缺陷并不影响受让人的权利。

A. 出票人　　　　B. 后手　　　　C. 前手　　　　D. 承兑人

153. 一年内发生（　　）次以上故意压票、无理拒付，造成重大影响的，中国人民银行将取消其开办商业汇票业务的资格。

A. 三　　　　　B. 四　　　　　C. 五　　　　　D. 六

154. 贴现利率采取在（　　）基础上加百分点的方式生成，加点幅度由中国人民银行确定，而贴现利率上限按照不超过同期贷款利率生成。

A. 贷款利率　　　　　　　　B. 再贴现利率

C. 转贴现利率　　　　　　　D. 承兑手续费

155. 追索权是持票人在票据不获承兑或不获付款时，可以向（　　）请求偿还票据金额、利息及有关费用的一种票据权利。

A. 背书人　　　B. 承兑人　　　C. 保证人　　　D. 出票人

156. 办理买方付息票据贴现业务，必须坚持（　　）的原则。

A. 先收妥贴现利息，再划付资金

B. 先划付资金，再收妥贴现利息

C. 贴现利息由收款人支付

D. 贴现利息由支付货款的一方承担

157. 在办理转贴现业务时，票据背书应该加盖（　　　）。

A. 公章　　　　　　　　　　　B. 财务专用章

C. 结算专用章　　　　　　　　D. 汇票专用章

158. 对贴现申请人位于商业汇票第（　　　）背书人（含）之后，且其名称与出票人名称一致的票据，应调查了解其回头背书的原因，辨别其是否合理，在确保贸易背景真实的前提下才可买入。

A. 一　　　　B. 二　　　　C. 三　　　　D. 四

159. 不同票号的增值税发票之间，其密码区应（　　　）。

A. 相同　　　　　　　　　　　B. 不同

C. 可能相同，也可能不同　　　D. 最后两行相同

160. 商业汇票是交易性票据，办理商业汇票业务都必须依法、合理、合规，（　　　）签发、承兑、贴现不具有贸易背景的商业汇票。

A. 限制　　　　B. 不准　　　　C. 严禁　　　　D. 原则上不得

161. 四联增值税发票依次为（　　　）。

A. 抵扣联、发票联、存根联、记账联

B. 存根联、发票联、抵扣联、记账联

C. 抵扣联、存根联、发票联、记账联

D. 记账联、抵扣联、发票联、存根联

162. 未纳入防伪税控系统管理的企业可以使用普通计算机软件开具应税销售额在（　　　）万元以下的电脑版增值税发票。

A. 10　　　　B. 1　　　　C. 100　　　　D. 1000

163. 在商品交易中，商业汇票、交易合同和增值税发票开具的时间顺序为（　　　）。

A. 商业汇票—交易合同—增值税发票

B. 交易合同—商业汇票—增值税发票

C. 增值税发票—商业汇票—交易合同

D. 商业汇票—增值税发票—交易合同

164. 增值税发票左上方代码为（　　　）位，右上方钢印流水号为

（　　　）位。

　　A. 10、8　　　　B. 8、10　　　　C. 9、10　　　　D. 10、9

　　165. 某增值税的发票名称为"山东省增值税专用发票"，那么这张发票的（　　　）单位应该在山东省。

　　A. 购货

　　B. 销货

　　C. 购货和销货

　　D. 与购销单位所在地无关系

　　166. 商业汇票要素中（　　　）。

　　A. 日期、金额、付款人不得更改

　　B. 日期、承兑人、付款人不得更改

　　C. 日期、账号、付款人不得更改

　　D. 日期、金额、收款人不得更改

　　167. 商业汇票更改事项中的"规范更改"是指（　　　）。

　　A. 后手更改所有前手的内容后，后手在规定的地方加盖背书

　　B. 本手自己更改内容，本手在规定的地方加盖背书

　　C. 前手更改所有前手的内容后，在规定的地方后手加盖背书

　　D. 后手更改内容，在规定的地方后手加盖背书

　　168. 商业承兑汇票的出票日期书写应使用（　　　）。

　　A. 中文大写

　　B. 罗马数字

　　C. 阿拉伯数字小写

　　D. 随意书写

　　169. 背书生效后，背书人即成为票据上的（　　　），必须承担担保承兑和到期付款的责任。

　　A. 债权人　　　B. 债务人　　　C. 担保人　　　D. 付款人

　　170. 甲于2007年5月10日签发一张汇票，到期日为2007年11月10日，则此汇票的权利消灭时间开始于（　　　）

　　A. 2007年11月11日　　　　B. 2009年11月11日

　　C. 2009年5月10日　　　　D. 2007年11月21日

　　171. 背书转让的汇票，判断背书是否连续的标准是（　　　）。

　　A. 前一手的被背书人是后一手的背书人

　　B. 前一手的背书人是后一手的被背书人

C. 前一手的被背书人是后一手的被背书人

D. 前一手的背书人是后一手的背书人

172. 以下关于人的抗辩的论述正确的是 （　　）。

A. 对人的抗辩是一切票据债务人或特定票据债务人可以对抗特定债务人的抗辩

B. 对人的抗辩仅能对抗特定的持票人

C. 抗辩主要限于直接当事人之间，其他抗辩当事人的抗辩效力被切断

D. 抗辩事由一般为票据外事项，尤其是票据基础关系中的事项

173. 一切票据债务人可以主张的对人抗辩主要是指 （　　）。

A. 直接恶意抗辩

B. 对以欺诈、胁迫、偷盗、拾遗而获得票据的人进行的抗辩

C. 欠缺对价的抗辩

D. 基于原因关系的抗辩

174. 特定票据债务人可以主张的对人抗辩主要有 （　　）。

A. 基于原因关系的抗辩　　　　B. 基于资金关系的抗辩

C. 欠缺对价的抗辩　　　　　　D. 欠缺交付的抗辩

E. 违反特约的抗辩

175. 知情抗辩与间接恶意抗辩的主要区别在于 （　　）。

A. 间接恶意抗辩仅适用于知悉恶意取得票据的情形，而知情抗辩适应于其他情形

B. 一切票据债务人均可主张间接恶意抗辩，而知情抗辩由直接当事人主张

C. 间接恶意抗辩的效力为间接恶意持票人不得享有票据权利，知情抗辩的效力为知情持票人继受票据权利瑕疵，但并非不得享有票据权利

D. 两者时效不同

176. 持票人对票据出票人和承兑人的权利自 （　　） 起两年。

A. 到期日　　　B. 出票人　　　C. 承兑日　　　D. 背书日

177. 我国法律规定的票据时效的起算日主要有 （　　）。

A. 出票日 　　　　　　　　　　B. 到期日

C. 法院认可日 　　　　　　　　D. 一定事实发生日

178. 向未开通中国人民银行大额支付系统的城市银行发送查询业务，应采取的方式是（　　　）。

A. 查询报文 　　　　　　　　　B. 自由格式报文

C. 查复报文 　　　　　　　　　D. 自定格式报文

179. 办理同城票据查询时，应由（　　　）一同前往承兑行办理。

A. 票据查询人员客户经理和客户　B. 两名客户经理

C. 客户经理和客户　　　　　　　D. 客户经理和票据查询人员

180. 票据查询人员收到查复报文后，如发现报文内容不符合要求，查询人员应该（　　　）。

A. 立即与查复行联系，问清原因后重新查询

B. 根据报文大致意思与查询行核实后，可继续办理业务

C. 立即与查复行联系，问清原因后继续办理业务

D. 根据报文意思与查复行核实后，先办理业务，同时重新办理查询

181. 委托收款一般采取 EMS 特快专递方式发出。信封收款人必须与委托收款凭证上的（　　　）为同一人。

A. 付款人 　　　　　　　　　　B. 承兑人

C. 收款人 　　　　　　　　　　D. 最后一手背书人

182. 发出托收的票据背书栏应加盖（　　　）。

A. 汇票专用章 　　　　　　　　B. 结算专用章

C. 业务用公章 　　　　　　　　D. 托收单位部门章

183. 一般在汇票到期前（　　　）天发出托收。在发出托收前，由会计部门在汇票背面背书栏加盖结算专用章和授权的经办人名章，注明（　　　）字样背书、委托收款银行全称和背书日期。

A. 10 天、委托收款 　　　　　　B. 5 天、委托收款

C. 10 天、代理收款 　　　　　　D. 5 天、代理收款

184. 转贴现卖出计划是在预测资金流量和控制票据融资规模的基

础上制订的，其转卖利率区间一般参照（　　）确定，原则上以不低于当期票据买入利率为准。

A. 同业拆借利率　　　　　　　　B. 票据市场交易利率

C. 债券市场交易利率　　　　　　D. 系统内资金拆借利率

185. 在（　　）情况下通常可考虑实施票据转卖。

A. 有大量富余资金　　　　　　　B. 超过票据融资限额

C. 预期出现资金缺口　　　　　　D. 出现明显套利机会

186. 进行转贴现卖出时应该（　　）。

A. 双人前往　　　　　　　　　　B. 利率不能超授权

C. 金额不能超授权　　　　　　　D. 必须在年初制订的转卖计划内

E. 行踪要保密

187. 转贴现卖出后，应注意（　　）。

A. 双人前往　　　　　　　　　　B. 确认收妥款项

C. 金额不能超授权　　　　　　　D. 行踪要保密

188. 票据资金来源的途径主要有（　　）。

A. 拆借资金　　　　　　　　　　B. 占用在途资金

C. 票据转卖及再贴现资金　　　　D. 自有资金

189. 进行票据买入需对外划付资金时，审核要点主要有（　　）。

A. 审核划付金额　　　　　　　　B. 审核利息支出

C. 审核票据真伪　　　　　　　　D. 审核有权审批人签章

190. 会计部门凭以划付资金的依据主要是（　　）。

A. 票据交易合同　　　　　　　　B. 资金调拨通知书

C. 业务审批书　　　　　　　　　D. 资金申报表

191. 法院专门刊登公示催告票据信息的网站是（　　）。

A. 民商法律网　　　　　　　　　B. 中国律师网

C. 中国法院网　　　　　　　　　D. 公示催告网

192. 《挂失止付通知书》的有效期是（　　）天，公示催告的期限不得少于（　　）天。

A. 13、50　　　　B. 7、45　　　　C. 12、60　　　　D. 8、70

193. 票据公示催告期间，利害关系人向法院申报权利的，产生的法律后果是（　　）。

A. 法院裁定驳回原公示催告申请

B. 法院开庭审理当事人之间的票据权利争议

C. 法院裁定公示催告期限延长 50 天

D. 法院裁定公示催告程序终结

194. 票据被拒绝付款时，持票人向前手追索的金额应该是（　　）。

A. 票据本金、票据提示付款日起至实际付款日止的利息、发出通知的费用

B. 票据本金

C. 票据本金、票据到期日起至实际付款日止的利息、发出通知的费用

D. 票据未支付本金的，为剩余部分本金、票据到期日起至实际付款日止的利息、发出通知的费用

195. 票据丧失后，向（　　）人民法院申请公示催告。

A. 承兑人所在地的中级　　　　　　B. 承兑人所在地的基层

C. 持票人所在地的中级　　　　　　D. 付款人所在地的基层

196. 申请人应自公告期满（　　）内向法院提交除权判决申请书，由法院作出判决。

A. 2 个月　　　　B. 1 个月　　　　C. 3 个月　　　　D. 40 天

197. 汇票是（　　）签发的，委托（　　）在见票时或者在指定日期无条件支付确定的金额给收款人或者持票人的票据。

A. 出票人、付款人　　　　　　　　B. 出票人、承兑人

C. 承兑人、付款人　　　　　　　　D. 收款人、付款人

198. 以下关于汇票表述正确的是（　　）。

A. 汇票是一种有价证券

B. 汇票是由签发人支付票据金额的票据

C. 汇票的支付是无条件的

D. 汇票是以《民法》规定发行的票据

199. 以下关于汇票判断正确的是（　　　）。

A. 汇票是委托他人无条件支付的票据

B. 汇票的出票人不是汇票的付款人

C. 汇票的付款人是接受出票人委托取得付款资格的人

D. 收款人是从付款人处接受票据、凭此票据享有票据权利的人

200. 汇票关系中的基本当事人是指汇票一经发行就存在的当事人，包括（　　　）。

A. 出票人　　　B. 承兑人　　　C. 付款人　　　D. 收款人

201. 汇票是在（　　　）无条件支付给持票人一定金额的票据。

A. 指定的到期日

B. 持票人要求支付汇票金额的日期

C. 签发日 30 天后

D. 任何时间

202. 将商业汇票划分为商业承兑汇票和银行承兑汇票是根据（　　　）。

A. 承兑人的不同　　　　　　B. 付款人的不同

C. 签发人的不同　　　　　　D. 收款人的不同

203. 商业汇票的付款通过（　　　）。

A. 企业　　　　B. 中央银行　　C. 商业银行　　D. 银联

204. 商业承兑汇票的付款人开户行收到通过委托收款邮寄来的商业承兑汇票，将商业承兑汇票留存，并（　　　）。

A. 由银行按票面金额划付资金

B. 及时通知付款人，由付款人决定是否付款

C. 由银行和付款人协商确定是否付款

D. 付款人直接付款

205. 商业汇票的持票人可以（　　　）。

A. 持该汇票到银行申请贴现　　B. 办理转贴现

C. 对外支付　　　　　　　　　D. 到期委托银行收款

206. 使用商业汇票的企业主体应满足的主要条件包括（　　　）。

A. 在银行开立存款账户

B. 具备真实的交易关系或债权债务关系

C. 必须是法人组织

D. 必须是法人组织或者经批准的个人

207. 商业汇票与银行汇票的区别在于（　　）。

A. 出票人的不同

B. 银行汇票由出票银行签发，商业汇票由出票人签发

C. 银行汇票可以由个人使用，商业汇票只能由法人组织使用

D. 银行汇票主要作为结算工具存在，而商业汇票可以作为融资工具

208. 关于商业汇票承兑时间的表述准确的是（　　）。

A. 在出票时直接向付款人提示承兑后使用

B. 出票后先使用再向付款人提示承兑

C. 在出票之前办理承兑

D. 提示付款后再进行承兑

209. 银行承兑汇票的出票人或持票人向银行申请承兑时，银行的信贷部门要审查（　　）。

A. 出票人的资格、资信和汇票记载的内容

B. 商品购销合同

C. 申请人的法定代表人的资格

D. 汇票真伪

210. 按汇票上指定的到期日方式的不同，可将汇票划分为（　　）。

A. 即期汇票和远期汇票

B. 商业汇票和银行汇票

C. 记名汇票、指示汇票和无记名汇票

D. 一般汇票和变式汇票

211. 即期汇票和远期汇票的主要区别在于（　　）。

A. 即期汇票只具有支付职能

B. 远期汇票比即期汇票的使用范围要广

C. 不同远期汇票之间的区别主要是到期日确定方式的不同

D. 承担的责任不同

212. 以下关于汇票论述正确的是（　　　）。

A. 汇票按转让方式不同可分为记名汇票、指示汇票和无记名汇票

B. 记名汇票是指出票人在票面上明确记载收款人姓名或者名称的汇票

C. 指示汇票是指出票人不仅明确记载收款人姓名或者名称，而且附加"或其指定的人"字样的汇票

D. 无记名汇票是指出票人没有记载收款人姓名或者名称，或者仅记载"将票据金额付与来人或持票人"字样的汇票

E. 我国《票据法》不承认指示汇票

213. 无记名汇票与记名汇票的区别与联系表现在（　　　）。

A. 记名汇票只能通过背书转让，而无记名汇票只通过交付就发生转让的效力

B. 记名汇票在票面上明确记载了收款人的姓名或名称，而不记名汇票则没有记载

C. 不记名汇票的持票人通过记载自己或他人的姓名、名称，则变为记名汇票

D. 两者之间可以相互转化

214. 一般汇票和变式汇票的区别与联系表现在（　　　）。

A. 两者是依据汇票当事人的资格是否兼任而区分的

B. 一般汇票的基本当事人需分别由不同的人担任

C. 变式汇票的基本当事人可以兼任

D. 两者可以互相转化

215. 变式汇票根据当事人兼任的资格，可以划分为（　　　）。

A. 指己汇票　　　　　　　　　B. 付受汇票

C. 对己汇票　　　　　　　　　D. 已付已受汇票

216. 下列关于变式汇票论述正确的是（　　　）。

A. 指己汇票是指以自己为收款人的汇票

B. 付受汇票是指付款人与收款人为同一人的汇票

C. 对己汇票是指出票人以自己为付款人的汇票

D. 已付已受汇票是指收款人、付款人和出票人为同一人的汇票

217. 根据《票据法》，同一银行的各个分行之间或者同一公司的各个分子公司间签发的汇票和仅仅以流通为目的而签发的汇票可以采取（　　）的形式。

A. 指己汇票　　　　　　　　B. 付受汇票

C. 对己汇票　　　　　　　　D. 已付已受汇票

218. 银行实务中对己汇票主要是指（　　）。

A. 商业汇票　　　　　　　　B. 银行汇票

C. 商业承兑汇票　　　　　　D. 银行承兑汇票

219. 如果出票人对某公司有一笔债权，后又与该公司的分公司产生一笔金额相等的债务，于是便签发了一张以分公司为收款人、以总公司为付款人的汇票，则这张汇票为（　　）。

A. 指己汇票　　　　　　　　B. 付受汇票

C. 对己汇票　　　　　　　　D. 已付已受汇票

220. 如果总公司签发一张以自己的分公司为付款人的汇票，则这张汇票实质上是（　　）。

A. 指己汇票　　　　　　　　B. 付受汇票

C. 对己汇票　　　　　　　　D. 已付已受汇票

221. 持票人对前手的追索权自被拒绝承兑或被拒绝付款之日起（　　）不行使而消灭。

A. 6 个月　　　　B. 1 年　　　　C. 2 年　　　　D. 3 个月

222. 我国《票据法》将可能发生利益返还请求权的原因限定为（　　）而丧失票据权利的人。

A. 因票据时效已到　　　　　B. 因票据记载事项欠缺

C. 因票据丢失　　　　　　　D. 因票据损毁

223. 利益返还请求权的范围限定在（　　）。

A. 票面金额　　　　　　　　B. 票面金额加利息

C. 未支付票据金额相当的利益　D. 票面金额的利息

224. 以下判断正确的是 (   )。

A. 按照小时计算期间的，从下一小时开始起算

B. 按照年月日计算期间的，从第二天开始起算

C. 当偿还义务人在利益返还请求权人正当请求之后仍延迟返还利益时，可要求对方支付延迟返还之日起的附加利息

D. 持票人因超过票据权利时效或者因票据记载事项欠缺而丧失票据权利的，仍可享有民事权利

225. 某汇票出票日为 1 月 31 日，付款日定为出票后 1 个月，则付款日为 (   )。

A. 2 月 28 日   B. 3 月 1 日   C. 2 月 30 日   D. 4 月 1 日

226. 利益返还请求权为 (   )。

A. 对不当得利的返还请求权   B. 对侵权损害的赔偿请求权

C. 《票据法》上的特别权利   D. 票据权利

227. 我国《票据法》规定的票据权利的最短时效为 (   )。

A. 3 个月   B. 9 个月   C. 1 年   D. 1 年半

228. 持票人对前手的 (   ) 自清偿之日或者被提起诉讼之日起 3 个月内不行使而消灭。

A. 再追索权   B. 追索权

C. 利益返还请求权   D. 抗辩权

229. 利益返还请求权的时效为 (   )。

A. 1 年   B. 2 年   C. 3 个月   D. 6 个月

230. 依据我国法律规定，票据关系的期间单位为 (   )。

A. 年   B. 月   C. 日   D. 小时

E. 分钟

231. 利益返还请求权的持票人包括 (   )。

A. 再追索权人

B. 最后一手被背书人

C. 在票据流通中的最终持票人

D. 无偿取得票据的人

E. 继承获得票据或受赠获得票据的人

232. 利益返还请求权行使的对象限定在（　　　）。

A. 承兑人　　　　B. 出票人　　　　C. 付款人　　　　D. 背书人

E. 保证人

233. 我国《票据法》关于期间终止的情况包括（　　　）。

A. 正常终止　　　B. 末日延期　　　C. 对日计算　　　D. 末日缩短

234. 利益返还请求权的求偿范围为返还其与未支付的票据金额相当的利益。这里所谓的"相当的利益"的含义包括（　　　）。

A. 相当的利益是指价值相当　　　B. 返还的利益形态不限于货币

C. 利益范围不包含利息　　　　　D. 利益范围包含利息

235. 利益返还请求权是（　　　）。

A. 票据权利

B. 《票据法》上的权利

C. 《民法》上的权利

D. 消灭时效适用于《民法》上的 2 年时效期间的权利

E. 票据权利的补充救济权

236. 因票据时效届满而丧失票据权利所产生的利益返还请求权时效，应自票据时效届满的（　　　）算起。

A. 次日　　　　　　　　　　　B. 当天

C. 第三天　　　　　　　　　　D. 双方协商确定的日期

237. 因票据上记载事项欠缺而丧失票据权利所产生的利益返还请求权的时效，应自（　　　）的次日算起。

A. 票据上记载的出票日　　　　B. 付款期限届满日

C. 最后一手的背书日　　　　　D. 票据上记载的承兑日

238. 在利益返还请求权中，返还利益不包括利息的主要原因在于（　　　）。

A. 持票人丧失票据权利的过错在持票人本人

B. 如果再支付利息，则被请求人就多付出

C. 法律规定

D. 约定俗成不包括利息

239. 以下关于利益请求权论述正确的是（　　　）。

A. 设立利益请求权的意义在于救济因一定原因而丧失票据权利的持票人的利益

B. 利益返还请求权与民法上的不当得利、侵权损害等并无不同

C. 特殊情况下被请求权人支付的利益也可包括利息

D. 行使对象限定在出票人、承兑人和第一手背书人

240. 票据权利因票据的（　　　）得以产生。

A. 出票　　　　　B. 背书　　　　　C. 保证　　　　　D. 转让

241. 出票行为中的交付票据的含义是（　　　）。

A. 基于自己的本意将做成的票据交付给他人占有

B. 将从银行购得的汇票交付给交易对手

C. 目的在于完成出票行为，以实现创设权利义务关系的目的

D. 如果在交付前票据丢失，则获得票据的持票人不享有票据权利

242. 在将做成的票据交付前丢失，获得票据的持票人是否享有票据权利，关键是看（　　　）。

A. 是否善意取得

B. 是否记载持票人姓名

C. 是否出示丢失的汇票

D. 丢失汇票的人是否承认该汇票为其丢失的汇票

243. 以下判断正确的是（　　　）。

A. 汇票上记载的出票日期并不必须与实际的出票日期相一致

B. 出票日期既是确定利息起算日的根据，也是确定计算汇票到期日及某些权利消灭时间的根据

C. 收款人是出票时票据上的权利人，亦即最初的权利人

D. 付款人在汇票关系中并不必然承担票据债务，只是关系人之一

244. 关于汇票中付款地记载事项论述正确的是（　　　）。

A. 付款地是指支付票据金额的地区

B. 是持票人可以行使付款请求权的地域

C. 是确定票据诉讼管辖法院和汇票丢失后持票人申请公示催告管辖法院的依据

D. 是确定支付汇票金额所用货币的依据

245. 关于汇票记载出票地论述正确的是（　　）。

A. 汇票上记载的出票地并不必须与实际的出票地相符

B. 属于相对应当记载的事项

C. 汇票上如果没有记载出票地，则推定出票人的营业场所、住所或者经常居住地为出票地

D. 出票地以实际出票地为准

246. 如果出票人在汇票上记载"不得转让"字样，则（　　）。

A. 收款人仍可再转让汇票且产生《票据法》上的效力

B. 收款人不得再转让票据

C. 票据再转让的，不发生《票据法》上的效力

D. 再转让票据的，仅发生一般债权转让的效果

247. 关于汇票支付的货币种类，我国法律规定（　　）。

A. 必须以人民币支付

B. 按双方约定货币种类支付

C. 按照汇票上记载的币种支付

D. 当事人应当在汇票上记载应当支付的币种

248. 出票行为产生的法律后果包括（　　）。

A. 使出票人成为票据义务人

B. 出票人要担保其所签发的票据能够得到承兑和付款

C. 持票日请求承兑或付款时，如果遭到拒绝，则出票人应依法律规定偿付持票人

D. 出票人到期要直接对票据付款

E. 出票人的担保付款和担保承兑责任是可以免除的

249. 下列关于付款人对汇票进行承兑论述正确的是（　　）。

A. 如果出票人向付款人提供了支付票据的资金，则付款人应予以承兑

B. 如果付款人与出票人签订有承兑协议，则付款人应予以承兑

C. 是否承兑取决于付款人的自愿

D. 付款人一旦承兑，则负有到期付款的责任，而无论出票人是否在付款人处存有资金

250. 以下关于出票与其他票据行为关系论述正确的是（　　）。

A. 背书人、保证人的担保义务可因持票人未遵期提示而免除，而出票人的担保义务不能因此而免除

B. 持票人对出票人的票据权利失效要长于对背书人、保证人的权利

C. 背书人和保证人的票据义务可因持票人不能出示拒绝证明、退票理由书而免除，出票人的担保义务却不能因此而免除

D. 持票人对出票人的权利要迟于对承兑人的权利

251. 出票人遭到持票人主张权利的申请时按规定应支付的金额与费用包括（　　）。

A. 被拒绝付款的汇票金额

B. 汇票金额自到期日或提示付款日起至清偿日止的利息和发出通知书的费用

C. 票面载明的金额及相关费用

D. 持票人要求支付的金额

252. 出票行为对付款人的效力主要体现在（　　）。

A. 使付款人取得对汇票进行承兑的资格

B. 使得付款人必须对汇票进行承兑

C. 使得付款人必须到期进行付款

D. 付款人仍是汇票上的关系人而非债务人，仍不必承担《票据法》上的义务

253. 付款人与出票人签订承兑协议，但未对汇票进行承兑，则付款人应承担（　　）的责任。

A. 负《票据法》上的责任　　　B. 不负《票据法》上的责任

C. 依照《合同法》承担违约责任　D. 不承担任何法律责任

254. 出票行为对收款人的效力表现在（　　）。

A. 取得付款请求和追索的权利　　B. 获得期待的付款请求权

C. 获得现实的付款请求权　　　　D. 取得将汇票背书转让的权利

255. 背书行为的无效将（　　）。

A. 产生影响票据效力的效果　　B. 不会对票据效力产生影响

C. 会影响到出票行为的效力　　D. 以上解释全不对

256. 关于对汇票的背书行为论述正确的是（　　）。

A. 有背书行为的人不一定是票据持有人

B. 所有的持票人都可以实施背书行为

C. 持票人持有被拒绝承兑、被拒绝付款或者超过付款提示期限的票据，则不得在此票据上实施背书行为

D. 实施背书行为的人必须是票据的持有者

257. 汇票背书定义中的"将一定的票据权利授予他人行使"，出现这种情况是在（　　）时。

A. 委托收款背书　　　　　　B. 质押背书

C. 权利转让背书　　　　　　D. 回头背书

258. 以委托收款背书或质押背书而取得票据的被背书人（　　）再以背书转让汇票权利。

A. 不得　　　　B. 可以　　　　C. 视具体情况而定

259. 背书人实施背书行为是（　　）意思的表示。

A. 债权让与　　　　　　　　B. 保证

C. 交付票据　　　　　　　　D. 该汇票到期能够获得承兑或付款

260. 票据背书是一种单方法律行为。这句话可以作如下理解（　　）。

A. 以背书转让权利，不必通知债务人就可发生转让的效力

B. 只要背书人完成记载并将票据交付给被背书人，即发生背书的效力，而无需获得被背书人的承诺

C. 被背书人不承袭原权利人在权利上的瑕疵

D. 背书转让权利后，背书人成为债务人

261. 依背书转让权利能够发生权利证明的效力。这是指（　　）。

A. 持票人只要所持票据的背书在形式上具有连续性，就被当然认为是合法票据权利人

B. 票据转让给被背书人

C. 依背书转让的权利是一种确定的权利

D. 以背书方式转让票据权利能使权利人的权利得到更充分的保障

262. 特殊转让背书是指在某些方面具有特殊情形的背书，主要有（　　）形式。

A. 限制背书　　B. 回头背书　　C. 期后背书　　D. 转让背书

263. 以下判断正确的是（　　）。

A. 在被拒绝承兑、被拒绝付款或超过付款提示期限后所为的背书称为期后背书

B. 在被拒绝承兑、被拒绝付款或超过付款提示期限后所为的背书称为限制背书

C. 以票据上的原债务人为被背书人的背书称为回头背书

D. 在背书中记载"不得转让"字样的背书称为限制背书

264. 如果背书人在票据上记载了"不得转让"字样，则（　　）。

A. 背书人对其直接后手的被背书人不承担票据责任

B. 该票据依然可以转让

C. 该票据不得转让

D. 转让需经背书人书面认可

E. 与出票中记载的"不得转让"具有同样的效力

265. 出票人记载"不得转让"字样的目的主要在于（　　）。

A. 保留对收款人的抗辩权

B. 防止票据追索金额的扩大

C. 避免与收款人以外的人发生票据关系

D. 禁止票据流通

266. 背书人"不得转让"字样后被背书人又背书转让票据的，当最终持票人因付款人拒绝付款而行使追索权时，背书人（　　）。

A. 可以对持票人行使抗辩权　　B. 不可以对持票人行使抗辩权

C. 可以拒绝付款　　　　　　　　D. 不能拒绝付款

267. 汇票背书的绝对应当记载事项包括（　　　）。

A. 背书人　　　B. 被背书人　　　C. 背书日期　　D. 可以转让

268. 当背书没有记载"背书日期"时，（　　　）。

A. 并不影响背书的效力

B. 可以推定在到期日前做成

C. 可以推定在到期日做成

D. 如果有非票据的证据证明该背书是在到期日后做成，则可认定是在到期日后进行的背书

269. 背书如果附有条件，则（　　　）。

A. 不具有《票据法》上的效力　　B. 不影响背书的效力

C. 可能会发生民法上的效力　　　D. 具有票据法上的效力

270. 属于导致背书行为无效的记载包括（　　　）。

A. 将汇票部分金额进行转让的记载

B. 将汇票金额转让给两人及以上的记载

C. 不得再行背书的记载

D. 附有条件的记载

271. 背书能够发生权利转移的效力，这里的权利指的是（　　　）。

A. 质权　　　　　　　　　　　B. 抵押权

C. 违约金请求权　　　　　　　D. 票据权利

272. 一般转让背书与限制背书的区别主要体现在（　　　）。

A. 权利转移的效力不同　　　　B. 权利证明的效力不同

C. 权利担保的效力不同　　　　D. 记载内容的不同

273. 我国《票据法》不承认的背书包括（　　　）。

A. 无担保背书　　　　　　　　B. 回头背书

C. 空白背书　　　　　　　　　D. 禁止转让背书

274. 关于回头背书论述正确的是（　　　）。

A. 回头背书具有一般转让背书的效力

B. 被背书人既是票据上的债权人，也是票据上的债务人

C. 回头背书的被背书的票据权利会受到限制

D. 如果汇票未经承兑，出票人行使追索权毫无意义

275. 当回头背书的被背书人是承兑人时，如果汇票尚未到期，则（　　　）。

A. 承兑人享有票据权利

B. 可以将该汇票进行转让

C. 可以向其他债务人行使追索权

D. 票据到期时，票据关系消灭

276. 当回头背书的被背书人是汇票上记载的背书人时，则（　　　）。

A. 被背书人不能对其作为被背书人时的后手行使追索权

B. 被背书人能对其作为背书人时的前手行使追索权

C. 被背书人能对其作为背书人时的出票人和承兑人行使追索权

D. 被背书人不能对其作为背书人时的出票人和承兑人行使追索权

277. 以下判断正确的是（　　　）。

A. 回头背书的被背书人不能是票据上的保证人

B. 回头背书的被背书人不能是付款人

C. 如果票据的被背书人是付款人时，只属于一般转让背书，而不构成回头背书

D. 如果回头背书的票据已经承兑，则出票人可以向承兑人追索

278. 以下关于空白票据论述正确的是（　　　）。

A. 空白票据是出票人在出票时有意将票据上除签章以外的其他应记载事项不记载完全，授权收款人即其后手在以后予以补充完全的票据

B. 空白票据又称空白授权票据或未完成票据

C. 我国不承认空白汇票

D. 空白票据在填充完整后可视同出票时已记载完全的有效票据

279. 空白票据欠缺的是（　　　）。

A. 绝对应记载事项　　　　　　B. 相对应记载事项

C. 除签章以外的其他事项　　　　D. 签章

280. 以下关于空白票据效力论述正确的是（　　　）。

A. 转让空白票据时，转让的权利包括票据权利转让和填充权转让

B. 未填充完备前，空白票据不得行使票据权利

C. 填充权人获得填充权后如滥用填充权，可以形成抗辩事由

D. 空白票据即使填充完备，也不得行使票据权利

281. 空白票据的组成要件包括（　　　）。

A. 必须空白一定的持票必须记载事项

B. 必须由出票人签章

C. 必须交付票据

D. 必须附有空白填充权

282. 空白票据是（　　　）。

A. 非《票据法》上的票据　　　　B. 《民法》上的票据

C. 不完全票据　　　　　　　　　D. 附有空白填充权的票据

283. 空白票据的填充权从性质上讲属于（　　　）。

A. 请求权　　　B. 支配权　　　C. 形成权　　　D. 抗辩权

284. 不完全票据属于（　　　）。

A. 空白票据

B. 无效票据

C. 完成出票行为但欠缺绝对必要记载事项的票据

D. 有效票据

285. 空白票据与不完全票据的区别主要体现在（　　　）。

A. 不完全票据为无效票据，而空白票据在填充后就视为出票时就记载完全的有效票据

B. 空白票据附有填充权，而不完全票据由于出票人已完成出票行为，故不附有填充权

C. 出票人发行空白票据的意图是发行有效票据，而不完全票据的发行人或者是恶意发行，或者是重大过失发行

D. 空白票据的填充属于合法行为，而不完全票据的填充属于票据

变造行为

286. 判断是否为涉外票据，是以（　　）为依据。

A. 行为人国籍   B. 行为人住所地

C. 票据行为发生地   D. 行为人居住地

287. 关于票据权利行使和保全手续的法律适用，我国采取（　　）。

A. 付款地主义　B. 行为地主义　C. 折中主义　D. 出票地主义

288. 我国法律规定追索权的行使适用（　　）法律。

A. 出票地   B. 付款地   C. 行为地   D. 居住地

289. 票据债务人的民事行为能力，依其本国法律为无民事行为能力或限制民事行为能力而依行为地法律为完全民事行为能力的，适用（　　）法律。

A. 行为地   B. 住所地   C. 居住地   D. 本国

290. 依照我国法律，票据出票时的记载事项适用（　　）法律。

A. 出票地   B. 汇票经协商可适用付款地

C. 付款地   D. 承兑地

291. 适用付款地法律的情形有（　　）。

A. 票据提示期限   B. 拒绝证明方式

C. 出具拒绝证明的期限   D. 失票人请求保全票据权利的程序

292. 以下关于涉外票据的论述正确的是（　　）。

A. 判断票据是否为涉外票据，以行为人的国籍为依据

B. 判断票据是否为涉外票据，以该票据的票据行为发生地为依据

C. 必须是票据行为中既有发生在国内的，也有发生在国外的

D. 涉外票据是票据行为发生在国外的票据

293. 对某涉外票据，国际条约有规定，但我国并未参加该条约，则适用（　　）。

A. 国际条约   B. 我国法律

C. 适用正确一方的规定   D. 双方协商

294. 汇票的出票行为完成后，其效力表现为产生了出票人的票据

债务。这里的票据债务表现在（   ）。

    A. 付款   B. 担保   C. 承兑   D. 背书

295. 汇票的出票人与付款人必须具有真实的委托付款关系，并且（   ）。

    A. 必须签订承兑协议

    B. 具有票据授受的对价关系

    C. 必须具有现实的资金关系

    D. 必须具有支付票据金额的可靠资金来源

296. 汇票的（   ），对持票人承担连带责任。

    A. 出票人、付款人、背书人、保证人

    B. 出票人、承兑人、背书人、保证人

    C. 承兑人、付款人、持票人前手

    D. 付款人、保证人、承兑人

297. 以下关于汇票记载事项论述正确的是（   ）。

    A. 未记载出票日的，汇票无效

    B. 未记载收款人名称的，可以补记

    C. 未记载付款日的，为出票 1 个月内付款

    D. 未记载付款日期的，不必补记，为见票即付

298. 汇票的出票基于资金关系而进行，对资金关系不存在而签发票据的，（   ）。

    A. 出票行为无效，但并不影响汇票的效力

    B. 出票行为与汇票本身均无效

    C. 出票行为与汇票的效力不受影响

    D. 出票行为和汇票均有效，但有瑕疵

299. 票据金额以中文大写和数码同时记载，在两者不一致时，应（   ）。

    A. 以大写为准   B. 以数码记载为准

    C. 以金额小的为准   D. 票据无效

300. 以下（   ）是汇票的相对必要记载事项。

A. 出票人签章　　　　　　　　B. 出票日期

C. 付款地　　　　　　　　　　D. 收款人名称

301. 以下关于付款日期的表述，正确的是（　　　）。

A. 汇票到期日的记载主要意义在于确定履行义务的期限

B. 在汇票的付款到期日之前，付款人有权拒绝付款

C. 付款人的迟延付款责任从汇票提示之日开始

D. 付款人的迟延付款责任从到期日届满之日开始

302. 在下列票据记载事项中，（　　　）具有《票据法》上的效力。

A. 汇票号码　　　　　　　　　B. 禁止转让文句

C. 开户银行行号　　　　　　　D. 汇票金额用途

E. 出票地　　　　　　　　　　F. 付款地

303. 以下（　　　）是汇票的绝对必要记载事项。

A. 收款人名称　　　　　　　　B. 付款地

C. 外币支付文句　　　　　　　D. 禁止转让文句

304. 出票行为中的当事人包括（　　　）。

A. 出票人和持票人　　　　　　B. 出票人和收款人

C. 出票人和付款人　　　　　　D. 出票人和背书人

305. 出票人划支汇票上的付款地并在旁边签章，这一行为属于（　　　）。

A. 票据涂销　　B. 票据更改　　C. 票据伪造　　D. 票据变造

306. 限制行为能力人的出票属于（　　　）的无效票据行为。

A. 形式要件欠缺　　　　　　　B. 伪造票据

C. 涂销票据　　　　　　　　　D. 实质要件欠缺

307. 刘某以并不存在的"大地公司"的名称签章签发汇票，其出票行为属于（　　　）。

A. 票据变造　　　　　　　　　B. 票据伪造

C. 其行为人不承担法律责任　　D. 形式上无效的票据行为

308. 汇票出票时不具有票据效力的记载事项通常包括（　　　）。

A. 票款用途　　B. 交易协议号码　　C. 汇票号码　　D. 禁止背书字样

309. 以下关于汇票的出票对收款人及持票人的效力，正确的表述有（　　）。

A. 出票行为的完成，即直接产生收款人的票据权利

B. 出票行为完成后，票据权利人为收款人，相对义务人为付款人

C. 出票行为完成后，收款人尚暂时无法行使追索权

D. 合法持票人享有与收款人同样的票据权利

310. 某股份制银行签发一张汇票，以下记载中属于任意记载事项的记载包括（　　）。

A. 汇票申请人刘某与签发地南京　B. 签发日期

C. 付款期2个月　　　　　　　　D. 代理付款银行：上海某银行

311. 保证记载事项一般需记载在票据的（　　）。

A. 正面　　　B. 背面　　　C. 粘单　　　D. 背书栏

312. 以下记载属于汇票任意记载事项的是（　　）。

A. 外币支付文句　　　　　B. 代理付款人

C. 出票地　　　　　　　　D. 出票日期

313. 以下关于商业汇票付款日期的记载文句中，正确的是（　　）。

A. 付款期7个月

B. 付款期1个月

C. 凭票即付

D. 付款日期：提示承兑之日起30天内

314. 以下关于付款人的表述，正确的是（　　）。

A. 汇票付款人可以是出票人

B. 汇票付款人只能是出票人与收款人以外的第三人

C. 汇票出票时所记载的付款人，只是汇票上的付款人，不是实际结算关系付款人

D. 汇票的付款人可以成为承兑人

315. 以下关于收款人的表述，正确的是（　　）。

A. 收款人是第一背书人，也是汇票上最初的票据权利人

B. 收款人是汇票的第一持票人

C. 收款人可以是出票人本人

D. 收款人是记载在票据正面收款人栏中的人，是除出票人以外的其他票据关系人

316. 以下关于付款地的表述，正确的是（　　）。

A. 持票人可根据付款地确定付款人履行票据义务的地点

B. 汇票遭到拒付时，持票人可以根据付款地确定拒绝证书做成地

C. 发生票据诉讼时，可以根据付款地确定管辖法院

D. 汇票的付款地就是汇票的付款场所

317. 因实质要件欠缺而导致无效的出票行为包括（　　）。

A. 伪造票据签章

B. 变造记载事项

C. 无行为能力人

D. 限制行为能力人

318. 以下关于期后背书正确的是（　　）。

A. 期后背书是指在票据被拒绝承兑、被拒绝付款或者超过付款提示期限所为的背书

B. 判断一个背书是不是期后背书，应当根据背书人在票据上记载的背书日期

C. 期后背书仅产生一般债权转让的效力，而不产生《票据法》上背书转让的效力

D. 期后背书不具有权利担保效力

319. 以下关于委托收款背书论述正确的是（　　）。

A. 委托收款背书是一种不以转让票据权利为目的的非转让背书

B. 委托收款背书是指委托他人代替自己行使票据权利、收取票据金额为目的而为的背书

C. 委托收款背书是一种以背书形式进行的委托

D. 被背书人以该票据行使权利后，所取得的金额应归于自己

320. 委托收款背书的票据权利人是（　　）。

A. 背书人

B. 被背书人

C. 最后一手持票人

D. 付款人

321. 委托收款背书所证明的权利是（　　　）。

A. 票据权利

B. 代理权

C. 被背书人代为行使票据权利的权利

D. 被背书人对背书人的票据担保权利

322. 以下关于质押背书论述正确的是（　　　）。

A. 质押背书是指以设定质权、提供债务担保为目的而为的背书

B. 在这种背书中，背书人实际上是出质人，被背书人是质权人

C. 应记载背书人签章和被背书人名称，如果欠缺其中一项，背书行为无效

D. 无论该质权担保的主债权是否到期，设立质权的汇票一旦到期，被背书人即可受领票据金额

323. 质押背书与委托收款背书的区别在于（　　　）。

A. 质押背书的被背书人收取票据金额后应首先用于清偿债权，若有剩余再将其返还背书人，而委托收款背书的被背书人收取票据金额后应将其全部交给背书人

B. 委托收款背书以委托收款为目的，而质押背书以融资为目的

C. 委托收款背书不转让票据权利，而质押背书转让票据权利

D. 委托收款背书可以代理背书人行使票据权利，而质押背书不能代理背书人行使票据权利

324. 以下关于票据背书论述正确的是（　　　）。

A. 票据最后的持票人必须是最后一次背书的被背书人

B. 在同一张票据上，背书转让次数不能超过 50 次

C. 票据转让过程中每一次背书无论实质原因如何，均不影响背书的法律效力

D. 持票人无义务审查背书的实质原因和背书的真假（除了对其直接前手的背书）

325. 连续转让背书的权利证明效力主要体现在（　　　）。

A. 持票人所持票上的背书如果具有连续性，则可以仅凭此票据行

使票据权利

B. 票据付款人在向背书连续的票据持有人付款时，无需审查对方是否是真正的票据权利人

C. 依连续背书而取得票据之人，当然享有票据权利

D. 被背书人在接受票据时，如果明知或者可得知背书人的背书行为在实质上无效，便不得取得票据权利

326. 背书的涂销是指票据的（　　　）故意将背书抹去，以使被涂销人免于负担背书人责任。

A. 持票人　　　　B. 背书人　　　　C. 权利人　　　　D. 非权利人

327. 承兑所指的到期支付票据金额是（　　　）。

A. 无条件的　　　　　　　　　B. 有条件的

C. 由付款请求人与付款人协商　D. 在汇票到期日后支付

328. 汇票所特有的制度是指（　　　）。

A. 承兑制度　　　B. 出票制度　　　C. 保证制度　　　D. 转让制度

329. 承兑行为是（　　　）所为的行为。

A. 在已做成的票据上　　　　B. 付款人

C. 出票人　　　　　　　　　D. 在已完成出票行为的票据上

330. 某银行与出票人签订有承兑协议，但未对出票人提交的票据承兑，则该银行（　　　）。

A. 承担票据违约责任　　　　B. 承担民事违约责任

C. 属于基础关系　　　　　　D. 属于票据关系

331. 汇票出票人签发票据后，在付款人承兑票据之前，持票人的票据权利（　　　）。

A. 处于不确定状态　　　　　B. 处于确定状态

C. 是一种期待权　　　　　　D. 是一种现实的权利

332. 我国《票据法》承认的票据承兑包括（　　　）。

A. 正式承兑　　　B. 略式承兑　　　C. 单纯承兑

D. 部分承兑　　　E. 附条件承兑

333. 汇票的持票人在提示期限内的背书属于（　　　）。

A. 回头背书　　B. 一般背书　　C. 期后背书　　D. 到期后背书

334. 票据背书记载事项的不正确位置是（　　）。

A. 票据的正面　　　　　　　　B. 票据的背面

C. 粘单的背面　　　　　　　　D. 粘单的正面

335. 票据的背书适用于（　　）地法律。

A. 背书行为　　　　　　　　　B. 出票

C. 被追索人所在　　　　　　　D. 付款

336. 王某将一张到期且被拒绝付款的汇票背书转让给刘某，则（　　）。

A. 王某的背书属于无效背书，刘某可以行使普通债权人的权利

B. 王某的背书属于到期后背书，刘某可以行使票据权利

C. 王某的背书属于期后背书，刘某不能行使任何权利

D. 刘某请求付款时，王某应该协调付款人付款

337. 非经背书转让而以其他合法方式取得汇票的，持票人应通过（　　）证明其票据权利。

A. 背书人　　　　　　　　　　B. 依法举证

C. 出票人　　　　　　　　　　D. 公证机关或银行

338. 以下记载事项中，属于背书时不得记载的事项是（　　）。

A. 本汇票不得再行转让　　　B. 背书给甲公司和乙公司

C. 背书给甲公司，附11号合同款　　D. 禁止背书

339. 出票人因接受回头背书而成为持票人时，（　　）。

A. 无再追索权　　　　　　　　B. 票据债权灭失

C. 对其后手无追索权　　　　　D. 对其前手无追索权

340. 背书的绝对必要记载事项包括（　　）。

A. 禁止背书　　B. 背书日期　　C. 背书地点

D. 被背书人　　E. 背书人

341. 我国票据法律法规承认的承兑原则包括（　　）。

A. 承兑自由原则　　　　　　　B. 完全承兑原则

C. 单纯承兑原则　　　　　　　D. 付款承兑原则

342. 汇票承兑的必经程序包括（　　）。

A. 持票人提示承兑

B. 付款人承兑或者拒绝承兑

C. 将汇票交还给提示承兑人

D. 出票人承兑或者拒绝承兑

343. 以下关于承兑论述正确的是（　　）。

A. 委托收款背书和质押背书的被背书人可以作为承兑提示人

B. 被提示承兑人只能是票价上载明的付款人

C. 持票人提示承兑后，被提示人可不向持票人签发收到汇票的回单

D. 提示承兑不是票据行为

344. 如果持票人未按规定期限提示承兑，则（　　）。

A. 持票人不得享有票据权利

B. 持票人不得对其前手行使追索权

C. 持票人的票据权利不受影响

D. 该票据作废

345. 如果承兑人没有在票价上记载承兑日期，则可以依法推定（　　）为承兑日期。

A. 付款人收到提示承兑的汇票之日的第三日

B. 出票后第三日

C. 汇票到期内前三日

D. 没有承兑

346. 付款人如果没有在限定期限内作出拒绝承兑和承兑的表示，则意味着（　　）。

A. 付款人拒绝承兑

B. 付款人可推迟承兑

C. 持票人可以提起期前追索

D. 持票人丧失票据权利

347. 撤销承兑行为发生在（　　）。

A. 完成承兑记载之后、交还票据之前

B. 承兑行为完成之后

C. 票据流通过程中的任何时间

D. 出票行为完成之后

348. 票据上的保证内容可以是（　　）。

A. 出票人的偿还债务

B. 背书人的偿还债务

C. 承兑人的付款债务

D. 票据丢失后重新签发票据的权利

349. 保证人由（　　）担任。

A. 票据债务人以外的第三人

B. 任何愿意在票据签署保证字样的人

C. 承兑人

D. 付款人

350. 以下关于票据保证论述正确的是（　　）。

A. 如果被保证人的债务无效，则保证人可不负票据责任

B. 即使被保证人的债务无效，保证人仍要负票据责任

C. 如果被保证人的债务因为欠缺形式要件而无效时，保证人可不负票据责任

D. 票据保证人如果为两人以上的，则所有保证人都必须对债权人负连带责任

351. 如果持票人是以欺诈、偷盗、胁迫等手段或处于恶意取得票据的，保证人（　　）票据责任。

A. 可不承担

B. 仍应承担

C. 等到法院判定后再决定是否承担

D. 以上全不对

352. 以下关于汇票付款论述正确的是（　　）。

A. 付款是付款人或者代理付款人所为的行为

B. 汇票付款的结束，意味着票据关系的消灭

C. 汇票付款通常情况下需支付一定数额的金钱，但特殊情况下也可支付一定的劳务或其他形式

D. 付款行为不是严格意义上的票据行为

353. 以下判断正确的是（　　　）。

A. 银行承兑汇票多由承兑银行本人付款

B. 银行承兑汇票多由代理付款人付款

C. 商业承兑汇票多由承兑人本人付款

D. 商业承兑汇票多由承兑人的开户银行代理付款

354. 我国《票据法》承认（　　　）。

A. 全额付款　　　B. 部分付款　　　C. 到期付款　　D. 期外付款

355. 以下关于提示付款的当事人论述正确的是（　　　）。

A. 提示付款的提示人包括持票人及其代理人

B. 提示付款的提示人包括无背书转让的票据上载明的收款人、能证明背书连续的最后一手被背书人、合法继承或受赠与而取得票据的持票人等

C. 被提示人仅指付款人

D. 被提示人包括付款人及其代理付款人

356. 以下关于提示付款所发生效力的论述中，正确的是（　　　）。

A. 如果持票人未遵期提示付款，其对付款人或承兑人的票据权利并未因此而丧失

B. 如果付款人未能在持票人提示付款后的规定期限内足额付款，则付款人承担延迟付款责任

C. 延迟付款责任起至提示付款日或票据到期日，止于票据金额清偿日

D. 如果持票人未遵期提示付款或未进行提示付款，则丧失对背书人的追索权

357. 当出现（　　　）情况时，持票人可以进行期前追索。

A. 汇票被拒绝承兑

B. 承兑人或者付款人死亡、逃匿

C. 承兑人或者付款人被依法宣告破产或者因违法被责令终止业务活动

D. 承兑人或者付款人同意期前支付

358. 持票人行使追索权必须取得拒绝证明、退票理由书和其他合法证明。这里所指的"其他合法证明"是指（　　）。

A. 医院或者有关单位出具的承兑人、付款人死亡证明

B. 司法机关出具的承兑人、付款人逃匿证明

C. 公证机关出具的具有拒绝证明效力的文书

D. 人民法院的有关司法文书或者有关行政主管部门的处罚决定

359. 因背书而取得票据，应具备的要件包括（　　）。

A. 给付对价　　　B. 交付票据　　　C. 票据形式上有效

D. 背书形式要件齐备　　　　　E. 背书连续

360. 票据背书转让与一般债权转让的区别主要在于（　　）。

A. 无须经债务人同意　　　B. 必须有对价

C. 转让人不再享有票据权利　　　D. 转让人不退出票据关系

E. 具有更强的转让力

361. 依背书而发生转移的权利包括（　　）。

A. 附于票据上的质权　　　B. 追索权

C. 付款请求权　　　　　　D. 违约金请求权

E. 对保证人的权利

362. 期后背书的情形包括（　　）。

A. 票据被拒绝承兑后的背书

B. 票据被拒绝付款后的背书

C. 票据到期后的背书

D. 到期后尚未发生拒绝支付时的背书

E. 超过付款提示期的背书

363. 不享有背书权的主体包括（　　）。

A. 被背书人

B. 收款人

C. 因履行追索义务而取得票据的人

D. 因履行票据上保证义务而取得票据的人

E. 背书人

364. 追索权包括（　　　）。

A. 期前追索权　　　　　　　　　B. 期后追索权

C. 再追索权　　　　　　　　　　D. 再次付款请求权

365. 汇票的承兑应该在汇票的（　　　）上进行。

A. 正本　　　　B. 复印本　　　　C. 副本　　　　D. 粘单

366. 汇票上未记载付款日期的，（　　　）。

A. 为见票即付　　　　　　　　　B. 汇票无效

C. 于承兑时确定付款日期　　　　D. 持票人可随时要求承兑

367. 票据的（　　　）行为适用行为地法律。

A. 背书　　　　B. 承兑　　　　C. 保付　　　　D. 付款

368. 票据权利绝对消灭的情形是（　　　）。

A. 清偿追索　　　B. 除权判决　　　C. 到期付款　　　D. 善意取得

369. 在同一张票据上进行的各种票据行为都是为负担同一张票据债务而进行的票据行为，所有进行票据行为的人都应对票据债务共同负责，这体现了票据行为的（　　　）。

A. 无因性　　　　B. 协同性　　　　C. 独立性　　　　D. 文义性

370.《票据法》上所称的票据权利，包括追索权和（　　　）。

A. 起诉权　　　　　　　　　　　B. 拒绝支付权

C. 再追索权　　　　　　　　　　D. 付款请求权

371. 受让变造票据的持票人是（　　　）。

A. 完全权利持票人　　　　　　　B. 无权利持票人

C. 瑕疵权利持票人　　　　　　　D. 恶意取得票据持票人

372. 票据被撕成若干块，这种状态（　　　）。

A. 不属于票据丧失，只是票据权利的丧失

B. 属于票据丧失，是票据的绝对丧失

C. 无法判断是否票据丧失

D. 属于票据丧失，是票据的相对丧失

373. 票据抗辩权是（　　　）。

A. 票据权利

B. 非《票据法》上的权利

C. 《票据法》上的权利，属于票据利益的相关权利

D. 《票据法》上的权利，属于票据行为的相关权利

374. 没有代理权而以代理人的名义在票据上签章的，应由（　　）承担票据责任。

A. 签章人

B. 代理人

C. 代理人与被代理人

D. 被代理人与签章人

375. 下列关于汇票持票人行使追索权的判断正确的是（　　）。

A. 持票人行使追索权按汇票债务人的先后顺序

B. 持票人行使追索权不受票据债务人先后顺序的限制

C. 持票人可以对汇票债务人中的任何一人、数人或者全体行使追索权

D. 持票人对汇票债务人中一人或者数人已经追索的，对其他汇票债务人不能行使追索权

E. 持票人仅能对其前手行使追索权

376. 下列哪些事由导致票据无效（　　）。

A. 无行为能力人在出票栏签章出票　　B. 票据大小写金额不一致

C. 出票日期更改　　D. 收款人名称更改

377. 背书转让具有（　　）特征。

A. 无须经票据债务人同意

B. 须经票据债务人同意

C. 背书转让的转让人不退出票据关系

D. 背书转让的转让人退出票据关系

378. 票据被他人偷走，属于（　　）。

A. 票据的相对丧失

B. 票据的绝对丧失

C. 票据权利的相对丧失

D. 票据权利的绝对丧失

379. 与商业承兑汇票相比，银行承兑汇票具有如下特点（　　）。

A. 安全性强　　B. 流动性大　　C. 灵活性好

D. 有可追索性　　E. 无可追索性

380. 商业承兑汇票到期日付款人账户不足支付时，其开户银行将（　　　）。

A. 根据承兑协议规定，对承兑申请人执行扣款

B. 凭票向收款人无条件支付

C. 不予兑付

D. 对付款人按票面金额处以 5% 但不低于 50 元的罚款

381. 我们通常所称的票据业务是指（　　　）。

A. 商业汇票业务

B. 商业承兑汇票业务和银行承兑汇票业务

C. 银行本票业务

D. 短期融资券业务

382. 银行承兑汇票的出票人和承兑人分别是（　　　）。

A. 付款人和收款人   B. 收款人和银行

C. 付款人和银行   D. 付款人和背书人

383. 附属票据行为是指（　　　）。

A. 出票   B. 承兑   C. 背书   D. 保证

E. 付款

384. 转贴现业务包括（　　　）。

A. 买断式转贴现转入   B. 买断式转贴现转出

C. 买入返售   D. 卖出回购

二、简述题

1. 什么是票据？常见的票据种类有哪些？

2. 什么是汇票？汇票有哪些种类？

3. 商业汇票与商业票据之间的区别是什么？

4. 什么是票据市场？包括哪些交易主体？什么是票据的发行与交易市场？

5. 票据市场利率体系包括哪些利率？票据市场交易价格是如何确定的？

6. 票据业务风险有哪些？是如何形成的？

7. 银行应从哪些方面控制票据业务的经营风险？

8. 票据承兑业务面临哪些风险？防范要点有哪些？

9. 银行开办银行承兑汇票业务需具备哪些条件？应遵守什么规定？

10. 违规办理银行承兑汇票有哪些表现？各应受到什么惩罚？

11. 如何加强银行承兑汇票业务风险管理？

12. 申请承兑业务时，承兑申请人应提供哪些资料？

13. 承兑保证金管理的基本要求和主要内容有哪些？

14. 如何做好承兑业务的后期管理？在承兑汇票到期前应该做好哪些工作？

15. 票据买入业务主要有哪些风险？如何防范？

16. 为什么票据贴现、转贴现等买断业务的信用风险主要取决于承兑人而不是贴现、转贴现申请人的支付能力？

17. 如果某一有授信额度的优质客户持未有授信额度的承兑人的票据来银行办理贴现，银行能否受理？

18. 银行买入票据的方式有哪些？分别应该注意什么？

19. 办理贴现业务时，银行应该审查哪些资格类文件？

20. 票面要素审查的主要内容及要求是什么？

21. 《票据法》有关票据签章的规定有哪些？

22. 背书是如何分类的？常见的背书错误有哪些？

23. 背书审查的主要内容有哪些？

24. 不应买入的票据有哪些？谨慎买入的票据有哪些？

25. 票据买入时应该审查的跟单文件包括什么？如何审查？

26. 交易合同审查的要点有哪些？增值税发票审查的要点有哪些？

27. 哪些情况下申请人虽不能提供增值税发票，但也可确认存在真实贸易背景？

28. 如何判断票据有无真实贸易背景？

29. 为什么要对关联企业申请票据业务特别关注？应该关注哪些

81. 什么是挂失在付？能产生何种法律效力？

82. 什么是除权判决？能产生何种法律效力？

83. 什么是提起诉讼制度？具体程序怎样？

84. 汇票与本票、支票及短期融资券有何区别？

85. 如何理解出票？出票行为的完成对出票人、付款人、收款人各产生何种法律效力？

86. 如何理解背书？背书有何意义？

87. 特殊转让背书有哪些具体种类？

88. 什么是禁止转让背书？什么是回头背书？什么是期后背书？

89. 非转让背书有哪些种类？有何特点？

90. 如何理解背书连续？背书连续能产生何种法律后果？

91. 承兑有哪些种类？应该坚持什么原则？完整的承兑行为包括哪些程序？

92. 承兑对付款人、持票人、出票人和背书人各产生何种法律效力？

93. 如何撤销承兑？

94. 票据保证与民法上的保证有何区别？保证人要承担何种责任？保证人承担的责任有何特点？

95. 付款行为的完成产生何种法律后果？

96. 银行在进行付款时如何进行审查？

97. 汇票追索权行使的形式要件有哪些？再追索权行使的实质要件有哪些？

98. 什么是涉外票据？

99. 什么是票据法律责任？什么是票据欺诈？票据欺诈产生何种法律后果？

100. 票据贴现有哪些种类？

101. 什么是资金预约关系？与票据基础关系有何联系？

102. 什么是《票据法》上的非票据关系？

103. 什么是瑕疵票据？

104. 常见的票据救济措施有哪些？各自适用的条件是什么？

105. 票据遗失后该如何处理？

106. 持票人在票据托收前应着重做好哪些工作？

107. 如何理解票据利率风险？如何有效防范利率风险？

108. 票据业务头寸预测的方法与要点有哪些？

109. 办理再贴现业务需要哪些基本资料？如何进行准备？

110. 怎样控制票据托收逾期风险？当票据托收遭遇退票及逾期时，应该如何处理？

111. 同城票据查询工作的要点是什么？

112. 怎样刻制、领用、使用和销毁各种票据用章？

113. 汇票专用章、结算专用章各在什么情况下使用？

114. 拿到一张汇票后如何进行真假鉴别？

115. 对自开自贴的票据如何进行处理？回头背书的票据能否办理贴现？

116. 办理票据贴现业务为什么要审查票据跟单交易文件？如何审查？

117. 承兑申请人应该具备什么条件？

118. 为什么办理票据承兑和贴现业务必须遵循真实交易原则？

119. 行使票据权利时，应该如何关注票据权利时效问题？

120. 如何理解票据的无因性？票据无因性对促进票据流通有何意义？

121. 票据保证有哪些种类？各产生何种法律效力？

122. 提示付款的效力表现在哪些方面？

123. 汇票出票行为对付款人产生何种法律效力？

124. 追索金额由哪些部分构成？追索权行使的效果有哪些？

125. 汇票到期前，持票人可以行使期前追索权的情形有哪些？

126. 持票人行使追索权，可以请求被追索人支付哪些金额和费用？

127. 被追索人应该承担何种责任？追索权行使产生哪些效果？

128. 提示付款有哪些当事人？提示付款有何意义？

129. 提示付款对付款人、背书人有什么效力？

130. 付款人的形式审查义务包括哪些方面？

131. 付款人在进行付款时无须承担哪些实质审查义务？

132. 银行承兑汇票的出票人应该具有哪些条件？

133. 银行在办理银行承兑汇票承兑业务时应进行哪些方面的审查？

134. 银行票据人员应主要从哪些方面对票据进行审查以判别票据的真伪？

135. 汇票出票时必须记载哪些事项才能确保汇票能产生效力？

136. 实付贴现金额是如何计算的？贴现期限是如何确定的？

137. 持票人在哪些情况下可以行使追索权？

138. 我国的票据体系是如何构成的？票据市场是如何划分的？

139. 票据背书时常见的瑕疵有哪些？

140. 在汇票上签章应该注意哪些事项？

141. 票据保证人在哪些情况下可以免除保证责任？

142. 汇票承兑人在哪些情况下必须承担无条件支付的责任？

143. 空白票据和不完全票据有哪些区别？票据变造与票据更改有哪些区别？

144. 为什么说票据是要式证券？

145. 票据关系与基础关系、资金关系有何关系？

146. 涉外票据有哪些法律适用规则？

147. 在哪些情况下可能出现票据到期不获付款？

148. 持票人在哪些情况下取得票据时不能享有票据权利？

149. 伪造票据的人应承担哪些责任？

150. 哪些情况属于重大过失取得票据？将会产生何种后果？

151. 什么是绝对必要记载事项？什么是相对必要记载事项？

152. 票据权利取得包括哪些情形？

153. 票据保全有哪些手段？与票据救济有何区别与联系？

154. 什么是票据行为的越权代理？有何构成要件？

155. 票据依法丧失后会产生何种法律后果？

156. 票据权利消灭的情形有哪些？

157. 我国票据法律法规对票据时效有何规定？

158. 票据业务创新的着力点应该在什么地方？

159. 如何运用《票据法》中关于票据代理的相关规定进行业务创新？

160. 如何进行票据产品组合以满足客户业务需求？

161. 公示催告与挂失止付应该遵循何种程序？

162. 票据质押与普通质权有何区别？票据质押背书与其他背书有何区别？

163. 银行在对票据付款时应该注意哪些事项？

164. 银行进行票据贴现与转贴现业务应该遵循哪些规则？

165. 在传送票据过程中应该注意哪些事项？

166. 审查票据背书是否合规应该注意哪些事项？

167. 票据业务采取哪种管理模式最为科学？

168. 为保证票据业务的风险防范，一般应设置哪些岗位？

169. 如何对票据经营情况进行分析？

三、案例分析题

案例分析题（一）

甲银行办公室主任李某与其妻弟密谋后，利用工作便利，盗用该银行已于1年前公告作废的旧业务印鉴和银行现行票据格式凭证，签署了金额为100万元人民币的银行承兑汇票一张，出票人和付款人及承兑人记载为该办事处，汇票到期日为同年12月底，收款人为某省建筑公司，该建筑公司系李某妻弟所承包经营的企业。李某将签署的汇票交给了该公司后，该公司请求某外贸公司在票据上签署了保证，之后持票向乙银行申请贴现。乙银行扣除利息和手续费后，把贴现款支付给了该建筑公司。汇票到期，乙银行向甲银行提示付款遭拒绝。

请问：（1）本案中有哪些票据行为？其效力如何？为什么？

（2）乙银行是否享有票据权利？如有，应如何行使？如没有，该如何处理？

（3）如果李某用已经作废的旧票据格式凭证（无出票人一栏）签署银行承兑汇票，在其他情节相同的情况下，对乙银行有何影响？

案例分析题（二）

甲公司与乙公司签订了一份电器购销合同，双方约定：由乙公司向甲公司供应电器 100 台，价款为 30 万元，货款结算后即付 3 个月的商业承兑汇票。根据约定，甲公司向乙公司签发并承兑商业汇票一张，金额为 30 万元，到期日为当年 4 月 24 日。2 月 10 日，乙公司持该汇票向 A 银行申请贴现，A 银行审核后同意贴现，向乙公司实付贴现金额 27 万元，乙公司将汇票背书转让给 A 银行。该商业汇票到期后，A 银行持甲公司承兑的汇票提示付款，因该公司银行存款不足而遭退票。A 银行遂直接向该公司交涉票款。甲公司以乙公司未履行合同为由不予付款。当年 11 月 2 日，A 银行又向其前手乙公司追索要款，亦未果。为此，A 银行诉至法院，要求汇票的承兑人甲公司偿付 30 万元票款及利息；要求乙公司承担连带赔偿责任。甲公司辩称，论争的商业承兑汇票确系由其签发并经承兑，但乙公司未履行合同，有骗取票据之嫌，故拒绝支付票款。乙公司辩称，原合同约定的履行期太短，无法按期交货，可以延期交货，但汇票追索时效已过了 6 个月，A 银行不能要求其承担连带责任。

请问：（1）甲公司是否应履行付款责任，为什么？

（2）乙公司应否承担连带责任，为什么？

案例分析题（三）

某副食品公司与某商业公司订立了一份购销合同，约定由商业公司向副食品公司在 7 天内供应 6 万元的牛肉。同时，副食品公司签发了以副食品公司为付款人，商业公司为收款人，票面金额 6 万元，出票后 3 个月付款的银行承兑汇票一张，并交付给商业公司。2 月 7 日，商业公司发现该汇票已不慎丢失，遂立即通知副食品公司，并要求其暂停支付。2 月 8 日，商业公司依法向某市人民法院申请公示催告。法院接到申请后，立即做了审查，同意受理，并于当天向付款人副食品公司发出了止付通知。2 月 9 日，法院依法发出公告，规定公示催告期间为 2 月 9 日至 4 月 9 日。公示催告期届满，无利害关系人向法院申报权利。于是，法院根据申请人商业公司的申请，于 4 月 15 日作出判决，宣告该汇票无效，并公告判决，通知付款人副食品公司。4 月 16 日，商业公司向副食品公司请求支付汇票所载票面金额 6 万元，副食品公司当日足额付款。4 月 22 日，某市服装厂持一张汇票向副食品公司提示承兑。经确认，该汇票正是副食品公司签发给商业公司的那张汇票。汇票背面记明第一次背书人是商业公司，并有伪造的法定代表人签章和单位签章，被背书人是李某；第二次背书的背书人是李某，被背书人是某市服装厂。第一次背书的日期是 2 月 25 日，第二次背书的日期是 3 月 17 日。据某市服装厂称：该汇票是 3 月 17 日，个体服装经营户李某向服装厂批发服装时，背书转让给服装厂的。当时，服装厂对该汇票进行了审查，见背书连续，格式也符合要求，便予以接受，根本不知李某是不正当持票人、背书也是伪造等情况。服装厂对该汇票属善意取得，副食品公司应予付款。而副食品公司则以该汇票已由法院作出除权判决，并已依法向商业公司付款为由，拒绝向服装厂付款。于是服装厂以李某为被告，要求其对该汇票付款。经审理查明，该汇票背书系李某伪造。根据《票据法》和《刑法》的有关规定，已构成犯罪，应予追究刑事责任。

请问：（1）持票人商业公司在丧失汇票后所采取的救济措施是否合法、有效？试说明理由。

（2）服装厂取得票据的行为是否合法、有效？为什么？

案例分析题（四）

甲为出票人，因汽车买卖而签发自己为付款人的汇票交给乙。按照双方的约定，在乙交付汽车的同时，甲亦承兑了自己签发的汇票。未几，甲、乙双方就因汽车质量纠纷而诉诸法院。诉讼期间，乙又将本案所涉汇票背书给知悉该诉讼的丙。

请问：（1）丙能否向甲主张票据权利，为什么？

（2）假如甲在质量纠纷诉讼中全部胜诉，其退货给乙的主张得到法院支持，甲据此拒绝支付票款给丙，那么，甲的这种抗辩属于什么性质的抗辩？

（3）在本案中，甲作为出票人与承兑人的抗辩权是否相同？

案例分析题（五）

甲公司为支付设备款向某进出口公司签发面额为100万元、期限6个月的银行承兑汇票，承兑行为乙银行。进出口公司收到汇票后，遂将该汇票背书转让给商场购买办公设备，转让时在汇票上注明"不得转让"字样。后商场将汇票质押给丙银行申请贷款。汇票到期日时丙银行向乙银行提示付款遭到拒绝。理由是汇票已经写明"不得转让"，质押无效，丙银行无权行使票据权利。丙银行向进出口公司追索，进出口公司认为自己已经写明"不得转让"字样，对汇票的被背书人不再承担担保付款责任。

请问：（1）乙银行的拒付理由是否成立，为什么？

（2）进出口公司的抗辩理由能否成立，为什么？

（3）如果"不得转让"字样是由甲公司记载，情况是否有所不同？

第三节　参考答案及部分答案解说

一、选择题答案

序列及答案	序列及答案	序列及答案	序列及答案	序列及答案
1. ABCDEF	3. C	5. C	7. A	9. ABCD
2. C	4. AC	6. BCD	8. A	10. A

续表

序列及答案	序列及答案	序列及答案	序列及答案	序列及答案
11. B	49. B	87. C	125. ABC	163. B
12. ABC	50. A	88. D	126. DE	164. A
13. BC	51. AB	89. CEF	127. ABC	165. B
14. ABCDE	52. ABCD	90. ABCE	128. A	166. D
15. C	53. ABC	91. ABCD	129. B	167. B
16. A	54. ABCDE	92. ABC	130. C	168. A
17. A	55. ABC	93. ABCDE	131. B	169. B
18. B	56. ABCD	94. B	132. ACDE	170. D
19. B	57. ABCD	95. D	133. ABCDE	171. A
20. ABC	58. AB	96. DE	134. ABCD	172. ABCD
21. ABD	59. ABCD	97. ABCD	135. ABD	173. AB
22. ABC	60. ABCD	98. ABCE	136. ABCD	174. ABCDE
23. BCD	61. ACDE	99. ABCDE	137. ABD	175. ABC
24. BCD	62. B	100. ABCD	138. ABC	176. A
25. A	63. A	101. ABC	139. A	177. ABD
26. A	64. D	102. ABCD	140. B	178. B
27. ABC	65. ABC	103. ABD	141. BE	179. C
28. ABC	66. BC	104. B	142. BC	180. A
29. C	67. AB	105. B	143. B	181. A
30. A	68. ABCD	106. A	144. ABDE	182. B
31. A	69. ABCDE	107. D	145. ABCD	183. A
32. AE	70. ABCD	108. D	146. ACD	184. B
33. B	71. ABC	109. AE	147. AC	185. BCD
34. A	72. ABCD	110. C	148. ABCD	186. AE
35. ABCDE	73. F	111. C	149. ABC	187. B
36. ABCDE	74. ABCDE	112. D	150. D	188. ACD
37. A	75. D	113. D	151. C	189. ABD
38. A	76. A	114. CD	152. C	190. B
39. ABC	77. C	115. BCDE	153. A	191. C
40. ABC	78. ABDEFGH	116. AC	154. B	192. C
41. ABCDEF	79. ABCE	117. ABCD	155. ABCD	193. D
42. C	80. ACDE	118. A	156. AD	194. C
43. ABC	81. ABC	119. ABC	157. D	195. B
44. ABC	82. ABC	120. ABD	158. C	196. B
45. BC	83. AB	121. AC	159. B	197. A
46. ABCD	84. ABCD	122. ABC	160. C	198. AC
47. ABC	85. ABC	123. ABCD	161. B	199. ABC
48. ABCD	86. BE	124. ABD	162. A	200. ACD

续表

序列及答案	序列及答案	序列及答案	序列及答案	序列及答案
201. A	238. ABC	275. ABD	312. AB	349. A
202. A	239. AC	276. ABC	313. BCD	350. BCD
203. C	240. A	277. CD	314. ACD	351. A
204. B	241. AC	278. ABCD	315. ABC	352. ABD
205. ACD	242. A	279. AC	316. ABC	353. AD
206. ABC	243. ABCD	280. ABC	317. ACD	354. AC
207. ABCD	244. ABCD	281. ABCD	318. ABCD	355. ABD
208. AB	245. ABC	282. D	319. ABC	356. ABCD
209. AB	246. BCD	283. C	320. A	357. ABC
210. ABCD	247. BCD	284. ABC	321. BC	358. ABCD
211. ABC	248. ABC	285. ABCD	322. ABCD	359. BCDE
212. ABCDE	249. CD	286. C	323. AB	360. ADE
213. ABC	250. ABCD	287. A	324. ACD	361. BCE
214. ABC	251. ABC	288. A	325. ABCD	362. ABE
215. ABCD	252. AD	289. A	326. ABC	363. CD
216. ABCD	253. BC	290. A	327. A	364. ABC
217. D	254. ABD	291. ABCD	328. A	365. A
218. B	255. B	292. BC	329. ABD	366. A
219. B	256. CD	293. B	330. BC	367. ABD
220. C	257. AB	294. AB	331. AC	368. C
221. A	258. A	295. D	332. AC	369. B
222. AB	259. ABD	296. B	333. B	370. D
223. C	260. B	297. AD	334. A	371. B
224. BCD	261. AB	298. C	335. A	372. B
225. A	262. ABC	299. D	336. A	373. D
226. C	263. ACD	300. C	337. B	374. A
227. A	264. AB	301. D	338. B	375. BC
228. A	265. ABC	302. BEF	339. D	376. ABCD
229. B	266. AC	303. A	340. DE	377. AC
230. ABCD	267. AB	304. B	341. ABC	378. A
231. ACDE	268. AB	305. A	342. ABC	379. ABCD
232. AB	269. ABC	306. D	343. ABD	380. CD
233. ABD	270. AB	307. B	344. B	381. AB
234. ABC	271. D	308. ABC	345. A	382. C
235. BDE	272. C	309. ABD	346. AC	383. BCD
236. A	273. AC	310. AD	347. A	384. ABCD
237. AB	274. ABCD	311. ABCD	348. ABC	

二、简答题答案

设计本部分简答题的目的在于帮助大家了解票据基础知识。答案在相关数据中均可找到，故这里不再提供专门答案。

三、案例分析题答案

案例分析题（一）答案：（1）本案中的票据行为有：①李某伪造签章进行的出票和承兑行为。相对于甲银行的现行有效公章而言，李某使用的作废的公章应定为假公章。因此，出票和承兑行为属伪造，行为本身无效。

②某外贸公司的票据保证行为，该行为有效。

③建筑公司的贴现行为（背书转让），该行为有效。虽然该公司（代表人）恶意取得票据，不得享有票据权利，但其背书签章真实，符合形式要件，且有行为能力，故有效。

（2）乙银行不知情，且给付了相当对价，为善意持票人，故享有票据权利，可以向保证人或背书人行使追索权。

（3）该汇票将因形式要件欠缺而整个无效，连保证人亦因此不承担票据责任。乙银行不享有票据权利，只能依据普通民事关系进行追偿。

案例分析题（二）答案：（1）甲公司应当履行付款责任。因为在本案中，甲公司作为承兑人（其同时也是出票人）以乙公司未履行合同为由拒付票款，该抗辩事由只是对乙公司的抗辩事由，不得对抗善意持票人。A 银行通过贴现，支付了相应的对价，经原持票人背书后成为新的善意持票人，享有票据权利。A 银行在承兑期间提示承兑，甲公司不能与持票人的前手即乙公司的抗辩事由来对抗 A 银行，甲公司应履行其付款责任。

（2）乙公司不承担连带责任。因为 A 银行的追索权时效已届满。虽然我国《票据法》规定背书人以背书转让票据后，即承担保证其后手所持汇票承兑和付款的责任。背书人在汇票得不到承兑或付款时，应当向持票人清偿依法被追索和现追索的金额和费用。所以，在本案中，讼争的商业承兑汇票在当年 4 月 24 日被拒付后，A 银行有权在法定期间内向前手即背书人乙公司行使追索权。但 A 银行并未及时行使这一权利，直到当年 11 月 2 日才对前手进行追索，已超过了法律规定的 6 个月的追索时效。因此乙公司不需承担连带责任。

案例分析题（三）答案：（1）商业公司关于汇票丧失的救济措施合法有效。主要理由：作为收款人的商业公司在汇票遗失后，及时通知了汇票的付款人副食品公司，要求暂停支付，然后于次日便向法院提出公示催告申请。商业公司所采取的这些救济措施是符合我国《票据法》的有关规定的，是合法、有效的，也是充分的。在法院依法对该汇票作出除权判决后，商业公司便有权依判决向付款人副食品公司请求支付汇票的票面金额。

（2）服装厂取得票据的行为不合法，无效。这是因为：根据我国《民事诉讼法》第 195 条规定，公示催告期间，转让票据权利的行为无效。在本案中，公示催告期间为 2 月 9 日至 4 月 9 日，而服装厂从李某手中取得票据的日期为 3 月 17 日，因此，这一转让票据的行为应属无效，不发生票据转让的法律效力。服装厂并不能取得该汇票上的权利，当然不能以善意取得为由要求汇票付款人副食品公司付款。

案例分析题（四）答案：（1）丙虽然明知前手与出票人之间有抗辩事由，仍然受让票据，但并非恶意或者间接恶意取得票据，也谈不上因重大过失取得票据，故仍然可以主张票据权利。但由于知情，故需继受前手对该票据权利可能存在的瑕疵。

（2）甲无论以出票人还是以承兑人身份，均可以主张知情抗辩而对抗丙。这种抗辩只能对抗特定的人（直接法律关系相对当事人或者知情人），故属对人抗辩。

（3）严格而言，甲作为出票人与作为承兑人的抗辩权是不同的。如前者可以主张原因关系抗辩，后者则不能。但在本案中，因主张票据权利之人不是出票时的直接法律关系相对人，故甲即使作为出票人时，对丙也只能主张知情抗辩。在此情况下，其抗辩权与作为承兑人的抗辩权行使的事由相同。

案例分析题（五）答案：（1）乙银行的拒付理由成立，因为我国法律规定，汇票上记载"不得转让"字样的，汇票不得转让。丙银行虽已取得票据，但不享有票据权利。

（2）进出口公司的抗辩理由不成立。因为其在汇票上注明"不得转让"是为了保持对收款人——商场之外的人的抗辩权。但丙银行虽然不享有票据权利，商场仍可以享受票据权利，进出口公司仍有付款责任。

（3）如果"不得转让"字样由甲公司记载则只有进出口公司享有票据权利。

后 记

为银行从业人员编写一套实用性较强的营销类图书，是我多年来的心愿。当这个心愿终于完成的时候，原以为会心潮澎湃，没想到内心却出奇的平静。关于业务方面的事，在这套书中，我能说到的，基本上都力所能及地说到了。作为后记，还是聊些别的吧。

自 1997 年博士毕业至今，将近 20 年了，俯仰之际，韶华尽逝，我的心境也在不知不觉中发生了重大变化。曾经的希冀早已不在，躁动的内心也已平复，只有奋力写作时才能依稀看到那个曾经努力追求、不敢懈怠的自己。从第一本关于银行营销的专著出版，到今天这套丛书的最终完稿，既为兴趣、责任所驱使，又属"寄兴托益"之作。此时最希望表达的，当是对许多人的谢意。

我要感谢我的家人。父母亲对我关爱有加、呵护倍至、以我为豪，二老恭俭仁爱、勤劳善良、与人为善，影响我终生。我与爱人田一恒相识、相恋于学校，相倚、相扶于社会，我们鹣鲽情深、恩爱逾常，她是我今生的最爱。宝贝女儿宋雨轩从出生给我们的家庭带来了无尽的生机与快乐，成为我们夫妻今生和睦如初、努力进取的不尽源泉。现在孩子已是一名中学生了，衷心希望她能一如既往地健康成长，在人生之路努力追求、勤奋耕耘，不断取得进步，对人生抱以积极向上、乐观豁达的态度，也对社会做出持续多样、价值颇大的贡献。

我要感谢我学生时代的各位老师，他们让我经常回忆起那登攀书山、泛舟学海、无所顾虑、力争上游的求学好时光。尤其我的博士导师吴世经先生，他在新中国成立前就很知名，在 20 世纪八九十年代的国内工商管理教育界德高望重，但他并不因为我没有背景、当时仅仅是个 23 岁的年轻人就拒绝录取。永远忘不了先生冬日里在膝盖上盖个小毛毯，在家中手捧英文原版营销学教材为我一人讲课的情景。"云山苍苍，江水泱泱。先生之风，山高水长"，先生在我毕业不久就仙逝了，但先生逝而不朽、逾远弥存。我想只有继承了先生的品格，才是对先生最好的报答。

我要感谢参加工作以来遇到的各位好领导、好同事。高云龙先生是清华大学博士，多年来担任政府高官和企业高管，他节高礼下、修身施事、学识渊博、思路开阔，待人接物充满君子之风，德才雅望、足为人法、俊采懿范、堪为人效。吴富林先生是复旦大学博士，多年来担任金融企业高管，他理论素养丰厚、实践经验丰富、德行为同人所敬仰，做事为人，亦皆所称誉，其言约而蔼如，其文简而意深，吾辈望之弥高而莫逮。此外，尚有余龙文、张岚、王廷科、阎桂军、李晓远、孙强、张敬才、孙晓君、周君、宁咏、赵红石、陈凯慧、韩学智、黄学军、王正明、周江涛、宋亮、丁树博、王浩、陈久宁、王鹏虎、赵建华、耿黎、申秀文、郝晓强、张云、秦国楼、李朝霞、杨超、李旭、王秋阳诸君，这样的名单还可列出一长串。从他们身上，我学到很多东西。

我要感谢经济管理出版社的谭伟同志。我和他几乎同时参加工作，我的博士论文就是在他的青睐下公开出版的。这些年来，他经常督促我把所思所想记录下来并整理成书出版。在书籍撰写和学术交流中，我们成了很好的朋友。

借本套丛书出版的机会，对所有曾经关心过我及这套丛书的朋友，以及为写作本书而参考的众多书目的作者，我也致以衷心地感谢。希望通过这套丛书的出版，能够结识更多的朋友。我一如既往地欢迎各位读者朋友与我联系、交流。我的联系电话常年不变：13511071933；E－mail：songbf@bj.ebchina.com。

我还要感谢为本丛书出版而辛苦、细致工作的各位编辑，没有他们的努力，这套丛书也不可能如此迅速且高质量地面世。

"年寿有时而尽，荣乐止乎其身，二者必至之常期，未若文章之无穷。"对于古人如此情怀，我虽不能至，但心向往之。我深知我所撰之书，无资格藏之名山，但能收之同好，心愿足矣！

岁月不居，时节如流。四十又三，忽焉已至。"浮生若梦，为欢几何?"人之相与，俯仰一世，如白驹过隙。转瞬之间、不知不觉中我渐渐变成了我曾经反对的那个人。有感于斯，就把这套丛书献给自己吧，就算是送给自己进入不惑之年的一份礼物，也算是对已逝时光的一种追忆。

"往者不可谏，来者犹可追。"多年来的读书生涯，让我养成了对"问题研究"的"路径依赖"。作为一名金融从业者，我会继续以我的所知、所悟、所想、所做，帮助银行从业人员更加卓有成效地开展工作。就我个人而言，东隅已逝、桑榆未晚，我将秉承知书、知耻、知乐、知足的"四知"理念，积极探究未知领域，讲求礼义廉耻、为适而安，努力向上。

言有尽而情无终，唯愿读者安好！

宋炳方

2014 年 3 月